中國學術思想 研究輯刊

十三編

林慶彰 主編

第 9 冊

荀子哲學思想——
一個道統天人的觀點

劉騰昇 著

花木蘭文化出版社

國家圖書館出版品預行編目資料

荀子哲學思想——一個道統天人的觀點／劉騰昇 著—初版—
新北市：花木蘭文化出版社，2012〔民 101〕
目 4+194 面；19×26 公分
（中國學術思想研究輯刊 十三編；第 9 冊）
ISBN：978-986-254-793-9（精裝）
1.（周）荀況　2.荀子　3.研究考訂　4.學術思想
030.8　　　　　　　　　　　　　　　　　101002156

ISBN-978-986-254-793-9

9 789862 547939

中國學術思想研究輯刊
十三編　第九冊　　　　　　ISBN：978-986-254-793-9

荀子哲學思想── 一個道統天人的觀點

作　　者　劉騰昇
主　　編　林慶彰
總 編 輯　杜潔祥
出　　版　花木蘭文化出版社
發 行 所　花木蘭文化出版社
發 行 人　高小娟
聯絡地址　新北市永和區中正路五九五號七樓
　　　　　電話：02-2923-1455 ／傳真：02-2923-1452
網　　址　http://www.huamulan.tw 信箱 sut81518@gmail.com
印　　刷　普羅文化出版廣告事業
封面設計　劉開工作室
初　　版　2012 年 3 月
定　　價　十三編 26 冊（精裝）新台幣 42,000 元

荀子哲學思想——
一個道統天人的觀點

劉騰昇　著

作者簡介

劉騰昇，出生於 1954 年，畢業於政大哲學系、三民所碩士班、文大哲研所博士班。目前任教於
南開科技大學通識教育中心，專任副教授，多年來任教科目繁多，然皆屬於人文與社會學科範
圍，2006 年後支援本校福祉所開授老人學、生死學、老人社會學、生命關懷等科目，在此期間，
參加本校卓越計畫創新教材，編撰有老人學概論、生死學概論、生命關懷——弱勢族群編、生
命關懷——自然資源與永續發展編。除上述外，對於宗教有長久深度的興趣。

提　要

　　荀子在中國哲學上常因為他的性惡論而蒙上汙名，甚至到今天依然。人盡皆知，性惡的惡
是不美好的意思，其善者偽也，可知人有反省及矯正不完美人性的能力，這個作偽的能力對人
類是彌足珍貴的，人們應該肯定人性不完美的事實，不要對性善太過誇大執著，而著眼於自我
反省與矯正的潛能，則人性的尊嚴將從人類之能偽與所偽中而來。

　　本文的撰寫計畫主要在於試圖建構荀子的哲學系統，在解決天人關係方面，作者認為從天
道與人道的共同元素，也就是「道」著手是很合適的，然後從天生人成的角度鋪敘下來，最後
總結於儒家的道統——仁、義、禮。

　　本文的內容依次為緒論，主要探討先秦諸子的意義和儒家傳統；其次從荀子的生平探討其
作為儒者的自我責任意識；第三章探討道的意義與天人之分的關係；第四章探討天人在道底下
的分工合作關係；第五章則專論儒家道統——仁、義、禮。最後一章則以荀子的心性理論做結論，
這個結論也算是荀子的人性觀落實到人生層面的總則。

目次

第一章 緒 論

第一節 哲學與先秦諸子

　　哲學是一個譯名，學者以為這一名辭，在歷史過程中，真是隨著治哲學的人而改變的，其意義在最初幾個世紀內之不確切與紊亂，乃是很平常的事，〔註1〕即使往後的發展中，多少仍因為哲學家的個人人格，時代環境，注意焦點和思想方法的差異而有不同的界說，然而就其為人類的一種思想活動而言，哲學是起於人的求知慾，人類不但要知道其生活中面對的物事之現象及過程，而且要求更深入地了解其原因，直到找到了一個最終的根源或解釋的理由為止。〔註2〕這樣的對最終原因的知識的愛好，可說是人的理性對其生活的世界的熱情的關切，然而，「理性本身不過是人生的一面，它與其他層面自然而做著有機體以內的交換」，〔註3〕換句話說，哲學的活動是不能與人生脫節的，由於人生不是一個人的生命所構成的，特別是在每個有限的生命過程中，基本上是無法完整圓滿地掌握所有人類的生命過程和真相的，因此，沒有一個人能夠理解整個的真理，「要理解整個真理，唯有和人類的哲學傳統作具敬意而帶批判的交談始克有成」。〔註4〕

　　假設吾人同意上述的西洋哲學精神，那麼，中國的先秦諸子所表現出來的對人生問題的多層面關切和探討，以及尊重真理之勝於權威，但是大部份却也能認清與傳統連繫，並認真地與之交談，且多少都能推陳出新，托古改

〔註1〕 參考，趙雅博，《西洋哲學的發展》，頁1。
〔註2〕 參考，趙雅博，《西洋哲學的發展》，頁39。
〔註3〕 參考，布魯格編著，項退結編譯，《西洋哲學辭典》，頁316。
〔註4〕 仝3。

制來看，先秦諸子與西洋哲學精神的相似程度也就頗爲可觀。這樣的精神可說是當時思想家的共通性。何以證明呢？一般說來，思想家難免有其主客觀因素的限制而會分辨彼我之間思想內容的差異，甚至相互攻訐，可是互相批評攻訐者若能夠撇開思想內容的差異而不忘記提到與敵手間的共通性時，吾人就可以斷定那種特性是當時普遍的，因爲「反對派所傳的資料，毫無疑問不會有溢美之辭」，〔註5〕果然有之，那一定包括自身在內。而由《莊子》·〈天下篇〉之「皆有所明，不能相通……皆有所長，時有所用」，〔註6〕語氣中百家眾技是有明有長的，這表示都有自己的見解，再如「古之道術有在於是者，（某某）聞其風而說之」，〔註7〕這不明白說出多數思想家都有其尊敬的傳統並與之交談對話嗎？

　　吾人再看，把各家，甚至自家內部的諸子都批評在內的《荀子》，都不忘了在嚴厲批評之後統統帶上一句「然而其持之有故，其言之成理」，〔註8〕這就充分顯示了先秦諸子的共同精神，大多能不離傳統，然而也不一昧循古，一成不變。因此，若說先秦諸子所關切的對象，所探討的知識與「純理的『愛智』不同」〔註9〕或許不錯，但是在哲學精神上的相似性應該更重要些。

　　也許，吾人可以順便提一提，爲什麼中國先秦諸子的關切對象會與純理的「愛智」所形成的哲學主題不大相同。假如前述的哲學精神是不能與人生狀態脫節的話，則只有一個答案較合理，那就是先秦諸子所處的共同環境與西洋哲學發源時的環境不一樣。中國先秦諸子不必然就「應該」與西洋哲學家的理性表現不同，方東美先生從人與自然的觀點，認爲「古代三大哲學傳統 —— 儒、道、墨三家，可說都是致力於人和自然的合一，〔註10〕西洋哲學的初期豈不然，再如前引《莊子·天下篇》提及的惠施、桓團、公孫龍及南方倚人黃繚，〔註11〕這些人都不是從「古之道術而說之者」，〔註12〕雖然這不

〔註 5〕郭沫若，《十批判書》，頁 63。

〔註 6〕《莊子》·〈天下篇〉，參閱，郭慶藩輯，《莊子集釋》，頁 1071。

〔註 7〕全 6，頁 1072～1098。

〔註 8〕《荀子》·〈非十二子〉，參閱，梁啓雄著，《荀子柬釋》，頁 57～60。（以下凡參閱《荀子柬釋》本著，簡稱《柬釋》）。

〔註 9〕參閱，謝扶雅，《唯中論集》，頁 37。謝先生是指儒家，但是吾人以爲可以類比先秦諸子，故借用其語。

〔註 10〕方東美，《先生之德》，頁 258。

〔註 11〕全 6，頁 1102～1112。

〔註 12〕全 8，頁 60～61。

就表示在這些人之前便沒有這類人物，或者，古代便沒有這種道術，但是，由批評者口中之不提及其源流來看，明示對這派人的作為不以為然，亦可見先秦諸子的一般傾向。但是若順此流派發展下來，難保它不與西洋哲學的內容更接近些。然而却不如此發展，這實在很難提出完滿的解釋，不過，吾人以為至少可以說，當時共處共受的大環境的影響應該是主要主導因素。更單純地說，那是一個亂世吧！

　　亂世使得知識菁英不得不先關切「治」亂之道。易傳說「易之興也，其於中古乎？作易者，其有憂患乎？」，「易之興也，其當殷之末世，周之盛德邪？當文王與紂之事邪？」，〔註13〕這是被一般人所同意的中國憂患意識的來源，徐復觀先生說：「殷周之際的人文精神的萌芽是以憂患意識為其基本動力，此一憂患意識爾後貫注於各偉大思想流派之中。儒家、墨家不待說，先秦道家也是想從深刻地憂患中，超脫出來，以求得人生的安頓。」〔註14〕然而太以憂患的觀點來衡量先秦諸子也不盡客觀，因為「就中國之全體而論，未始非民智進步之時」，〔註15〕特別是憂患心理太過了，恐怕落得常戚戚，還有冷靜的理性去創建超脫的思想嗎？所以，吾人較贊成以自我意識和責任意識來描述先秦諸子的大部份傾向，可說都在於求得「治」道，也就是司馬談所謂的「語治」。〔註16〕雖然，語治在直覺上像是只關心當時的人生治亂或道德，政治的事務，可是人同此心，心同此理，中國古代所面臨和關心的問題，也許正出現在今日的西洋世界，反之亦然，因此，在世界已不隔離的時代裏，把先秦諸子的思想再拿來重新展現，或許還有其意義和價值吧！

　　基本上，吾人認定先秦諸子是具有與西洋哲學非常相似的精神特性的一大傳統，而其中包含了諸子、家、學為其次級傳統，有些成了學派家門，有些仍舊是獨自一子，所以，用先秦諸子統稱之。胡適先生把《中國哲學史》分為三代，其古代哲學起自老子止於韓非，又名「諸子哲學」，〔註17〕馮友蘭先生以為孔子首開系統思想之創例，實為中國哲學開山師表，故「子學時代」起自孔子，〔註18〕而結束於漢初，蓋漢初諸家之學仍盛。〔註19〕吾人既以先

〔註13〕《周易‧繫辭傳下》，參閱，《周易王韓注》，頁54～55。
〔註14〕徐復觀，《中國人性論史》（〈先秦篇〉），頁327。
〔註15〕〈柳詒徵〉，《中國文化史》（上），頁267。
〔註16〕司馬談，《六家要指》。見司馬遷著，《史記》，卷130，頁1349。
〔註17〕胡適，《中國古代哲學史》，頁6。
〔註18〕馮友蘭，《中國哲學史》，頁29。

秦諸子為一範圍，自然不把漢初包括在內，特別是以《淮南子》〈要略〉的系統又含有血緣紐帶的觀點來看先秦諸子的關係，〔註 20〕多少忽略了諸子的各自淵源和多樣性，倒不如荀子和《莊子》‧〈天下篇〉的客觀，或許，《淮南子》的時代已經有了統整百家，歸於一宗，要把各子各家各學排成一份歷史朝代興替表的意思，這是源自於諸子各自要托古以自重，取得正統的心意，吾人在此就不必及於這個爭論了。

第二節　泛論「子」

先秦諸子是目前通稱，一般也能了解它的涵義，但是先秦時代，凡稱子者卻不僅止於思想家。事實上，子的稱謂及使用或有它的一段歷程，從其延革中，吾人多少可以認知先秦諸子之稱子有其獨特的意義，因此稍加析辨。

《說文‧子部》：

子，十一月陽氣動，萬物滋，人以為稱。〔註 21〕

段注說：子本陽氣動，萬物滋之稱，萬物莫靈於人，故假借以為人之稱，〔註 22〕事實上，萬物滋生皆可以子稱謂。所以，子不限於人，而是用來指稱另一涵義，即「滋生」是也。說文爪部孚從子，取伏卵子出之意，〔註 23〕子部，孶亦有蓄生之意，〔註 24〕是指草木植物的蓄生。大體上可看出子的共通義是在生物滋生上，而且有被動，後生的因果關係之限定義。單獨而言是中性的，在人類就等於「人」一樣，是泛稱，而當與其它字聯綴成詞時意思才較確定。譬如《爾雅‧釋親》第四，宗族中的男子、女子是性別限定身份；父子、母子則是關係限定身份；夫子者，大夫自嫡以下之稱，〔註 25〕似乎子字的使用是不特定的，是又不然。

當我們把「子」放到先秦的歷史脈絡裏，它就不是一個人盡可用的名詞了。

首先，且撇開圖騰理論，〔註 26〕不說，根據《史記‧殷本紀》曰：

〔註 19〕 仝 18，頁 38。

〔註 20〕 《淮南子》，卷二十一，〈要略篇〉。參閱，高誘注，《淮南子注釋》，頁 375。

〔註 21〕 許慎，《說文解字》；參閱，段玉裁，《說文解字注》，頁 749。

〔註 22〕 仝 21，頁 749。

〔註 23〕 仝 21，頁 114。

〔註 24〕 仝 21，頁 750。

〔註 25〕 《爾雅》，卷三，〈釋親〉第四，宗族；參閱，《爾雅郭注》，頁 34。

〔註 26〕 參考孫作雲，〈中國古代鳥氏諸酋長考〉，收在，杜正勝編，《中國上古史論文

> 殷契母曰簡狄，有娀氏之女，爲帝嚳次妃。三人行浴，見玄鳥墮其
> 卵，簡狄取而吞之，因孕生契。契長而佐禹治水有功，帝舜乃命契
> 曰：百姓不親，五品不訓汝爲司徒。而敬敷五教，五教在寬。封於
> 商，賜姓子氏。〔註27〕

玄鳥生商的神話在詩，大雅，商頌也有，玄鳥者鳦也，鳦即說文乙部之乙鳥，也就是燕。《禮記・月令・仲春之月》說：乙鳥至之日，祠于高禖以請子，燕是候鳥春分來，秋分去，以其來時舉行請子儀式，鄭玄注引楚辭天問的「玄鳥致貽」，又《續漢書》〈禮儀志說明〉貽、胎古通用，〔註28〕則燕是送子的鳥，以玄鳥至日請子大約是殷人的習俗。所以，殷人與子就有了密切關係。商頌說：有娀方將，帝立子生商，〔註29〕即指殷祖契，詩稱玄王。所以，殷商是子姓不錯，《史記・殷本紀》和舜典所記以契爲司徒敷教百姓，代表子姓統治百姓的權力依據，然則，在殷人而言，子姓就是統治的貴族了，其高貴來自神人血統及舜帝的任命。張光直先生在商王廟號新考中歸納殷與子的關係說殷人輩分可分爲父與子兩代；王位是父傳子爲主；並且是其族姓，所以有多子族之稱。天下土地和財富爲子姓共同體所有。〔註30〕

　　其次，子姓爲殷族獨佔，也代表地位之高貴，子族繁衍既多，也許發生了分封問題。子變成了爵等之一，《禮記》・卷四，第五，〈王制〉說：「王者之制祿爵，公侯伯子男，凡五等」，鄭注說「殷分三等爲公、侯、伯子男，武王因殷地立五等爵！」〔註31〕未談五等爵之前，先談周與殷的一點關係。上述殷人以眷分祭祀乙子的禮儀，周人似乎也有此儀式。大雅，生民記后稷誕生神話，也提到「以弗無子」的儀式，雖則是「履帝武敏」而非吞玄鳥卵，但是毛傳仍以爲是在玄鳥至之日行此儀式。〔註32〕可堪注意者，周祖的命也來自帝，也任命稷爲官，所以，周人的命也是高貴的，從殷周權力鬥爭的觀點看，子族姓的地位是要貶低的，這是五爵等中，子的地位較低的原因之一，

選集》，頁 406～447。

〔註27〕司馬遷，《史記・殷本紀》第三，頁 60。

〔註28〕見《詩經・大雅・商頌・玄鳥》，參閱，朱熹注，《詩經集傳》，頁 167。又，《禮記・月令・仲春之月》，參閱，《禮記鄭注》，頁 52。鄭玄注部份，參閱，周策縱，《古巫醫與六詩考》，頁 50。

〔註29〕全 28 引，《詩經・商頌》，頁 167。

〔註30〕張光直，《商王廟號新考》，收在氏著，《中國青銅時代》，頁 166～170。

〔註31〕《禮記》，卷四，第五，〈王制〉，全 28 引書，頁 40。

〔註32〕《詩經・大雅・生民》，全 28 引書，頁 129。

不過，仍是高貴的。

　　就五爵等而言，一般認為有子爵之封號，但是大概沒有如禮記之王制及周禮之春官大宗伯，〔註33〕及孟子之萬章篇，〔註34〕所記那麼整齊的爵制。〔註35〕許倬雲先生在其《西周史》中說：「公伯子男都是一家之內論尊卑長幼的名稱，原義並非官爵，也無班列」，〔註36〕所謂非官爵者，因為「子」原是姓也是輩分之總稱，却是高貴的；是官爵者，卜辭及春秋封號皆有子爵。〔註37〕前者證明殷時王亦稱子，應是帝子之意，至於春秋以國稱子時，地位已非王了，想必這是兩朝代權力轉移後的現象，不過，子仍是高貴的稱號，且在王制正名的時代是不能濫用的。

　　除了子姓和子爵之說外，楊寬在其〈冠禮新探〉中說，兩周貴族男子取字已有稱「子某」的；……到春秋時稱「子某」者漸多，〔註38〕字上加父或子的稱呼，無非表示已具有男性成員的貴族權利與義務。〔註39〕為何取字漸捨父字呢？楊說以為已習慣為父母親的稱謂，逐漸名涉於嫌，所以，以「子某」方式取字才流行起來。〔註40〕李玄伯其《家邦通論》中以為「父」像手執火把，為家長，則為嫡長繼承者的專用字，〔註41〕而且父通斧，又為一般所稱之權杖，象徵專命專殺的統治權。因此，父的意義趨於固定，在家族政治下稱為父或邦君意義一樣，春秋時，只有世族與平民兩階級，凡世族皆係家長父、君的後人，所以，對君王或家長而言，貴族或世族都可通稱為君子，〔註42〕而別於平民小人。這樣的「子義」仍具有血統階段上的高貴義，不是所有人都可以使用的。

　　綜上所論，「子」的高貴義具有政治的和血統的階級限定，可是時代愈前進，隨著世官世族制及政治的變遷和有識之士的挑戰，子的高貴義有了轉變，

〔註33〕　《周禮》·〈春官·大宗伯·典命〉，「掌諸侯之五儀」條，參閱，《周禮鄭注》，頁 113 下。
〔註34〕　《孟子》·〈萬章篇〉，參閱，《新譯四書讀本》，頁 426〜427。
〔註35〕　郭沫若，《中國古代社會研究》，頁 234〜236。
〔註36〕　許倬雲，《西周史》，頁 159。
〔註37〕　郭沫若，全 35 引書，頁 237。並見，楊樹藩，《中國文官制度史》，頁 3。
〔註38〕　楊寬，〈冠禮新探〉，收在，杜正勝編，《中國上古史論文選集》，頁 1094。
〔註39〕　全 38 引書，頁 1097。
〔註40〕　全 38 引書，頁 1099。
〔註41〕　李玄伯，家邦通論，收在，杜正勝編，《中國上古史論文選集》，頁 935。
〔註42〕　《管子》·〈中匡篇〉，卷八，第十九，頁 1；公曰：吾子猶如是乎。

最重要的是把它的高貴義轉移到教育與知識這個重點上了。

第三節　解放的「子」與家、學

　　以下就略述從世族世官階級限定下的「子」是如何地解放開來。就政治變遷看，雖然五等爵不一定那麼整齊，至少各國的爵位是固定的，除非升黜，否則不可能改稱，〔註43〕不但如此，連封地也固定，如左定四年的分封，所以，有爵尊國小，爵小國大的現象。〔註44〕不過，因著時遷勢移，兼併征伐不斷，封地不再固定，此外，又有王命的升黜，然而最嚴重者厥為僭稱一端了。顧炎武在其日知錄卷四，大夫稱子條說：

> 春秋時大夫雖僭稱子，而不敢稱于其君之前。猶之諸侯僭稱公，而
>
> 不敢稱于天子之前。〔註45〕

這樣的自為稱號具有上行下效的比例性上升特色，時代進入戰國，僭稱非但提升到帝王層次，而且已經目無周王，公然為之了。

　　戰國是僭稱的時代，先有魏惠稱王，而後齊威兵敗魏惠王，而遂亦稱王，乃有顯王卅四年，會於徐州而相王的情事，此為互相承認之先例，〔註46〕目中何有周王可言。自齊桓以來，公侯尊王之風已息，正式進到君主集權的國際社會階段，更有甚者，諸侯稱王，世無獨貴及差等之制，勢難相使，〔註47〕所以，僭稱就不斷地往前推進，稱王之後，繼之而起稱帝運動，〔註48〕帝原是天神稱號，而今亦用以稱人王了，至秦王而猶不足，乃於帝號之上增一皇字，表示至高無上，天上地下，唯我獨尊，其實不過是周王衰微而諸侯僭稱王的必然結果也。

　　政治上的諸侯不斷提升地位至王、帝、皇，則在比例地上升下，大夫也不能滿足於稱子了，大夫既比例上升，則「子」的稱號等而下降於士及匹夫

〔註43〕瞿同祖，《中國封建社會》，頁68～70。

〔註44〕仝31所引，鄭注。

〔註45〕顧炎武，《日知錄》，卷四，頁105。

〔註46〕錢穆，《先秦諸子繫年》，頁118～119。

〔註47〕《荀子》·〈王制〉。《東釋》，頁100。此指荀子所謂之「天數」，即「兩貴之不能相事，兩賤之不能相使」。又，尸子，卷下，也有「兩智不能相救，兩貴不能相臨，兩辨不能相屈，均勢敵故也」，頁12。

〔註48〕錢穆，仝46，頁119。參考，蒙文通，《古史甄微》，「三皇五帝」，頁1～10。

身上了，〔註49〕這是「子」的政治性解放。

　　與此對應的是知識菁英對時勢的批判和對制度的挑戰。首先，諸侯的稱王已使王號的價值貶低，因為當時的王不但毫無天命及人應的權力依據，本就毫無高貴可言，按照戰國策，秦策三，范雎說秦昭王說：

　　　　擅國之謂王，能專利害之謂王，制殺生之威之謂王。〔註50〕

這樣的王在儒家的王道標準之下，能稱為霸主已經不錯，更嚴厲的批評，直稱之為一夫而已，何貴之可言，難怪孟子要說大人則藐之，此充分反映當時君主及執政的名不正言不順，不合法的權勢如何可敬呢？所以，孟子就義正辭嚴地宣示「夫人必自侮然後人侮之！家必自毀而後人毀之！國必自伐而後人伐之！」，〔註51〕凡不合法的，人人皆得而誅之，人本身才是最高貴的。

　　除此之外，知識菁英嚴厲地批判存在已久的世官世祿，固定階級的制度。墨子說：「古者聖王之為政，列德而尚賢，雖在農與工肆之人，有能則舉之，⋯⋯故官無常貴，而民無終賤！」，〔註52〕荀子強烈地抨擊「以世舉賢，以族論罪」〔註53〕的謬誤，所以呼籲「雖王公大夫之子孫，不能屬於禮義，則歸於庶人。雖庶人之子孫也，積文學，正身行，能屬於禮義，則歸之卿相士大夫」，〔註54〕這種理想雖然有諸侯嘗試，如齊之列大夫，諸公子之養士，但是沒有一國設計或推行一套全無世官世襲的文官制度，首開其制者厥為秦國。〔註55〕

　　與政治的混亂及知識份子的批評並行的潮流是，知識份子不分血統、地位紛紛以子為名稱而形成一般與政治貴族相抗衡的集團。其顯露的意義是，知識真理的高尚，足以傲視公侯。史遷自序中提及孔子「貶天子，退諸侯，討大夫」的春秋大志業，〔註56〕並且自號素王，〔註57〕儼然有自成道統而與政統並立的氣概，〔註58〕孟子把孔子提到和優異的政治人物相等的地位，〔註59〕甚至發出

〔註49〕顧炎武，全45，頁106。

〔註50〕《戰國策・秦策三》，見，高誘注，《戰國策》，頁43。

〔註51〕《孟子》・〈離婁上〉，全34，頁367～370。

〔註52〕《墨子》・〈尚賢上〉。見孫詒讓，《墨子閒詁》，頁28～29。

〔註53〕《荀子》・〈君子〉。見王先謙，《荀子集解》，頁344。

〔註54〕《荀子》・〈王制〉。《柬釋》，頁97。

〔註55〕楊樹藩，全37，頁2～3。

〔註56〕司馬遷，《史記》，卷130，頁1352。

〔註57〕〈柳詒徵〉，全15，引鄭玄之六藝論，頁302。

〔註58〕參考，錢穆，《中國文化演進之三大進程及其未來之演進》，頁8。

〔註59〕《孟子》・〈盡心下〉。全34，頁522。

「舍我其誰」〔註60〕的豪語，儼然視孔子爲聖王，自己亦然。知識份子既可以行「天子之事」，〔註61〕當然也可以口誅筆伐了，〔註62〕如此，非但是道、勢並稱，且道直優於勢了。〔註63〕荀子也把諸侯和百家並提，〔註64〕並代王者籌，〔註65〕他的思想大有一統道勢全歸於儒的意義，因爲得道的孔子和得勢的周公都是大儒，這意義是非凡的，荀子乃以此爲其志業，而實際上是承孔子而來的平衡性及和同性的表現。〔註66〕

因爲「子」從政治等級解放後，舉凡開宗立派，門人子弟，一般士人匹夫都可以稱子，子不再具有特殊的高貴義，有的只是美男子之稱罷了！政治上容或有不平等，可是學術界却因稱子而達到了平等的事實，這也就是先秦諸子的基本涵義。

子而成家派始於孔子，孔子爲了分別士子志意之貴賤而採用君子和小人這原本代表階級的稱謂，告訴門人要立志爲君子儒，莫爲小人儒，〔註67〕可見子號被濫用之一般。爾後，尊崇孔子之道的知識份子就以「君子」作爲一種特稱以別於一般性的知識份子，在儒家內部而言，達成了「君子」的條件，才有成爲大儒、聖賢的可能。在這裏以孔子爲首的儒者充分運用了托古改制的方法，賦予高貴的「君子」以新義，使其再度活躍於諸子百家的時代。

「先秦諸子」不論是泛稱或特稱，它都與「百家」一名有實質關係。家原指群居處所，說文段注說，天子諸侯曰國，大夫曰家，〔註68〕先秦諸子若比照大夫僭子，則諸子亦各自可成家立業。司馬談有《六家要指》，顯然家大於諸子，史遷也把孔子列於世家，〔註69〕父子所見相同，至班固漢志十家，則家名定矣。

〔註60〕 《孟子・公孫丑下》。全34，頁319。
〔註61〕 《孟子・藤文公下》。全34，頁313。
〔註62〕 《孟子・離婁上》。全34，頁373，孟子曰「君不行仁政而富之，皆棄於孔子者也」。
〔註63〕 參考，余英時，《中國知識階層史論》，頁41。
〔註64〕 《荀子・解蔽》。《柬釋》，頁290。荀子稱「諸侯異政，百家異說」。
〔註65〕 如荀子之〈王制篇〉即是。
〔註66〕 參考，吳經熊，〈古中國與現代中國政治法律傳統中個人之地位〉。收在，梅貽寶等撰，摩爾編，《中國人的心靈》，頁329。
〔註67〕 《論語・雍也》。見，《新譯四書讀本》，頁101。
〔註68〕 段玉裁，《說文解字注》，頁341，七下，五。
〔註69〕 司馬遷將孔子列於世家，比如諸侯。如《左傳》桓公二年「晉師服曰：故天子建國，諸侯立家，卿置側室……」（見，《春秋經傳集解》，卷二，頁57）。又，昭公三年，晉大夫叔向論貴族衰落說「雖然，吾公室，今亦季世」（仝上，

錢穆先生指出，中國人的和合性是超過了分別性，〔註70〕即使做學問也不強調個人的，中國人的傳統觀念，學問是集團的，如諸子百家的家，却不指個人言，一個人就不成家，家是和合性的，個人則是分別性的，當然，集團中還有個人，可見集團先要有個人，也不能限止個人之成就，但每個人必在集團中成其爲個人，〔註71〕所以，要講學就必得成家，講學成一大家，如貴族家庭般，所以稱子。〔註72〕當然，稱子者其中有些是家長，首開其例者殆爲孔子，然而，孔子所開之家並不稱爲孔家而稱儒家，顯示其崇道平等的精神，既有家有子，所以家派的傳承也受到重視，而且如同宗法制度般地，儼然有嫡傳長、祖、宗、小宗的形態，只是把血統變爲學統罷了，儒家「祖述」堯舜而「宗」仲尼，先秦末期已衍生出八支派，至《禮記》的儒行又增至十五種儒了。

除子、家之外，尚有另一字與諸子百家有關，那就是「學」。「學」在西方可能指有組織、有系統的知識，但是在先秦諸子而言却不然。先秦之學的內容與形式都有別於純理的哲學，用司馬談的說法，大家都在「語治」，因治的目標、方法、內容差異而分別代表不同的學術。「學」的用法若按莊子天下篇的「百家之學」〔註73〕及韓非的「世之顯學、儒墨也」〔註74〕看來，它是指集團，但是也有個人稱學的，如韓非在同篇舉出漆雕氏與宋榮子，批評爲「雜學儒行同異之辭」，〔註75〕前者本是儒者，但是其思想特長顯然背離儒統，猶如韓非學於荀子却被歸類法家一樣，此其一；宋榮子不出於儒，有類於墨而可通於道，獨樹一幟，可能形成一個集團，此其二，這兩種情況都有另成一家學的可能，也稱作學。假如《淮南子》要略的說法可信，則墨子出於儒而反儒後自成一家學，可爲證明。同時，也證明儒家學統的出現最早。可是學統的成立並不意味學統間或獨立的諸子間的學說是完全隔離無關的，實際上是「交互融洽又莫不有其旁通，有其曲達」，〔註76〕所以，先秦諸子可以構成一大學術傳統，而與政統相提並論。

頁292），明示諸侯稱家，大夫稱室。《孟子・公孫丑下》記曰「宣王欲授孟子室」（仝34，頁315），則儒家儼然成了一個國家了。
〔註70〕 錢穆，《從中國歷史來看中國民族性及中國文化》，頁35。
〔註71〕 仝70，頁67～68。
〔註72〕 仝70，頁70。
〔註73〕 《莊子》・〈天下篇〉，第三十三，見，《莊子集釋》，頁1065。
〔註74〕 《韓非子》・〈顯學〉。見梁啓雄，《韓子淺解》，頁491。
〔註75〕 仝74，頁494～495。
〔註76〕 錢穆，仝46，頁23。

第四節　儒家傳統

　　儒學是最早出現的學術傳統，既成學統，儒學一詞就具有特定的意義。吾人借用拉卡托斯的「硬核」，[註77] 並加以修正來說明儒學的意義。先秦諸子若爲一大傳統，則儒學屬於此一大傳統且自成一次類，我們稱之爲儒家傳統，由於它在先秦時已經形成，且爲外部思想家或學派所認定，因此，儒學作爲一次級傳統應無疑問。一個學術的傳統有其構成的核心部份，核心較難變動，它主要表現在某些特定理論，通過這些特定理論，可以把某些訊息傳遞給該傳統的後來者，這些訊息可以稱之爲該傳統的「認同」的對象，除用以辨明身分之歸屬外，同時也可以指引後來者某些發展的方向，其中包含有：一、那些現實問題是應該主動關心的對象，例如人生與人性理論即是，由於理論與問題有時具有時空性，或者發展尚未完全，因此，學者就可以因著個人的認知意向，注意焦點和生活經驗的差異而發爲自己的見解，結果增強了核心理論的完整性，使其解決問題的能力提高，則該學統的核心生存機會就擴大了。二、那些概念性的難題可以或應該繼續處理的，如天道理論，孔子重視天道，可是沒有積極處理天道理論的概念，在孔子而言天可能是不明確的觀念，爾後的荀子顯然更認眞處理這個難題。三、那些對象是不必、不可或不該處理的。譬如：「不知生，焉知死」，死後問題顯然被儒家排斥於核心之外，譬如：敬鬼神而遠之，迷信的宗教行爲也是被揚棄的，因爲儒統重視人文勝於傳統愚民式的神秘思想。

　　以上三項是構成一個學術傳統至少必有的核心部份，用以確立自己的身份與別家劃清界線，並爲後學選擇和知覺的及發展的認同對象。就這三項看來，儒家傳統都具備了。除上述三項之外，就中國思想傳統而言，或許應該再加上一項，那就是「學派的心態」，從莊子天下篇或司馬談評論六家來看，都把學派的心態特別指明，如墨家的自苦爲極、法家的刻薄寡恩、道家的少私寡欲，恬淡樸素，儒家在說文被訓爲「柔」，或用《中庸》的不報無道，寬柔以教來描述之，這樣對心態的揭露成了認定各學派特色的主要觀點，其實也是學派內的重要認同符號。因此，個人以爲認爲學統的核心除了理論部份的三項之外，尚需加上第四項「心態」，「心態」或許不明確，所以不妨也視其爲自我意識及責任意識。

〔註77〕參考，郭秋水，〈否證說與政治研究〉，刊在《中山科學譯粹》，第一卷，第四期，頁 176。

　　孔子雖然最為儒者所宗，但前就宗法觀點和孔子本身述而不作的宣示看來，儒學的傳統必須推至堯舜及文武、周公，孔子不過在述之外，以自己的主見增強了儒統的核心，即使有原始儒家，先秦儒家和新儒家之稱，統統都屬於儒家傳統，因此，在先秦有儒學而無孔學，通常稱孔子之道，孔子之術，任何個人的道術絕不能等於其所屬的傳統，以故，既有「儒學」之名，則不當有以個別儒者命名的「學」，在儒家至少應該如此。

　　清代的儒者為了門戶之爭，創出了「漢學」與「宋學」兩個名詞，其實，這兩個門戶內的成員多為儒者，都屬於儒學傳統，所以，柳詒徵先生也批評其為不成學術名詞，〔註 78〕從名詞用以表達觀念看，儒學、漢學、宋學給人邏輯上屬於同等級的錯覺，要之，可在儒學之下，加上朝代限定用以分別各朝代的儒者及其思想，這只是分類上的方便罷了，因為各朝代的儒者及其思想不可能完全一致，所以，朝代分類不見得有重大的學術意義可言。

　　至於個別儒者在先秦根本無以名稱學者，儒者之名稱學猶如政治上的專制獨裁，失去了儒學的民主性，以及所有儒者的平等地位，對儒家而言極不適當，也是一大諷刺，目之為倒退實不為過。所以，既自認為儒者則實在不宜以其名命學。

第五節　儒者與儒學

　　首先，我們認為個別儒者的思想有兩部份，其一為取自儒學傳統的共同部份，其二為個別差異部份。這個差異部份，陳大齊先生稱之為「特長與中心主張」，〔註 79〕它的發生原因是（1）性情的差異（2）時空因素。〔註 80〕所以，也可以把個人的思想分為一、因襲固有者；二、獨見創獲者；三、採擷異己者，〔註 81〕其中，由於各部份所佔的比例與強度的不同，使得儒者與其傳統之間，可能產生一些變化。比較特殊的約略分為以下幾種：

　　一、由於個別差異和時代因素的影響而游離出儒統，而被歸類為雜學者，如漆雕氏；或者傳自儒統，但是由於其特長和中心主張，及個人的主觀選擇

〔註 78〕黃宗羲，《宋元學案》，頁 10。
〔註 79〕陳大齊，〈孟荀二子所見人的特長與其中心主張〉，收在華仲麐等著，《儒家思想研究論集》（二），頁 376。
〔註 80〕參考，熊公哲，《荀卿學案》，頁 1。
〔註 81〕孫中山，〈中國革命史〉，《國父全集》，第二冊，頁 181。

而流入其它學統者，如韓非即是。

二、情況與前者類似，但是專斷獨裁性較強，因著其對原屬傳統的或所學理論及實際表現的反省，不滿與批評，自立自足，另創學統而墨翟是最好的例子，《淮南子》要略說：

> 墨子學儒者之業，受孔子之術，以爲其禮煩而不說，厚葬靡財而貧民，服傷生而害事，故背周道而用夏政……故節財薄葬閒服生焉。

〔註82〕

〈俶真訓〉也說「周室衰而王道廢，儒墨乃始列道而議，分徒而訟」，〔註83〕又說「孔墨之弟子，皆以仁義之術教導於世」，〔註84〕此可見儒墨有一定的淵源，甚至，墨子可能從儒者中帶出一批人成立墨者集團，故稱分徒列道。這樣的情況在學術史上並不奇怪。墨子以其個性差異和中心主張形成了墨學核心，以後墨家子弟也稱墨者，沒有以個別名稱學而仍屬於墨學傳統者，這情況與儒學完全一致，可見這是當時的一種學界共識。

三、受時空影響而堅守儒統與異學分際者有之。如子貢以言語見長，《史記》卷六十七說：

> 子貢一出，有魯亂齊破吳強晉而霸越。子貢一使，使勢相破，十年之中，五國各有變。〔註85〕

其游說縱橫的技術絲毫不遜於縱橫家，但是儒者的言語訓練不是爲了干世主而求名利，所以，並沒有流入縱橫家而以說客爲職志。這是儒者的共識，稍一偏失已然出儒矣！同樣的，被列於孟荀傳中的鄒衍爲干世主而創出一套荒誕不稽的陰陽主運，五德終始說，不但受到荀子嚴厲批評，後世更把他歸類於陰陽五行家；劉向在《荀卿書錄》中記著「蘇秦、張儀以邪道說諸侯以大貴顯，孫卿退而笑之曰：夫不以其道進者，必不以其道亡」，〔註86〕縱橫之術被尊崇周孔之道的儒者目爲邪道，且大退（亦即貶抑黜降，如退諸侯般）其人而詛咒之。可見堅守儒統者相當重視分際尺寸。

實際上，儒者在孔子之後，除了遭受各家的批評外，對儒者的考驗最大的是功名利祿而產生的「心戰」。尸子・卷下記著：

〔註82〕 《淮南子》・〈要略〉，全20，頁375～376。
〔註83〕 全20，頁28。
〔註84〕 全83，頁30。
〔註85〕 司馬遷，《史記》，卷六十七，頁882。
〔註86〕 《荀子》，《劉向書敘》，見王先謙，《荀子集解》，頁367。

閔子騫肥，子貢曰：何肥也？子騫曰：吾出見美車馬則欲之，入聞
先王之言則又欲之，兩心相與戰，今先王之言勝，故肥。〔註87〕

守道固窮才能輕藐王公，所以，子夏也宣言道：

君子漸於肌寒而志不僻，鋆於五兵而辭不懾，臨大事而不忘昔席之
言。〔註88〕

似乎，孔子的及門弟子尚能因尊崇並親炙孔子的人格和思想，所以還能坦蕩
蕩堅守儒者風範和傳統，不稍游移，如顏淵的安貧樂道、淡泊寧靜的特長顯
然與道家相通，他是可以成為十足的道家人物，莊子的人間世就借仲尼與顏
回的對話，隱約透露此中消息，〔註89〕然而，顏回仍堅守儒統，不稍踰越孔
子的規矩，田子方篇也假託他的話說：

夫子言道，回亦言道也，及奔逸絕塵，而回瞠乎後者，夫子不言而
信，不比而周，无器而民滔乎前，而不知所以然而已矣！〔註90〕

基本上，可以說孔子之後，儒統賴以不墜，先是靠著及門的高材生維持，這
純粹是孔子個人的影響力所致，也表示孔子對儒學的重要性，但是再傳後的
儒者就不同了。《史記》卷廿三〈禮書〉也記載了「心戰」，但是發生在子夏
的門人高弟身上，情況就不同了，它說：

周衰禮廢樂坏，大小相踰，管仲之家，兼備三歸，循法守正者，見
侮於世，奢溢僭差者謂之顯榮，自子夏門人之高弟也，猶云出見紛
華盛麗而說，入聞夫子之道而樂，二者心戰未能自決而況《中庸》
以下漸漬於失教，被服於成俗乎？〔註91〕

連韓非也表示：

仲尼沒後，受業之徒沉湮而不舉國適齊楚，或入河海豈不痛成。
〔註92〕

可見「誦業講習」不輟及集團觀摩勉勵之重要，而「人性」與「學習」也就
成了儒學極其關心的主題。

　　四、了解了孔子的重要性及孔子沒後儒學的困境，以及堅守儒學，雖無

〔註87〕尸子，卷下，頁 12。
〔註88〕仝87，卷下，頁 4～5。
〔註89〕參考，《莊子》·〈人間世第四〉，見，《莊子集釋》，頁 141～150。
〔註90〕仝89，田子方第二十一，頁 707。
〔註91〕司馬遷，《史記》，卷二十三，〈禮書〉，頁 458。
〔註92〕《韓非子》·〈喻老篇〉。見，《韓子淺解》，頁 182～183。

創見，但功不可沒的儒者之後，我們就可以領悟到孟、荀的地位及其對儒學貢獻的價值，實不稍讓於孔子。孟、荀的可貴在於（1）他們前不見孔子，儒者幾已流散消迹，猶如處在長夜之中，而能勇於扛起儒學及孔子的大旗；（2）他們所處的政治環境更惡劣、學術流派更紛雜‧社會環境更浮濫，而能守道不心戰，與諸子抗爭而不懼，且不與政權妥協；（3）他們除了認同儒學外，並且批評異己吸收其菁華，表現個人特長及中心主張而不背離儒學，因而鞏固並增強儒學的核心力量，擴大其涵融性，使儒學不但得以生存而且脫穎而出，變成中國文化的主導勢力。

孟、荀對儒學的貢獻是正面而積極的，與墨子適成強烈對比，就其尊崇孔子之道而言，都沒有理由踰越孔子而自稱或被稱「孟學」、「荀學」。可堪注意者，孟、荀口誅筆伐最不留情的目標就是墨子，充分顯露儒、墨的關係及儒者尊師重道的精神。

學者有以「《荀卿學案》」命題者，顯然類似宋元、明儒學案，這想法與用「荀學」命題者，意思一樣。戴君仁先生以爲那是指「荀卿及其門人一派之學」，〔註93〕《史記‧儒林傳》曾提到孟子與荀子以「學」顯於世，〔註94〕那仍應是指儒學或所學而言，至於荀卿及其門人，那就包含了韓非、李斯之流，則荀學到底是儒學或法家？不論前者或後者都不必或不應稱荀學，除非荀子意識地如墨子般非儒學而自立門戶，否則，由荀卿不齒李斯的惡行而爲之不食，〔註95〕可知荀子對背離儒學傳統者的態度，那麼，能以韓、李的主觀選擇和發展而反過來限定老師的歸屬嗎？先生又說「再就儒家學術的系統，荀子可能比孟子更接近孔子，應是孔門嫡傳。」〔註96〕就此言之，我們忍心把荀子搬出儒學傳統，不尊重他的選擇和貢獻，而爲他開宗立派嗎？於情、於理創一荀學實在不必要也不應該。

假如因爲荀子的思想中有性惡、重刑、尊君、持寵處位之術等「尙可議者」的「不好成分」，〔註97〕而要他自成一門荀學的話，那未免太把儒家拘限於孔、孟而給予規格化了。其實，這些成分不見得是荀子思想之重點，即以性惡論而言，即使是背離孔子思想的話，在程度上也不會遠於《孟子》，何況

〔註93〕 戴君仁，〈荀學與宋代道學之儒〉，收在 79《儒家思想研究論集》（二），頁 345。
〔註94〕 司馬遷，《史記》，卷一百二十一，〈儒林列傳〉，頁 1273。
〔註95〕 桓寬，《鹽鐵論》，卷四，〈毀學〉第十六，頁 35。
〔註96〕 全 93，頁 370。
〔註97〕 全 96。

性惡論正足以與孟子之性善說搭配孔子的中性立場而佔滿了人性理論的光譜，不論在解決問題的能力上增強不少，而且也充分保護了儒學的核心地帶。何況，性惡論不見得如一般傳統上認定的那麼可怕呢！此外，其偽性之分合，天人之分合，以及對孔子提示出來的仁、義、禮一線的道統之宣揚，對傳統歷史的尊重，對「道」的理解，對「心」的探索，不但不能說背離，反而有功於儒學勢力的擴張及上下縱深的加強。當然，這非三言兩語所能道出，吾人希望能在這方面提出一些有力的支持證明。

除了吾人所望以研究的荀子對儒學之貢獻者外，較普遍認定他的貢獻乃在於其傳經部份。譬如，熊公哲先生就以為「吾人尊崇《荀子》，亦尊其傳經焉可耳」，〔註98〕而錢穆先生卻以為，孔子以前無所謂六經也，諸弟子亦無分經相傳之事，漢興乃有一二大師，出為教授，始有傳統可言，〔註99〕又說：「大抵史遷言漢初傳經本師，其可信者也。諸師或出荀子之門，則有可信，有不可信。荀子在漢時為近古大儒，其弟子李斯，當秦政，荀學獨得勢，謂漢人多傳荀子學，可也。謂由荀子傳孔門之經藝於漢，則非也，且學者傳經，好推本大儒以自重，亦人情。……韓非僅傳云儒分為八，未聞分六經之傳統也。……」，〔註100〕其實，五經、六經、六藝多少是一聚訟紛云的問題，吾人只能肯定荀子本書提及詩書、禮樂、春秋，也間引易經，並且也提及學數及誦經。〔註101〕另外還提到「君子之說」，〔註102〕到底與易經的「君子以……」和《左傳》的「君子曰」有何關係，實在難明，吾人不欲在此考辨，以免繁瑣而無功，唯近代學者甚多人有所研究，並有各自見解可供吾人參考。〔註103〕

第六節 小 結

本論文以荀子思想為題，所謂《荀子》，既指其人亦指其書，以子名稱書，

〔註98〕熊公哲，〈孟子仁義與荀子禮義其辨如何〉，收在 79，《儒家思想研究論集》（二），頁397。
〔註99〕錢穆，《先秦諸子繫年》，頁83～84。
〔註100〕全99，頁87。
〔註101〕《荀子》·〈勸學〉。《柬釋》，頁6。
〔註102〕《荀子》·〈勸學〉。《柬釋》，頁8。
〔註103〕可參考，項退結，荀子在《中國哲學史》中的關鍵地位及其現代意義，（上）全文及註中所引書，大體可有一較完整了解。此文刊在，《哲學與文化》，第九卷十期。

據學者以為可能始於《史記》‧卷六十三，所說的「申子之學，本於黃老，而主刑名，著書二篇，號曰申子」〔註104〕之申子。漢成帝時，劉向應詔校經傳諸子詩賦，其子劉歆繼續完成之，留有諸子略，〔註105〕到隋書經籍志而有子目，一般稱子名書，多為後人追加，而今，稱先秦諸子既可為其名亦可為其人之書，大體上已是共識了。

　　荀子思想實際上就以本書三十二篇為主，其中心人物仍是荀子，由於校閱此書者為劉向，其先人楚元王劉交曾受業浮丘伯學詩，而《鹽鐵論》記載包邱子與李斯俱事荀卿，〔註106〕則劉向的家學原於荀子，「原來的資料也很可能得自家傳」，〔註107〕所以，本書資料仍應全部重視之，這是吾人之基本立場。

　　再者，研究的方式上，除司馬談式的以「語治」為主題外，近人如方東美先生指出中國思想家喜歡以「標準人物典型，確立其精神」，〔註108〕荀子本人正充分顯示其以周公、孔子為學習對象，並且志在傳承孔子的大儒思想，所以，吾人先了解其生平所顯示的意義，並試圖描述其自我意識和責任意識，再者，學者亦有以「道」為探索先秦諸子思想的大體者，雖說，道的形上思想或許始自老子一流，但是，吾人以為荀子的思想亦應當以「道」來開展，〔註109〕因為「道」的觀念使儒家思想能守住《中庸》、公正，並且統合天人，不使儒家陷入唯人本位的困境中，其作用也許相當重要，所以，先之以「道」的思想之探討。再者，若以項退結先生的「七個主題因素」來說，〔註110〕雖然不是一一相符，但是接著「道」的主題後，吾人接著以天人關係為主題，企圖了解老莊、墨子和荀子之間的差異，希望加深荀子的「道」的形上成分對儒學系統的重畏性，並證明其天人之分不但是基於「道」，而且是要「合一」於道的。然後，通過天人關係，進入人道的系統思想，那是儒家重視歷史傳統的智慧，並且不斷地致力於推展人道進展的表現最突出的重點思想，荀子因之而十足地可稱為儒學的主流人物。最後，經由對仁、義、禮的系列認識，發現其實踐途徑是以「克己復禮」為人類道德三進階的第一

〔註104〕司馬遷，《史記》，卷六十三，〈列傳〉第三，頁860。

〔註105〕參閱，〈柳詒徵〉，全15，頁351～352。

〔註106〕全95。

〔註107〕全103，頁41。

〔註108〕方東美，〈生命悲劇的二重奏〉，收在，《先生之德》，頁44。

〔註109〕參考，趙雅博，《十子批判》，頁163～164。

〔註110〕參考，項退結，《人之哲學》，頁128～129。

階，目標在於由外而內地歸於仁，而對於上乘者又可以直接以仁義來養人心，由內而外，形成兩條改變、提升人的品質的道路，由於，人心是人體形神與偽性合一的主角，也是知道、合道、體道、爲道服務的工宰，所以，終之以「養心」，如此，由道，及於天之生人，再由人主動配合天而回歸於道，正可以形成一個活潑而日日新的宇宙整體。此爲本文之撰寫方式。

最後，吾人必須說明的是，本論文題目看來可能太寬廣，就上述探討主題而言，或許遺漏了某些爲一般熟悉的主題，如性惡論，正名部份的基本認識思想，及政治的實踐理想，原因是在探討並形成荀子的思想大體而言，這些部份顯得不很重要，因此，並不特別把它們突顯爲主題，其實皆已涵蓋其中，尤其是在研究之後，如性惡論及政治思想上的一些關鍵觀念既與其它更重要主題連結一起，而重要者得以紓解清楚，瑣碎末流者自然稍加點明即可迎刃而解，因此，也就不必汲汲於此論文中，以免浪費太多篇幅去編比排列，而可留待爾後處置，以免影響本論文之大體，此特別說明者。

第二章　生平、自我和責任意識

　　荀子的生平資料以史記和劉向的書敘、本書和秦漢間散見於書籍者為主，吾人希望通過對《史記》荀卿傳之辨解，並配合書敘為主，試擬一簡單傳略，且加以分析其意義而肯定其自我意識，再由其自我意識而以其「從道不從君」的態度作為其責任意識表現的張本，然後以「道與勢」為主題，將子的責任意識襯托出來而結束本章。

第一節　生平與傳略

一、《史記》荀卿傳之句讀

　　《史記》卷七十四〈孟荀列傳〉關於荀卿資料的原文如左：

　　荀卿，趙人。年五十始來游學於齊。騶衍之術，迂大而閎辯，奭也文具難施，淳于髡久與處，時有得善言，故齊人頌曰：談天衍，雕龍奭，炙轂過髡。田駢之屬皆已死齊襄王時，而荀卿最為老師。齊尚脩列大夫之缺，而荀卿三為祭酒焉。齊人或讒荀卿，荀卿乃適楚，而春申君以為蘭陵令。春申君死而荀卿廢，因家蘭陵。李斯嘗為弟子，已而相秦。〔註1〕

　　關於這段文字，胡適先生指出有兩個易於誤人之處，其一是「來游學於齊」以下，忽然夾入二騶及淳于髡的事，他以這段文字是論「齊有三騶子」一節的錯文，本文當作「騶衍、田駢之屬……」；其二是「齊襄王時」四字當連綴上句，讀成「騶衍、田駢之屬，皆已死齊襄王時」，理由是「死齊襄王時」文法上為「狀時的讀」，它與所狀的本句（即荀卿最為老師），決不可用「而」

〔註1〕司馬遷，《史記》，卷七四，頁941。

字隔開，否則就不通了。〔註2〕

　　除胡先生之外，王夢鷗先生也覺得可疑，他以為原文只寫著「……鄒衍、奭、淳于髡，田駢之屬皆已死，齊襄王時，荀卿最為老師」，〔註3〕其中的「之術，迂大而閎辯……也，文具難施……久與處，時有得善言……炙轂過髡」，乃是後人附益或旁批附記的。不過他對於「齊襄王時」這四字的句讀安排與胡適不同。

　　筆者以為，參考《劉向書敘》和《鹽鐵論》·〈論儒篇〉把「田駢如薛」和「孫卿適楚」連綴在一起，〔註4〕可以斷定，田駢之屬的死與荀卿最為老師一事，正是前因後果的時間關係，而且諸儒於湣王時流亡，湣王死後，齊國亡臣相聚要求湣王之子復國，〔註5〕而襄王復國後，感謝舊臣，再脩列大夫之缺，實乃常情，稷下先生再回來，俟田駢之屬死後，荀卿才有資格擔任祭酒。所以，《史記》荀傳，自「騶衍之術」至「炙轂過髡」全段，都是爭論關鍵，而不只胡、王兩先生所指出的部份。自「田駢之屬」以下只是簡略而已，所以，參考《劉向書敘》及范睢為相和春申君為相的時間順序，就可以補充完整。

　　至於爭論的一段如何處理呢？個人以為必須注意到的重點是：

　　第一、孟、荀〈列傳〉中，《史記》是照年來排列，在荀傳本文之前，分別介紹了孟子、騶衍及淳于髡以下的稷下先生，按《史記》，是把騶衍和稷下先生分開的，〔註6〕而稷下先生是以淳于髡列為首位，以下包括騶奭、慎到、接子、環淵、田駢等人，這些人又被尊為列大夫。他們各著書，皆在齊，所以，自騶衍以下至騶奭等人的思想都是荀卿在齊的客觀背景，可稱為稷下思想。其中又可分為兩個集團：（甲）集團為齊之諸騶子，其思想是一貫的，所以，在荀傳中把衍與奭連在一起，又淳于髡與其人相善久處，多少有思想的相關性，因此，三人可合為一集團；（乙）集團是慎到、田駢、接子、環淵，他們都學黃老道德之術，各有著述。《鹽鐵論》的〈論儒篇〉特別列舉了其中三人，即慎到、捷子與田駢，荀卿也附之驥尾，可能因此而在田駢之屬亡後最為老師而為祭酒；更可注意者，可能表示荀卿與這些人關係極密切，思想也受其影響甚多，所以，會推「儒、墨、道德」之行事興壞以著作。

〔註2〕 胡適，《中國古代哲學史》，第十篇，頁24～25。
〔註3〕 王夢鷗，《鄒衍遺說考》，頁3。
〔註4〕 桓寬，《鹽鐵論》，卷二〈論儒篇〉第十一，頁21。
〔註5〕 《史記》，卷四六，頁757。
〔註6〕 全1，卷七四，頁940。

　　第二、荀傳文後附有齊國稷下以爲諸國當時有著作於世而較著名者，這些人雖分佈於趙、魏、楚，可是荀卿爲三晉之產，又曾爲趙上卿；與楚春申君的關係又極密切，所以，這些人提供了荀卿時代，齊以外的思想背景，基本上都可以與他發生思想關係。本傳後又記墨子，墨子本人不太可能與荀卿時代接近，但是《史記》既提到墨子，可知墨子與荀卿有相當關係，學者曾提到，墨學與秦國關係甚密切，推測秦用墨學，〔註7〕又有從墨學所尊的夏政與禹，及尚黑的風尚推測其與秦地極有牽聯，〔註8〕而荀卿入秦見秦國頗有古風，在秦不能用，但印象很深，多少也影響到他的弟子李斯之游秦，這在在說明他的思想中有墨學的影子的原因。

　　基於以上兩點，我們在重新擬訂的荀卿傳略中，就把這兩部份排在主文之前，以爲其時代學術思想背景之介紹，這是極其重要的客觀條件。

二、生卒時間

　　荀子的生卒有被擴大的傾向，那是崇拜及傳聞的結果。錢穆先生深信韓非子難三的記載，〔註9〕荀子若能與燕之子之並提不能是十幾歲小孩，所以，定其時爲廿四歲，〔註10〕究其實，錢先生忽視了崇拜心理的作祟。韓非子的單文孤證不一定是傳抄轉刻的錯誤〔註11〕而是人爲故意的安排。正要表現荀卿生在宣王年間，而有秀才這一點。蓋燕王讓國子之在周慎靚王五年，〔註12〕去齊威王之卒已四年矣！宣王有十九年，子之的事在宣王四年，則荀卿生年必在宣王四年之後，因湣王有四十年，故以宣王晚年爲當。設若稷下學宮在襄王六年左右恢復，荀卿大約在此後幾年來齊。

　　至於卒於何時，首先，吾人採用《史記》之五十始來於襄王時的說法，故不取《鹽鐵論》，〈論儒篇〉於湣王末年散亡至楚的記載，因此，也可以放棄同書〈毀學篇〉「李斯之相秦也……孫卿爲之不食……」〔註13〕的說法。《鹽

〔註7〕　《十批判書》，呂不韋與秦王政，頁350～351。
〔註8〕　杜正勝，〈西周封建的特質〉，收在《中國上古史論文選集》，頁675～677。
〔註9〕　《韓非子·難三篇》，參閱，梁啓雄撰著，《韓子淺解》，台北，學生書局，60年1月，頁375。
〔註10〕　錢穆，〈荀卿攷〉。收在羅根澤編，《古史辨》（四）上編，台北市明倫出版社，民國59年，頁116。
〔註11〕　羅根澤，荀卿游歷考，《古史辨》（四）上編，頁126。
〔註12〕　司馬遷，《史記》，卷十五，〈六國年表〉，頁292。
〔註13〕　桓寬，《鹽鐵論》，卷四，〈毀學〉第十八，頁35。

鐵論》的「文學曰」的立場是同情而敬佩荀卿的，輩份都在荀卿弟子之後，傳聞及含糊誇大必然有之。這可與韓非子是其弟子，而再傳者只知荀卿生於宣王時，乃製造其幼年神話一樣，只可反映荀卿的影響力及隱密性，而不能百分之百採信其時間。

荀卿的死大約在齊王建廿七、八年之後不久，當時春申君被李園所殺，荀卿被廢；而秦也免呂不韋相，李斯有更上一層樓的機會，荀卿的抑鬱無奈可算到了極點。

要之，荀卿生於齊宣王晚年（十六到十九間），卒於齊王建卅年左右。生年相當於西元前三二八到三二五年間；卒年約西元前二三五年左右，〔註 14〕年紀九十幾歲，這與其活動空間之大，書中反映思想的廣博，生平事蹟發生時間之延長，對照來看，並不太過。

三、試擬傳略

吾人以《史記》〈孟荀列傳〉和《劉向書敘》為藍本試擬一傳略。

齊威王、宣王時，聚天下賢士於稷下尊寵之，皆賜列第為上大夫，不治而議論。〔註 15〕自孟軻〔註 16〕騶衍與齊稷下先生，如淳于髡、慎到、環淵、接子、田駢、騶奭之徒，各著書言治亂之事，以干世主，豈可勝道哉！

騶衍之術，迂大而閎辯，騶奭者齊諸騶子，亦頗采騶衍之術以紀文，而文具難施。淳于髡亦齊人，久與處，時有得善言，故齊人頌曰：談天衍，雕龍奭，炙轂過髡。

又慎到趙人，田駢、接子齊人，環淵楚人，皆學黃老道德之術，因發明序其指意，慎到著十二論，環淵著上下篇，而田駢、接子皆有所論焉。於是齊王嘉之，自如淳于髡以下，皆命曰列大夫，為開第康莊之衢，高門大屋尊寵之，覽天下諸侯，賓客言齊能致天下賢士也。

〔以上為荀卿來齊之前齊國稷下先生的介紹〕

而趙亦有公孫龍為堅白同異之辯〔辯，劉向作辭〕、劇子之言〔劇，劉向作處〕，魏有李悝，盡地力之教；楚有尸子、長盧子，芊子〔《史記》作阿之

〔註 14〕 參考，《荀子新注》，台北市，里仁書局，民國 72 年 11 月。頁 613〜619。
〔註 15〕 司馬遷，《史記》，卷四六，田敬仲完世家，頁 754〜755。
〔註 16〕 此辜且相信，《孟子·公孫丑下》「（宣）王謂時子曰：我欲中國而授孟子室，授弟子萬鐘。」的記載，見《新譯四書讀本》，台北市，三民書局五九年五月，頁 315。

吁子，劉向作芋子〕，自如孟子至於吁子世多有其書，故不論其傳，〔註17〕諸子之事，皆以爲非先王也，而不循孔氏之術。〔註18〕

〔以上可視爲稷下外較著名者，荀卿可能都閱過其書〕

荀卿，名況，趙人。齊湣王、襄王之際或在薛，曾說齊相而不用。年五十始來游學於齊，田駢之屬皆已死齊襄王時，而荀卿最爲老師，齊尙脩列大夫之缺，荀卿三爲祭酒焉。〔註19〕

齊人或讒荀卿，荀卿乃應聘於諸侯而入秦見秦昭王及秦相應侯，皆不能用也。

乃適楚，楚相春申君以爲蘭陵令，人或謂春申君曰：湯以七十里，文王以百里，荀卿賢者也，今與之百里地，楚其危乎。春申君謝之，荀卿去之趙，趙以爲上卿。〔註20〕

荀卿與臨武君議兵於趙孝成王前，臨武君爲變詐之兵，荀卿以王兵難之，不能對也，卒不能用。

後客或謂春申君曰：伊尹去夏入殷，殷王而夏亡；管仲去魯入齊，魯弱而齊強，故賢者所在，君尊國安，今荀卿，天下賢人，所去之國，其不安乎。春申君使人聘荀卿，荀卿遺春申君書及歌賦，〔註21〕刺楚國，春申君恨，復固謝荀卿，荀卿乃行，復爲蘭陵令。春申君死而荀卿廢，因家蘭陵。李斯嘗爲弟子，已而相秦；及韓非號韓子；又浮丘伯，皆受業爲名儒。

荀卿善爲《詩》、《書》、《易》、《春秋》，〔註22〕因嫉濁世之政，亡國亂君相屬，不遂大道而營於巫祝，信機祥，鄙儒小拘，如莊周等又滑稽亂俗，於是推儒墨道德之行事興壞，序列著數萬言而卒，因葬蘭陵。蘭陵多善爲學，蓋以荀卿也。長老至今稱之曰：蘭陵人，喜字爲卿，蓋以法荀卿也。

〔註17〕《史記》，卷七四又增添「墨翟，宋之大夫，善守禦爲節用，或曰並孔子時，或曰在其後。」頁941。
〔註18〕劉向，《孫卿書敘》，「諸子之事，皆以爲非先王也」（王先謙，《荀子集解》，頁366）乃爲劉向之結論，可爲介紹荀卿之張本，故錄之。（此後引此書直稱「集解」）。
〔註19〕據，《鹽鐵論》，〈論儒篇〉（全上，頁21）記載，以田駢與孫卿相連接，故將田駢殿後。
〔註20〕《戰國策》，楚策四，見高誘注《戰國策》，台北，台灣商務印書館，民國62年8月，卷十七，頁38。
〔註21〕全20。
〔註22〕劉向，書敘，全18，頁366。

第二節　生平的意義——荀子的自我意識

　　吾人自荀卿之生平可見其周遊之廣，見識必多；又其遭遇和晚年之著書以刺當世異家邪說及亂世之政，這些都是他的士君子和君子儒的意識之表現。所謂自我意識就是指他選擇了士君子之傳道工作，更重要的是他完全以儒家思想爲依歸，也就是荀子先把自己歸屬於士君子的集團，然後又在其中選擇了孔子的儒統，儒統之興衰與他的生命緊密地連在一起，故一方面疾亂世思以興天下大利，除天下大害，此爲當時士君子的共同志業，吾人看墨子之論士君子說：「王公大人，士君子，實將欲求天下之利，除天下之害。」〔註23〕即可知一斑。荀子亦在〈解蔽篇〉坦白承認諸子百家「其誠心莫不求正」，〔註24〕而士君子之主要任務就是墨子所說的「遵道利民」，〔註25〕吾人以荀子之遵道且遵儒道而作爲其責任意識，另在下節以「道勢」爲題論之。

　　此處簡述其生平意義，以明其自我意識之表現。

　　第一、荀子的經歷是孔、孟的重演。我們知道，一般對個體偶像之崇拜及認同心理會表現在重演其人的行爲事迹上，然後分享其人的經驗，達到情感的涉入，在這種重演中，尤其以悲慟性故事和其重演的儀式最引人注意，悲哀的經驗似乎較快樂更能產生刻骨銘心的效果，而達到精神、情感超越個體、時空的融合，此類情事在宗教團體中最明顯，〔註26〕先秦儒者大體尊崇孔子，當然對其行爲的效法也就是對孔子及其道的認同，先秦的儒者集團之所以分裂，原因之一是各派所效法的孔子的行事是差異的，而孔子一生最特出的生命經驗是周遊列國，欲推行其道而不得，因爲嚴守義與利；說客與諍諫的分際，最後以述而不作刪修經典或著作明志〔註27〕而終，這是一段相當重要而却相當不愉快的經驗；簡單的形容其慘狀，就是「累累如喪家之狗」，而以「菜色陳蔡」爲其代表性的形象。孟子也演出了「困於齊梁」的故事；

〔註23〕墨子，明鬼下，第三十一，見孫詒讓，墨子閒詁，頁144～160。（此後本論文引墨子即直書「墨子閒詁」）
〔註24〕荀子・解蔽，見梁啓雄，《荀子柬釋》，頁290（此後本論文凡稱《柬釋》者即指此本）。
〔註25〕仝23，頁185。
〔註26〕參考，卡內提著，陳衛平、黃漢青譯，群眾與權力，台北市，博學出版社，民國71年9月，頁125；頁175。
〔註27〕參考，《史記》，卷四十七，孔子世家，及卷七十四，〈孟荀列傳〉。

荀子的時代條件更差。所以，遭遇也就更悲慘，他的後學以「迫於亂世，鰌於嚴刑」道出其中的辛酸血淚，孔、孟尚能全身述作，荀子卻淪落到必須「蒙佯狂之色」〔註28〕的地步，似乎已無法過著正常尊嚴的生活了。悲慘的命運並不能澆滅他胸中為天下興大利、除大害的責任意識和強烈的儒者情感，儒家之所以無法像宗教集團般的發展，原因是儒者講求理性，以另一種宗教情操來替代盲目的信仰。荀子批評雩祭說「君子以為文，百姓以為神」，〔註29〕偉大的儒者依賴其對文明歷史與理性的絕對信心，以及對人類全體的仁愛情懷，表現出來「天之未喪斯文也，匡人其如予何！」，〔註30〕「當今之世，舍我其誰也」〔註31〕的氣慨。貧賤、威武、富貴都是對自己的精神和信念的試煉，要與孔子的生命和精神互相溶入，就必須通過這些考驗絕不妥協於勢利，那是成為大儒的洗禮儀式，荀子的生命以認同孔子開展，因此，也演出了類似的經驗，最後以不用於世，序列儒墨道德之行事興壞，著作數萬言，終老蘭陵閭巷，與孔、孟如出一轍。所以，《劉向書敘》說「惟孟軻、孫卿為能尊仲尼」，〔註32〕言下之意，先秦的大儒自孔子之後就屬孟子與荀卿了。所以由生平經歷所展現的精神和特色，可以肯定荀卿的大儒意識。

第二、荀子生平事蹟跨越時間的久長。荀子的生卒一直無法確定，原因大概如堯問所記「名聲不白，徒與不眾，光輝不博」〔註33〕和劉向所言「斯人卒終於閭巷，而功業不得見於世」的原因。誠如梁任公所說「如荀卿著書雖數萬言，而道及本身歷史殊少」，〔註34〕所以，身世及經歷幾如謎樣。可以注意的是，有關荀卿的事蹟，最早到最晚之間，至少有百二十年以上，還不把生卒考慮在內呢！一個神話人物常常會跨越很長的時間，可是歷史人物卻很少見到時間超過百年以上，而且有關荀子的記載都可以看出來對他的正面評價，這是少見的現象，可見他在秦漢間的傳奇性和影響之大。

最早的事蹟是書敘的「蘇秦、張儀以邪道說諸侯以大貴顯，孫卿退而笑之」〔註35〕及《韓非子·難三篇》的「燕子噲賢子之而非孫卿，故身死為僇」，

〔註28〕《荀子》，見「集解」，頁363。
〔註29〕全28，頁211。
〔註30〕《論語》·〈子罕〉，見16《新譯四書讀本》，頁129。
〔註31〕《孟子》·〈滕文公〉上全上，頁320。
〔註32〕《荀子》，見「集解」，頁367。
〔註33〕《荀子》，見「集解」，頁364。
〔註34〕梁啟超，荀卿考，見，《古史辨》（四），頁104。
〔註35〕《荀子》，見「集解」，頁367。

以訖於本書堯問篇的「下遇暴秦」〔註36〕和《鹽鐵論》,〈毀學篇〉的「方李斯之相秦也,始皇任之,人臣無二,然而孫卿爲之不食,睹其罹不測之禍也」,其間有百廿二年,〔註37〕這裏當然有傳聞,渲染擴大的可能,然而荀子生當秦漢之際,上述資料也在秦漢,而竟然有擴大其人其事,且無惡評的情況,豈是偶然。這充分顯示他的生命力和重死持義以延續孔子之道及大儒命脈的精神。〔註38〕

第三、荀子游歷空間的廣大。孔子的偉大與其周遊經歷有關,故王充稱之爲「周世通覽」之人,〔註39〕而荀子也稱孔子爲得「周道」者,〔註40〕事實指其經歷的廣博形成學問之大。荀子爲了學習孔子,爲了了解異己,爲了推銷儒術,他都必須不斷地游歷。他生在三晉的趙,韓公子韓非是他的學生,他游學到東方的燕、齊,又因政變而流亡至南方的楚,根據其書所記,有與秦相應侯范睢的對話,他所移動的空間實際上已經相等於戰國七雄的領域,這樣游歷的廣度非只類似孔子,甚至有過之無不及,除了縱橫的說客之外,少有可比擬者,說客是爲了干世主,求名利,可是荀子是毫無名利誘因的,那麼心理的動機和驅力完全來自於推銷大儒之術,這比走遍天下,奉獻犧牲的傳教士絲毫不差。

對孔子的崇拜,對大儒之術的強烈信心,以及對道統命脈延續的考慮,乃是使他活得久,走得廣的主因,不但形成其生命的特色,更交織成他那一篇篇心血的結晶。

第四、荀子生平的最後特色是他的學生及後學分成兩大集團,一爲講法與力術的韓非和李斯,他們一生於韓,一生於楚地,而竟都西入秦,秦被荀卿評爲力術而無儒,已見其爲末世之兵,〔註41〕荀子並不爲名利而居秦,他最重要的活動區是東方,在齊不得志而終老蘭陵,其地在鄒魯,所以,另一集團如浮丘伯及再傳儒生以曲阜爲認同中心,延續儒學命脈,那都是講義術的。孔子之認同周公,並發出有用我者,其東周乎?東周吾人以爲指的是洛

〔註36〕《荀子》,見「集解」,頁354。
〔註37〕《荀子》,見《柬釋》,頁433。
〔註38〕《荀子》·〈榮辱〉,《柬釋》,頁35,「重死持義」指不輕易死。
〔註39〕王充,論衡,卷上,別通篇,(台北市,宏業書局有限公司,民國72年4月)頁142。
〔註40〕《荀子》·〈解蔽〉,見「集解」,頁262。
〔註41〕見,《荀子》·〈儒效篇〉及〈議兵篇〉。

邑的周，是周公文治的實踐地，周公封地在魯，故也可影射魯，孔子即以魯國為他的思想實踐地，他的理想是文治而不是武功，使魯成了戰國支持最久而沒有被秦國的力術征服，入漢仍絃歌不輟的國家，結果保留周公所創制垂統的東周文化（參考莊子天下篇）與延續東周文化和孔子之道的儒者，反而戰勝了西方力術的秦，而成為中國文化的領導者。當戰國七雄為兼併力征忙碌時，鄒魯之地經由孔子開創，孟子啟承，荀子及其一些弟子的堅持，苦守困境，一代代地延續儒學命脈，創造了「鄒魯模式」，史遷雖稱文學為齊魯間之天性，〔註42〕實際是大儒們一秉「寬柔以教」的守則，努力經營的成果，才有爾後諸儒修經講禮，並傳六藝〔註43〕的情形，他對儒道的信心正如同對四時運行的信心，即使千歲，儒道所主張的理念亦將實現。他悲痛卻又信心百倍地陳倪詩給弟子說：

> 皓天不復，憂無疆也。千歲必反，古之常也。弟子勉學，天不忘也。
> 聖人共乎，時幾將矣！〔註44〕

吾人以為荀子之選擇儒家作為歸屬是殆無疑問的，非但如此，他對孔子的認同感可以說是一種類似於孔子之對周公的認同，那種情懷可視為認同一位理想的人格父親，假如說孔子在尋覓父統時是以周公為其理想的父親，並進而證取最高的父統而達於以天為父；〔註45〕那麼，荀子是通過對儒家之認同找到了孔子作為其理想的父親，並進而證取最高的父統而達於以道為父的境界。

所以，若說荀子為雜家祖宗且開其先河，〔註46〕吾人以為此忒不了解荀子之自我意識所使然。吾人可以說，在荀子的生命之上，永遠以道和孔子作為優先的尊崇對象，假如吾人今日問問荀子說：

> 汝為秦乎，為魯乎？〔註47〕

荀子一定毫不遲疑回答：

> 吾其為魯也！

〔註42〕司馬遷，《史記》，卷一二一，〈儒林列傳〉，頁1273。

〔註43〕仝42，頁1274。

〔註44〕《荀子》〈賦篇〉，集解，頁319。

〔註45〕吳經熊，內心悅樂之源泉，台北市，東大圖書公司印行，民國70年9月，頁78～79。

〔註46〕《十子批判》，頁185；頁218。

〔註47〕「為秦？為魯？」，引自，黎東方，先秦史，商務印書館印行，民國58年1月，第十章，頁68～69。黎氏引民國30年7月，徐炳昶先生在教育部「史地教員講習會」開幕典禮上提出「為秦乎？為魯乎？」的問題。

第三節　道與勢 —— 荀子的責任意識

一、引　言

　　吾人前引「爲秦乎？爲魯乎？」。主要在說明士的取捨及作用力對政治興衰影響很大，秦以焚書坑儒而亡，蘇子瞻論養士之用說：

> 吾考之世變，知六國之所以久存而秦之所以速亡者，蓋出於此，不可不察也。〔註48〕

雖然他的士包含了「智勇辯力」，但仍可見士之重要。吾人且略去士之來源與其地位變化之歷史原因，而以孔子之「士志於道」爲起點，多少見得士在孔子之後地位的高漲，《尸子》〈明堂篇〉說：

> 士亦務德行，美其道術以上，……曾子曰：取人者必畏，與人者必驕。〔註49〕

《孟子·盡心下》也說：

> 說大人，則藐之，勿視其巍巍然。〔註50〕

墨子也在天志上說：

> 我有天志……我得天下之明法以度之。〔註51〕

道家也以另一種姿態表現其驕傲，《史記》，卷六十三說：

> 莊周笑謂楚使者曰：千金重利，卿相尊位也，子獨不見郊祭之犧牛乎，……子亟去，無污我……。〔註52〕

可見各家皆高尚其事，然而，世衰道微，除道家外，〔註53〕其它都立志行道，《呂氏春秋》〈愛類篇〉記齊人匡章責惠施學去尊王齊，惠施答說：

> 今有人於此，欲必擊其愛子之頭，而石可以代之。今王齊而奪黔首之命，免民之死，是以石代愛子頭也。〔註54〕

可見志於道有時不可不爲道犧牲，但是要有條件，孔叢子卷三，抗志第十，曾申謂子思曰：

〔註48〕蘇子瞻，志林，戰國任俠，收在，姚鼐編，古文辭類纂注，上冊，台北，世界書局印行民國61年12月，頁89。
〔註49〕尸子，卷上，明堂，台北，台灣中華書局印行，民國68年2月，頁5。
〔註50〕《孟子》·〈盡心下〉，仝上，頁516。
〔註51〕墨子，天志，仝上，頁127。
〔註52〕司馬遷，《史記》，卷六十三，頁860。
〔註53〕司馬談論六家仍及道家，漢初有黃老之治，所以，並不完全出世。
〔註54〕《呂氏春秋》，愛類篇，台北，台灣中華書局印行，民國55年3月，頁26。

屈己以伸道乎？抗志以貧賤乎？子思曰：道伸，吾所願也，今天下
王侯其孰能哉與？屈己以富貴不若抗志以貧賤，屈己則制於人，抗
志則不愧於道。〔註55〕

同書，卷五，陳士義第十五又記子順的話：

若王信能用吾道，吾道故爲治世也，雖蔬食水飲，吾猶爲之，若徒
欲制服吾身，委以重祿，吾猶一夫爾。〔註56〕

同書多的是道義與勢利之辨，簡單說，這是孔子的女爲君子儒！無爲小人儒！
〔註57〕的規格，加上：

士志於道而恥惡衣惡食者，未足以議也。〔註58〕

的自覺和責任感，道永遠重於生命，這樣的弘道重任辛苦嗎？但是「君子立
志如窮」雖隘窮而不失，勞倦而不苟，臨患難而不忘細席之言。〔註59〕

　　強烈的責任意識由孔子一直薪傳不熄，然而，大儒却一直不得志，因爲
政治勢力與小人喻於利所造成的，要開導小人談何容易，荀子說小人生而淺
陋，又重以亂世，君子非得勢以臨之，則無由得開內焉！〔註60〕

　　而實際上眞是處在「無勢以臨之，無刑以禁之」〔註61〕的「貧窮徒處
之勢」下〔註62〕雖云「不可以勢重脅」，〔註63〕然而心裏實在焦慮萬分，可
是爲了傳道的責任，只好在不得已的情況下「守常須變」〔註64〕「以保祖
業」〔註65〕希望百歲千年之後，終有海宴河清的一天。

二、道與勢的意義

　　在道與勢的主題中，吾人先簡略說明此地的「道」與「勢」之意義，然後
再論及荀子的責任所繫。而在確定此處的「道」之前，又先須確定「勢」義。

　　就荀子之尊崇孔子、周公，並且在成相篇考稽堯、舜、禹三王之行事而

〔註55〕孔叢子，卷三，抗志第十，台北，台灣中華書局印行，民國70年10月，頁3。
〔註56〕仝55，陳士義，第十五，頁1。
〔註57〕《論語・雍也》，仝上，頁101。
〔註58〕仝57，里仁，頁81。
〔註59〕《荀子》・〈大略〉，《柬釋》，頁379。
〔註60〕仝59，〈榮辱〉，頁40。
〔註61〕仝59，〈正名〉，頁318。
〔註62〕仝59，〈仲尼〉，頁71。
〔註63〕仝59，〈儒效〉，頁83。
〔註64〕孔叢子，論勢，第十六，仝上，子順對魏王曰，頁4。
〔註65〕孔叢子，獨治，第十九，仝55，頁3。

言，道與勢之區別甚明白。所謂「勢」是指政治勢位，〔註66〕即如周公亦曾經代周成王「履天子之籍，聽天下之斷」，〔註67〕稱爲得勢者。而仲尼及子弓就是不得勢位的聖人。〔註68〕

然而，再從〈儒效篇〉的文字看：

> 故君子無爵而貴，無祿而富，不言而信，不怒而威，窮處而榮，獨
>
> 居而樂，豈不至尊至富，至重至嚴之情舉積此？〔註69〕

有勢位者，即有爵祿，而有爵祿就有與之對稱的財物以爲用，〔註70〕以示差等區別。若以解蔽篇描述孔子說：

> 德與周公齊，名與三王竝。〔註71〕

來看，不得勢的聖人是有德的人，德與爵位是可以對舉的，如尸子，〈勸學篇〉說「爵列私貴，德行公貴」，〔註72〕顯然，有德的道人〔註73〕是得天爵者，有勢位者是得人爵者。得人爵者屬於政治系統中的地位，伴隨爵位而來的物質條件有那些呢？吾人可借《國語》，魯語孟文子的話說：

> 夫位，政之建也；署，位之表也；車服，表之章也；宅，章之次也；
>
> 祿，次之食也。君議五者以建政，爲不易之故也。〔註74〕

除了物質條件外，當然還有勢位而來的威權，換句話說，「勢」就包括了一個人的政治地位、財物、權利，並且可以使役人民百姓等等，而與擁有「德操」者是可能對立的，所以，荀子以「權利」和「德操」對舉。〔註75〕

在說明「勢」義後，吾人就可以談及「道」義了。在此地的「道」應該大別爲兩個意義。

第一、道與勢對舉時，它是代表先秦諸子的一種共識，亦即先秦諸子的共同精神和志意所在而不是儒家的專利，雖然說士志於道及道優於勢的思想

〔註66〕《荀子》，成相，見，《柬釋》，頁350～352。堯、舜、禹，皆爲聖王，明知其有政治勢位。

〔註67〕《荀子》・〈儒效〉，仝66，頁75。

〔註68〕《荀子》・〈非十二子〉，仝66，頁61～62。

〔註69〕《荀子》・〈儒效〉，仝66，頁82。

〔註70〕《荀子》・〈富國〉，仝66，頁120～121。又參考，《〈禮論篇〉》亦可知在禮制下，有爵位必有用以襯托其位的財物，以示差等。

〔註71〕《荀子》・〈解蔽〉，仝66，頁296。

〔註72〕尸子，勸學，仝49，頁2。

〔註73〕《荀子》・〈解蔽〉，仝66，頁291，稱爲「德道之人」。

〔註74〕《國語》，魯語，仝10，頁171。

〔註75〕《荀子》・〈勸學〉，仝66，頁11。

可能創自孔子，但是孔子之後的諸子百家也都標舉出志道行道爲其志業，所以，就整體而言，「道」乃是先秦諸子大傳統的共同責任之所繫，是以之與政治勢位相抗衡的符號，是驕富貴，輕王公，外物輕，不役於物，不忘乎道〔註76〕而用以「殺勢」〔註77〕的資本。先秦諸子高舉「道」以抗衡「勢」，要把「明君臨之以勢，道之以道」〔註78〕的「勢道」順序轉變成「道勢」順序，如此，在「遵道積德」「不可以勢重脅也」〔註79〕的自覺自強下，逐漸形成了獨立超然的中堅力量，因此，可以與政治勢力保持不即不離的自由立場。更明確地說，諸子所提的道是包含且超越國家的，所以，荀子說：「國之命在禮」，〔註80〕國家之作必須先有「道法」爲依據和指導，〔註81〕而「國者，天下之制利用也；人主者，天下之利勢也」〔註82〕那麼，天下國家及人主勢利具轉而屈居先秦諸子的「道」之下位，如此，乃開創出聖王兩條路線，即荀子在解蔽篇說的：

> 曷謂至足？曰聖也。聖也者，盡倫者也；王也者，盡制者也，兩盡者，足以爲天下極矣！〔註83〕

其中的「聖」代表人倫「道德之極」〔註84〕而「王」代表勢位的「功名之極」和「政教之極」。〔註85〕這就是從先秦諸子的大傳統來看道與勢的關係，說明了「道」乃是先秦諸子大傳統的共同精神和責任意識所在，荀子當然也屬於這一大傳統中。

　　第二、道雖是大傳統的共同志業，但是各家却有其獨立的見解，因此，形成了各自不同的道術，由此構成大傳統之下的次級傳統。《淮南子》·〈要略篇〉提供了次級道術形成的主客觀原因；《莊子·天下篇》亦然。簡單地說，百家都在對抗勢的「道」之集團中各「以自爲」去求「正」道，〔註86〕

〔註76〕　《荀子》·〈修身〉，全上，頁15。
〔註77〕　參見，《荀子》，〈修身〉，全上，頁 20。荀子時說明君子之隆仁殺勢的意義。
〔註78〕　《荀子》·〈正名〉，全上，頁318。
〔註79〕　《荀子》·〈儒效〉，全上，頁83。
〔註80〕　《荀子》·〈彊國〉，全上，頁213。
〔註81〕　《荀子》·〈致士〉，全上，頁189。
〔註82〕　《荀子》·〈王霸〉，全上，頁138。
〔註83〕　《荀子》·〈解蔽〉，全上，頁307。
〔註84〕　《荀子》·〈勸學〉，全上，頁6。
〔註85〕　具見《荀子》，致士，全上，頁191；及〈君道〉，全上，頁171。
〔註86〕　《荀子·解蔽》，全上，頁290～291。

就當時而言，諸子莫不想以自己的「道」來攻訐別家的道，而爲了增加自己學說的分量，多少都把自己的「道」與「古」之道術牽連在一起，因此，才有近代之「諸子百家」到底是否出於王官〔註87〕以及託古、反古的爭論。〔註88〕要之，諸子思想之形成除《淮南子》·〈要略篇〉之時代風尙、地理背景，及《莊子·天下篇》之聞古之道術及其風而悅之外，就是爲了有所挽救而逆於時趨，或者是因爲達人貴顯之所主持，聰明才俊之所奔赴〔註89〕以形成的。至於是否眞正出於一源，實在難以論斷，就荀子而言，也僅能講「持之有故，言之成理」，也就是說：「任何一家一派之學，有承襲，也有個人的獨創」，〔註90〕重要的是，誰家的「道」能夠在競爭下取得領導地位，那才能證明誰家的道最優秀。

就荀子時代而言，顯然儒家面臨很大的困境，就以東齊西秦兩大政治勢力來看，稷下先生一半是道家，而墨家已流入於秦，齊保護道家，墨在秦發展。〔註91〕若以儒學發源於魯地與齊比鄰，從齊魯建國開始，齊太公「變禮從俗」而伯禽行三年之喪「變俗而革禮」，〔註92〕兩國的文化策略就不相同，一直到孔子適齊，見譏於晏嬰，不爲齊景公所用，〔註93〕多少對其思想有影響，這影響就是折中於禮與俗而從於「道」，亦即其中道思想之建立。雖然，他的道德思想生前不用於齊魯，經過孟子到荀子時，已經被宣傳成「儒無益於人之國」，〔註94〕可說是由東方到西方舉世皆毀之的地步。〔註95〕然而，在

〔註87〕 參考，章學誠，文史通義，易教下，頁 19。章氏說，諸子百家，不喪大道，本原所出，不外「周官」之典守，由於師失官守，末流之學，各以私意恣其說，非於先王之道，全無所得，而各自樹一家之學也。此說於《莊子·天下篇》和荀子的觀點類似。又，胡適先生撰「諸子不出於王官論」（《古史辨》，冊四，上，頁 1～7）認爲劉歆以前論諸子者無此說，九流無出於王官之理，特爲漢儒之陋說耳。古學在王官是一回事，諸子是否出於王官又是一事。基本上，諸子之學是出於憂世之亂，其間有平面或直線的相互影響，而造成新者興，舊者革的局面。

〔註88〕 諸子之託古並且各出己見是事實。可參見羅根澤的「晚周諸子反古考」（《古史辨》，第六冊，頁 1～50），其實道家亦在託古之列，參考，錢穆，《先秦諸子繫年》，卷二，七十二，老子雜辨，十八「老子書之年代」，頁 223～224。

〔註89〕 章學誠，仝 87，頁 1。

〔註90〕 杜正勝，《中國上古史論文選集》，導論，頁 79。

〔註91〕 《十批判書》，頁 58～59。

〔註92〕 參考，司馬遷，《史記》，齊、魯二世家。

〔註93〕 參考，司馬遷，《史記》，孔子世家。

〔註94〕 《荀子》·〈儒效〉，仝 66，頁 76。

孔子的中道思想及政治異端的精神下，困境中的大儒反而能夠在面對越來越多的異說時，擷長補短，進行思想上對儒學的反哺，荀子即是一例。〔註96〕

三、孰家道優

上來吾人述及「道」的兩個意義，其中第二個道義是荀子責任意識的具體所在，那就是荀子用以與百家對抗，並大事推銷的儒道。儒道是指「詩、書、禮、樂之歸」〔註97〕的「先王之道，仁義之統」〔註98〕這樣的儒道何以被荀子認爲最得天下之正呢？

吾人可以試爲荀子提出理由。

第一、儒道是指因於夏禮，殷禮，綿延不斷，因時損益的道，更明確的說，尚不止於此，就荀子之成相篇的考稽聖王事迹看，那是始於堯、舜、禹三代而下及商湯和文武王，由上古而下及後王，且由周道而往「其人所貴君子」的方向前進，〔註99〕是與歷史一貫而可以不斷進步的，亦即理想與現實不分離的，吾人以爲，就這點來說，荀子的儒道實際上包括了《禮記》‧禮運篇的大道和禮義之紀；大同和小康，前者是理想，後者是現實，〔註100〕既然是歷史與進化並顧，則這「一以貫之」的「儒道」〔註101〕就不止於因襲夏、商、周而已，〔註102〕簡直是可以上下達於無窮了，那麼百家之託古、反古又如何能超出儒道之外呢？

第二、就荀子評論孔子學亂術，一家得周道，不蔽於成績而言，〔註103〕這個「周」字除了可以表示周朝之外，尚有周徧義，所謂周徧是兼賅「道貫」

〔註95〕 齊魯學之比較，可參閱，李則芬，先秦及兩漢歷史論文集，「中國政治思想的二大淵源」，台北，商務印書館印行，民國73年2月，二版，頁1～54。

〔註96〕 吳經熊先生比喻說：中華文化是母，而三民主義是子，子既長成，轉而反哺其母，這母與子的關係，是不能反離的。（見，內心悅樂之源泉，頁240）吾人亦可說，荀子在思想成就上，以孔子所提出的道貫爲母，而擷補百家長短以反哺之，主要是在形上的道，天的理論及人性方面。

〔註97〕 《荀子》‧〈儒效〉，全66，頁86。

〔註98〕 《荀子》‧〈榮辱〉，全上，頁42。

〔註99〕 《荀子》‧〈非相〉，全上，頁50～51。

〔註100〕見，《禮記鄭注》，卷七，〈禮運第九〉，頁77。

〔註101〕《論語》‧〈里仁〉，見，《新譯四書讀本》，頁83。

〔註102〕見《論語》‧〈爲政〉，第二三，子張問「十世可知也」（全上，頁68）；又八佾，第九和第十四（全上，頁71，頁73）。

〔註103〕《荀子》‧〈解蔽〉，全66，頁295。

及其「差」，〔註104〕意思是孔子的思想之所以「周」是因為他學「亂」術，「亂者，治也；學治天下之術。亂之一字；包含治亂二義」，〔註105〕這樣的儒道顯然有其大體且不斷成長，因為，它除了代表一種道術外，還有明顯的思想方式在內，那就是荀子所提出的「道」的形上理論，在「道」的形上理論指導下，要「觀盡」一切思想；要「兼陳萬物而中懸衡焉，是故眾異不得相蔽以亂其倫」〔註106〕荀子之善於批評〔註107〕而尚能自稱傳承孔子思想，就是得力於這個不偏不倚的《中庸》〔註108〕思想方式，在形式上是居中同長，〔註109〕實際上是「斷長續短，損有餘，益不足，達愛敬之文，而滋成行義之美者也」的「禮」法，〔註110〕故吾人又可稱為「禮義之法式」。〔註111〕因此，儒者在特殊的道理及思想方式下，所形成的具有「道」之「體常而盡變」〔註112〕的形上基礎之思想，不但能批判且能兼賅諸子之長，而且不斷可以成長下去，這是儒道在荀子之所以不像孟子之特稱「夫子之道」〔註113〕的原因。因為儒道主體及方法雖創於孔子，但是卻超越孔子。否則，儒道就難免落入荀子之有見於此，無見於彼；及道盡一隅之蔽端，而顯不出其優於百家之處了。

　　第三、儒道之優越除不離歷史且推進歷史；和其思想方式之和同性特強外，〔註114〕吾人以為，它的不廢人之情欲，而且以「人情」為田，大加耕耘，〔註115〕使人之欲與物相持而長〔註116〕的禮義思想相當重要。因為人性生而有之，可以調理，使人性之情欲在滿足基本需求下，可以提升其所欲之物的層次，因此，造成自然而不矯作的人性發展，這種順人性而理人性的思想，使儒道可以適應任何時空下的人類世界，也就是說，儒道可以從任何階段的人性作為其起點，而與其它不同階段的人性發展並行不悖，這樣的方便

〔註104〕《荀子》·〈天論〉，全上，頁 234。
〔註105〕《荀子》·〈解蔽〉，見「集解」引郝懿行注，頁 262。
〔註106〕具見《荀子》，〈非相〉，全 66，頁 51；解蔽，頁 296。
〔註107〕馮友蘭，《中國哲學史》，頁 349。
〔註108〕《中庸》，第一章，子程子曰；見《新譯四書讀本》，頁 17。
〔註109〕墨子，經上，見，墨子閒詁，頁 169。
〔註110〕《荀子》·〈禮論〉，全 66，頁 268。
〔註111〕全 110，頁 274。
〔註112〕《荀子》·〈解蔽〉，全上，頁 295。
〔註113〕《孟子》·〈離婁下〉，《新譯四書讀本》，頁 395。
〔註114〕參考，吳經熊先生之說，見，《中國人的心靈》，頁 329。
〔註115〕見，《禮記》，禮運，全上，頁 81。
〔註116〕《荀子》·〈禮論〉，全 66，頁 257。

法既不離現實又可以顧及進化和發展，實在是其親和力之強烈之主因。這樣的溫和性，充分表現在儒家的「突破」過程和「哲學」內涵上；〔註117〕因此，儒墨雖一度並稱顯學，「舉天下之顯榮者，必稱此二士也」，〔註118〕可是在長程競爭下，儒家終於取得「正統」的待遇，而墨家却被擯於「異端」之列了。〔註119〕

　　以上三項，可為荀子尊儒道的理由，在他而言，儒道在人性根基，歷史發展及道的形上理論和其指導下的思想方法方面，都有資格說是超越而兼眩百家之長，以儒道思想作為其實踐之責任，得勢則行，不得勢則宣傳，啓承之；得勢則美政，否則美俗；大則參天地，總萬物，小則為民父母，此乃荀子所賦予自己的責任。

四、道尊於勢的形成

　　上來吾人論及道與勢的意義和儒道優越的理由，儒道正是荀子責任意識所在，而為孔子首先提倡者。此外，孔子亦可說是開創道尊於勢的主角，因此，吾人在此段就以儒家立場為主來談談道尊於勢之潮流的形成，然後及於其演變，借之了解荀子的責任意識在實踐上的時代背景，及其反應。

　　此下，就以兩項理由來述說道尊於勢的形成。

　　（1）理想原因──荀子所欲行的「儒道」實際上是脫胎於堯、舜、禹、湯、文武、周公一系的政統，〔註120〕它是存在、寄託於政治之中的，所以，當周文疲弊，世衰道微時，儒者開始反省的主題是「文不在茲乎？」，難道說政治衰敗，「道」就消失了嗎？難道沒有「勢以臨之，刑以禁之」，「道」就消失或不行了嗎？果真如此，人間還有希望嗎？「道」就因政治上的動亂，而受政治影響嗎？這是相當令人焦慮的地方，所謂「憂患意識」即發生於此。老子的回答是隱去，莊子何其不然，而「安身立命」於「天」，其心理上仍強烈的要回歸到歷史上曾經有過的「小國寡民」或「自然狀態」中，墨子要回到「神道設教」的時代中，法家要斷棄歷史，新起一種道，只有孔子對歷史進化有信心，對仁義禮的道統有永恒的信心，所以，把「道」從政治治亂中

〔註117〕余英時，《中國知識階層史論》，頁34。
〔註118〕《呂氏春秋》，當染，卷二，頁16～17。
〔註119〕余英時，仝117，頁38。
〔註120〕參考，錢穆，《中國文化演進之三大進程及其未來之演進》。見，文藝復興月刊，第一四三期（台北，中國文化大學出版，民國72年6月）。

提煉出來而安置於「人心」之中，只要有人類，「道」就不會消失。因此，從政治歷史中找尋治世的「道理」而轉化爲可以寄託於人身上的原理，一身而負起爲「道」服務的責任，他說：

　　篤信善學，守死善道。危邦不入，亂邦不居。天下有道則見，無道則隱。〔註121〕「守死」就是荀子所稱的「重死持義」，道義是貴重於一切的，危邦亂邦可以殺人，殺人而在我身上的道就消失了，就沒能盡到爲道服務的責任了。

　　「志於道」成了儒家傳承的薪火，曾參乃孔子交付「一貫之道」者，〈泰伯篇〉記下他的話：

　　士不可以不弘毅，任重而道遠。仁以爲己任，不亦重乎？死而後已
　　不亦遠乎？〔註122〕

爲道服務的責任重於政治上的責任，是不可以「息」的，除非死了。而在生死與道之間，生死兩端一決於「道」，不能「從生或從死而不從道」，這是第一條原則，〔註123〕依於道的決定才正確可行，「從生死之欲」就是「重物輕理」，就會「離道而內自擇」，〔註124〕不知禍福之所託，人人如此，豈不混亂，道是人間眞理，是知識份子責任所在，這個理想到了孟子又接續下來，他在盡心上說：

　　天下有道，以道殉身；天下無道，以身殉道，未聞以道殉乎人者也。
　　〔註125〕

道超乎人之生死以上，荀子豈不言：

　　人之所欲，生甚矣！人之所惡，死甚矣！然而人有從生成死者，非
　　不欲生而欲死也，不可以生而可以死也。〔註126〕

前面說「重死持義」，表現爲「明哲保身」，「聖人隱伏」，〔註127〕爲的是保衛並延續「道」而不是爲了自己的生欲，是心止之也，是「欲過之而動不及」，即使「蒙佯狂之色」、「迫於亂世，鰌於嚴刑」也要保存生命，這是爲了道而

〔註121〕《論語》·〈泰伯〉，見，《新譯四書讀本》，頁124。
〔註122〕仝121，頁123。
〔註123〕「從不從之義」，由，《荀子》，子道篇「從道不從君」引伸而來，可視荀子的一條基本原則。
〔註124〕《荀子》·〈正名〉。《柬釋》，頁326。
〔註125〕《孟子》·〈盡心上〉。《新譯四書讀本》，頁497。
〔註126〕仝124，頁323。
〔註127〕「重死持義」，見《荀子》·〈榮辱〉。《柬釋》，頁35。「明哲保身」，見堯問，仝上，頁417。「聖人隱伏」，見成相，仝上，頁350。

不可以死；現在，要放棄生命以從死，人之所惡者也，「欲（實極不）及（此）而動（却）過之」，為什麼？心使之也。心因為知道，可道，必欲行之也。所以，死正足以成就道，則不死何待？這就是殺身成仁，捨生取義，把人的生死全繫於道之維護和實踐，那麼，人間還有什麼東西「尊」於道呢？即使人之所同欲的「貴為天子，富有天下」還能比人的生死更重要嗎？

由上可見，儒家的道心之強烈，這是眾家之「道優於勢」的理想主義背景，實際上是對「真理」超越，美善，永恒，必須實踐，必須為道服務的信仰，用荀子的話最簡潔有力了，他宣示：

> 心也者，道之工宰也！〔註 128〕

既為道之工宰那麼，心就不可以不知道，就不可以不察以知道，行以體道。〔註 129〕這是道通過天地生人時就安置在人身上的使命，即使人死後，為神明之主的心仍存在，它是不是「志藏」一切行為成績要致命於道呢？是不是要在死後受道的裁判呢？道若非工宰，若非司法仲裁者，人何必以生死作賭注呢？

（2）現實原因——〈榮辱篇〉說：

> 夫貴為天子，富有天下，是人情之所同欲也；然則從人之欲，則勢不能容，物不能贍也。故先王案為之制禮義以分之……是夫群居和一之道也。〔註 130〕

這是現實原因。從人生而同欲同求來看，大家都平等，但在智能力量上卻有差異，若怕行私縱欲，禍亂必生，〔註 131〕這是一般性的顧慮。在戰國時代各國既要求治又要應付戰爭，知與力就成了決定功名的因素，管仲被譏為「力知不力仁，力功不力義」，〔註 132〕這是野的表現，野者「不敬文」而，「夷固僻違庸眾」者，〔註 133〕這種人是不由禮的，是不文者，就管仲的行事言之，他是不行仁義的人，專講力、知與事功的人，他們的行事原則當然是「滿足私欲的現實功利主義」。所以，荀子在〈禮論篇〉，把「野」訓為：

> 事生不忠厚，不敬文，謂之野；送死不忠厚，不敬文，謂之瘠。

〔註 128〕全 124，頁 319。
〔註 129〕《荀子》·〈解蔽〉，全上，頁 296；頁 298。
〔註 130〕《荀子》·〈榮辱〉，全上，頁 43。
〔註 131〕《荀子》·〈富國〉，全上，頁 118～119。
〔註 132〕《荀子》·〈大略〉，全上，頁 375。
〔註 133〕具見，《荀子》·〈禮論〉，全上，頁 266；《荀子》，〈修身〉，頁 13。

乃是人間的「至辱」，〔註134〕這種人自齊桓管仲以後就不絕如縷，其中尤其以干世主的知識份子最多，孟子的「處士橫議」，荀子的「百家異說」皆是。人人皆欲富貴功名，就現實而言，爵名容易制訂，可以輕易予人，可是相對稱的財物就沒那麼多了，除了壓搾百姓民力外，只有出於爭奪一徒了。

因此，儒家必須提出一種可以解決這種局面的「道」，此道必須「高貴」於政治勢位功名，必須能輕易取得，必須能造成和平秩序，最重要是必須不必太依賴財物來表現。但是，這樣的東西能滿足欲望嗎？要解決這問題，儒家就走向折中路線，道優於勢而可以入於勢，但不必皆入，而勢必須出於道，換句話說，道是勢的必要條件，凡入於勢者必須先有「道」。所以，在論取人時，孔子對哀公說：

> 無取健，無取詌，無取口啍。健，貪也；詌，亂也；口啍，誕也。
> 故……士信愨而後求知能也焉。士不信愨而有多知能，譬之其豺狼也，不可以身邇也。〔註135〕

把道當作取人的高標準，必要條件以確保不會增加人民財物負擔，且可以免於「物質消費示範」形成「引士入勢」的「不良誘因」。

其次，論士考德必須觀其人之志，士雖不能盡道術，必有率也，〔註136〕志與行為表現成了「勢」的控制因素，這個控制因素就安置在「學」的範疇中，因為人才來自學校。所以，道制勢的第一個重要關卡就安置在「學問」之中，然後，以簡潔的文字宣明此一原則：

> 學者非必為仕，而仕者必如學。〔註137〕

學的數是「詩書禮樂」乃是歸於「道統」的必要途徑，能達到讀禮，隆禮，雖未明猶稱法士，〔註138〕才有條件入仕，這個入仕的底線就是儒家道德進階的「士」，是言行的底基，假如「匹夫問學，不及為士，則不教也」，〔註139〕學者之志意要在「為士」，〔註140〕其道德之求至少要及於「安求」才可。〔註141〕因此，雖不敢講這種人皆能看破生死，至少，在物質要求上會降到最低限度，如

〔註134〕《荀子》·〈禮論〉，仝上，頁266～267。
〔註135〕《荀子》·〈哀公〉，仝上，頁410～411。
〔註136〕仝135，頁406～407。
〔註137〕仝132，頁382。
〔註138〕《荀子》·〈勸學〉，仝上，頁9。
〔註139〕《荀子》·〈儒效〉，仝上，頁95。
〔註140〕仝138，頁6。
〔註141〕仝139。

此，就可以仕可以不仕，不會因為貧窮而怠乎道了。既不怕貧窮而立志於道，當然，面對有勢位、富貴者也就能不移志而驕之、輕之。這樣的士，實際上已把人的欲望全繫於物質以上的道與理了，也就是能重己輕物者，〔註142〕雖無勢位亦能安樂，因此，把安樂寄於道與理，當然也可以造成許多精於物的專家了。

　　以上是儒家必須志於道而道必優於勢的現實原因，以道為入仕的必備條件，一來解決物質不足問題，因為「重己輕物」之故；二來，既重己輕物，則可仕可不仕；三來，不在位，不得勢者，與得勢位者全立基於道，必須對「道」負責，所以，在野者可以面對道的形式平等之地位來監督有勢位者的行為，當然，監督及控制的依據的「先王之道，仁義之統」，是「詩、書、禮、樂」，更重要的是「君子之說」，如此也可以滿足了未仕者的權力與管理欲望和責任意識。

五、道尊於勢的演變

　　上來敘述了儒家自以為其道最為諸子之冠，其它家自不以為然，老莊提出了黃帝，墨子提出了夏道，法家斬斷了歷史，提出沒有目的的循環論，另外有鄒衍的五德終始宿命而循環的論調。大體上老莊及墨子較傾向復古歸真的反對進化論；法家的循環論實際是現實而功利的；五德終始中含有禪讓及傳子的「生」和革命的「剋」二種論調，在漢代是一大爭論。可說只有儒家從肯定禮之相因及周文正其盛的歷史進化，並從進化中抽繹出超越政治的普遍原則，既可以解釋人欲之可善可惡以肯定其價值，又因此而可以不泥古以開創新局面，由孔子之重道與仁；到孟子之道與仁義，以致於荀子的道與仁義禮，明顯看出其不變與變易的情形，荀子便把仁義禮接上法，而使禮為法之大分，大分者常體之道術也，〔註143〕完成其道優勝於勢的理論。可惜荀子之後，他所認為「無儒」，而雖有四世之勝，但屬「末世之兵」的秦統一天下，〔註144〕以功利現實為主的法家得勢，仁義禮之道統反為法術勢所利用，此為一大遺憾也！

　　道優於勢在儒家而言，以其道優於諸子，二來老子雖為「道」思想的重要建構者，可是他的道明顯的有出世或復古而鄙視進化的色彩，勢是屬於人

〔註142〕全124，頁327～328。
〔註143〕《荀子》·〈勸學〉，全上，頁6；又〈榮辱〉，全上，頁36。
〔註144〕具見《荀子》·〈彊國〉，全上，頁223；〈議兵〉，頁206。

間的，莊子在〈人間世引〉孔子的話說人生有兩大戒，一為生的親子關係，一為與政治的關係，〔註145〕可見先秦後葉政治勢力之無所不在，而且是「亂」的局面，道家以此而厭棄人世及政治，視為牢籠，對儒墨都很鄙視，但在儒家，自孔子建立了對道的強烈信心，體認到變遷不必然就是不好，荀子也秉承了自天汲取「道」義的思想，因此以為：天之變終必反其常，人道與天道同來自道，雖道有用相之差異，但根本原理一樣，乃說：

> 比干見剖，孔子拘匡，昭昭乎其知之明也，郁郁乎其遇時之不祥也，
> 拂乎其欲禮義之大行也，闇乎天下之晦盲也，皓天不復，憂無疆也；
> 千歲必反，古之常也，弟子勉學，天不忘也，聖人共乎，時幾將矣！
> 與愚以疑，願聞反辭。〔註146〕

千歲也必將「反常」「復於一（經）」，〔註147〕不相信的人，他倒要聽聽有何理由呢？這把來自於孔子的「道」之必行，「天之未喪斯文也，匡人其如予何！」的信心完全地接續下來，而把道優於勢推到了絕對狀態中。

孔子首開「志於道」，「謀道不謀食，憂道不憂貧」〔註148〕的志業，把「道」推向人類生命的最高信仰的地位，這是道優於勢的開端，孟子繼之正式揭露「道尊於勢」的觀念，〔註149〕吾人上面提到，人而能把生死繫於道，如同乎挈衣領自然其它生活欲望也無不順道而理。其中之氣象，用荀子的話就是：

> 心小而道大。〔註150〕

道大無所不容，無所不權，這樣服侍道的心雖小却是何等的宏偉莊嚴。即此就能與天地並立於道前而無愧怍了！學者以為荀子對「道尊於勢」的觀念似不及孟子所持之堅，〔註151〕吾人以為，荀子承儒家講治理天下萬物之道，其用在政治上的是「禮法」，禮法又可用在人生一切行事上，而其本尚在仁義，可見政治不過是道的一偏而已，荀子不能不重視政治，因為連莊子書都要借孔子口說人生與政治關係之密切了，何況原本就重視周文的儒家呢？

〔註145〕莊子，人間世；見《莊子集釋》，頁155。
〔註146〕《荀子》·〈賦篇〉，全上，頁362。
〔註147〕《荀子》·〈成相〉，全上，頁349。
〔註148〕《論語》·〈衛靈公〉，全121，頁204。
〔註149〕此為余英時先生的說法，見，《中國知識階層史論》，頁41。
〔註150〕《荀子》·〈不苟〉，全上，頁28。
〔註151〕全149，頁44。

　　所以，荀子重視現實政治固然不錯，但是其所傳承自孔子的儒道却不侷限於政治，而可以超越政治，提升至天人以上，當它落實於人間時，是可以與時俱進的，是可以帶領人類文明不斷發展的。

　　由儒家建立的「道尊於勢」的潮流中，確曾使儒者風光一時，如魏文侯、魯繆公的禮賢下士，其中儒者還是主角，至於齊威宣的「稷下學士」，〔註152〕尚以孟軻爲首。如《鹽鐵論》，〈論儒篇〉說：

　　　　齊宣王褒儒學，孟軻、淳于髡之徒受上大夫之祿，不任職而論國事。

〔註153〕

獨標舉儒學而居於齊人之上，證之《史記》之〈孟荀列傳〉亦然。然而，這樣的局面似乎在孟子當時及以後就不再見到了。儒學之受到衝擊而不得勢，主要來自幾方面：

　　第一、處士橫議。在孟子時已有楊、墨集團的興起，一爲出世思想或爲我思想以反儒學之入世，一爲入世而非儒者。至於荀子的非十二子，幾乎都針對儒學而來，直到「儒者無益於人之國」的話，由東方傳至西方的秦時，儒道可說被夾攻得無立錐置喙的餘地了。難怪荀子要起「聖王」之道來禁邪說，〔註154〕這是在宣揚儒道之外的另一項重責大任，《荀子》書中所提到的有異心的家言邪學，可說都是以流言來惡儒者，〔註155〕荀子惡之至極而稱之爲「狂惑戇陋之人」是不如相雞狗的「上愚」，〔註156〕是何世無之的嵬瑣不祥的「作者」，〔註157〕是自以爲知道而無知；自以爲有知如傴巫跛匡之人；都是亂世姦人之說。〔註158〕大概這些人就等於儒家之外的先秦諸子之較著名者，如老莊、墨子、惠施、鄧析、申子、愼列、田駢等等，其所處之世甚艱難，而其責任自然更艱巨了。

　　第二、政治上說，以荀子遭遇爲例。他入秦而秦不用，至齊而遇湣王去儒，至楚又受讒言，幾至於殺身，《鹽鐵論》·〈毀學〉所記若眞，則諸儒散去，襄王時再回來的已聊聊無幾，才有荀卿最爲老師，儒學曾風行的齊魯之

〔註152〕並見，錢穆，《先秦諸子繫年》，頁129；頁156；頁231。
〔註153〕桓寬，《鹽鐵論》，全4，頁20。
〔註154〕《荀子〈非十二子〉，全上，頁62。
〔註155〕《荀子》·〈大略〉，全上，頁386。
〔註156〕《荀子》·〈儒效〉，全上，頁81。
〔註157〕《荀子》·〈正論〉，全上，頁250。
〔註158〕並見《荀子》·〈天論〉，全上，頁235；〈正論〉，頁241；解蔽，頁308。

地大概只剩下曲阜尚諷誦不輟了，至於荀子只有轉入地下去傳道授業解惑了。

　　道尊於勢說是興起於儒也不爲過，但是由於政治變遷造成人才需求孔急，使得「仰祿之士」〔註159〕蜂湧而出，荀子乃十分感嘆說：

　　　　古之所謂士仕者，厚敦者也，合群者也，樂富貴者也，樂分施者也，
　　　　遠罪過者也，務事理者也，羞獨富者也。

　　　　今之所謂士仕者，汙漫者也，賊亂者也，恣睢者也，貪利者也，觸
　　　　抵者也，無禮義而唯權勢之嗜者也。〔註160〕

這其中包含了當時的游士，雞鳴狗盜之徒，所謂仰祿之士也，實在混亂了「仕」的道路，也沖淡了儒學的高貴。幾乎，凡是想入仕途的人都是「無禮義而唯權勢之嗜者也」，這種人，易爲權利所傾，群眾所移，天下所蕩，生死皆不由道，沒有任何「德」可言，還能是「成人」嗎？

　　想入仕者如此，就連「處士」也無一是處，他說：

　　　　今之所謂處士者，無能而云能者也，無知而云知者也，利心無足而
　　　　佯無欲者也，行僞險穢而彊高言謹愨者也，以不俗爲俗，離縱而跂
　　　　訾者也。〔註161〕

處士大概有兩類，一爲「縱情性，安恣睢，禽獸行」的人，一爲「忍情性，綦谿利跂，苟以分異人爲高」的人。〔註162〕

　　第三、就儒家內部而言，亦十分混亂。儒者在荀子時代已出現分歧的思想行爲，其批評者實在與墨子的非儒很相似，他所稱的「陋儒」是：

　　　　上不能好其人，下不能隆禮，安特將學雜識，順詩書而已耳，則末
　　　　世窮年不免爲陋儒。〔註163〕

他又談到「腐儒」說是：

　　　　好其實不恤其文，是以終身不免埤汙傭俗。〔註164〕

不恤文就是不知禮，因爲禮是文名法典。不恤文也表示不知禮義精神。在非十二子又批評那些不知子思和孟軻之所非者，歡歡然受而傳之而不能了解儒

〔註159〕《荀子》·〈堯問〉，仝上，頁416。
〔註160〕《荀子》·〈非十二子〉，仝上，頁64。
〔註161〕仝160。
〔註162〕《荀子》·〈非十二子〉，仝上，頁57～58。
〔註163〕《荀子》·〈勸學〉，仝上，頁8。
〔註164〕《荀子》·〈非相〉，仝上，頁53。

家道統經線者爲「世俗之溝猶瞀儒」，〔註165〕最後又從言行方面批評三種賤儒，第一是「子張氏之賤儒」，這種儒：

> 弟侘其冠，沖襜其辭，禹行而舜趨。

「子夏氏之賤儒」：

> 正其衣冠，齊其顏色，嗛然而終日不言。

「子游氏之賤儒」：

> 偷儒憚事，無廉恥而嗜飲食，必曰君子固不用力。〔註166〕

這些儒者就是墨子所謂「以爲道教是賊天下之人者也」，大體包括「繁飾禮樂以淫人，久喪僞哀以謾親，立命緩貧而高浩居，倍本棄事而安怠傲，貪於飲食，惰於作務，陷於飢寒，危於凍餒，無以違之，是若人氣（乞），䶊鼠藏而羝羊視，君子笑之，怒曰散人焉知良儒。」〔註167〕可見儒者行爲之下流實在有目共睹，乃爲憂患意識特強之墨子所非，所非之之立場亦是「君子」，荀子亦結論說：

> 彼君子則不然，人而不惰，勞而不倦，宗原應變，曲得其宜，如是
>
> 然後聖人也。〔註168〕

吾人不禁懷疑，孔子的「君子儒」之規格乃是儒墨所共宗者，不過墨子太矯枉過正耳。總之，荀子所自清的儒就是和墨子所非的一樣可以總稱之爲「散儒」，他們是不道禮憲，不隆禮，以詩書爲之，雖察辯，亦不得視爲君子儒，既非君子儒，那就是小人儒了，那麼，荀子對儒統的辨認和傳承多少也該受到墨子非儒的好處吧！

六、小　結

　　總之，儒道到了荀子時已相當困窘，特別是道勢之爭似乎又回轉成勢勝於道了。然而，荀子並不放棄道尊於勢的儒統，並且以傳儒道爲終身責任，他游歷各國不得志，及至秦國統一天下，李斯的種種作爲似乎斷絕了一切希望，我們想，荀子一定要不甘心的問問自己：

> 難道君子無「勢以臨之，無刑以禁之」就不能道民以道，不能以辨
>
> 說來推行道德之術了嗎？

〔註165〕《荀子》‧〈非十二子〉，全上，頁61。
〔註166〕全165，頁66～67。
〔註167〕墨子，非儒，見墨子閒詁，頁185～186。
〔註168〕全166，頁67。

假如荀子能把「聖」的條件放寬而及於其書所舉之倕、羿之流，如孟子說的：
孔子是聖之時者，柳下惠是聖之清者，伊尹是聖之任者。那麼，推廣至「擇
一而精於物者」，就可以為知識份子開出更大的道路，而不致於全把眼光集中
向「勢位利祿」上，荀子思想可以有此發展，吾人也應有此理解，不過，時
勢之亂及其對儒家的責任，使他自己把「當務之急」限制的太嚴格了，但是，
對於人類終極理想之堅持，對道負責之堅持，對道德思想，及大人氣象之宣
揚，仍然有功於儒家，也不失其「道優於勢而勝於勢」的尊嚴。

第三章　道的思想

第一節　概　說

　　傳統上，有些思想家認爲荀子的思想層次不高，如朱子以荀揚王韓並論而稱「荀卿則全是申韓，觀成相一篇可見，他見當時庸君暗主，戰鬥不息，憤悶惻恒，深欲提耳而誨之，故作此篇，然其要卒歸於明法制，執賞罰而已。」，〔註1〕成相篇道的是古聖王，考稽的是大儒之道的歷史淵源，所論的是堯舜禹湯及后稷、夔、契等聖王賢相的德行功業，〔註2〕要說荀子全是申韓，實在有點不可思議。比較客觀而保留的評論，認爲荀卿「以爲一作人爲的法則，即一切禮制，也如自然的法則一般，適用於過去的，必定適用現在和將來，這是他擁護『周道』的論據。」〔註3〕這是見得到荀子思想即使只強調人間主題，仍有其超越時空的性質，「當時賢哲有擁護舊制度者，有批評或反對舊制度者，有欲另立新制度以代替舊制度者。」〔註4〕就荀子之「欲觀千歲，則數今日；欲知億萬，則審一二；欲知上世則審周道；欲知周道，則審其人所貴君子。」〔註5〕這段文字中包含了成相篇的古聖王；以及周文武等後王；和君子之道，若與《禮記》‧禮運篇比較，相等於三代之英；禹、湯、文、武、周公

〔註1〕　朱熹評語。見，張伯行輯訂，朱子語類，卷之八，頁264。
〔註2〕　參考，《荀子》‧〈成相篇〉第三段，見，《柬釋》，頁350～352。
〔註3〕　張蔭麟，《中國上古史綱》，頁168。
〔註4〕　馮友蘭，《中國哲學史》，頁353。
〔註5〕　《荀子》‧〈非相〉，全2，頁50～51。

及孔子本人，〔註6〕在荀子時代已屆周末，文武之周道退爲後王，〔註7〕後王不是指「理想中一個後起之王」〔註8〕不過，吾人贊成荀子要新起一個理想的「王」，〔註9〕這理想的王實際就是「其人所貴君子」，其人所貴之君子，就前引禮運篇而言，在孔子時止於周公，上及三代之英；到荀子時，當然包含了孔子，甚至及於非十子中的子弓；〔註10〕甚至包括解蔽篇所論及的鮑叔、甯戚、隰朋及召公、呂望等仁知且不蔽的人臣〔註11〕以及不得勢的，而尊孔子之道的大儒在內。把古今聖王，賢相，不得勢而德道的賓萌者所表現和宣揚的政道合起來納入其「〈王制〉」之中，難怪牟宗三先生亦不免感嘆道：「後來荀學湮沒，是中華民族之不幸也。然其建構之精神，實令人起莊美之感，足以醫後來貧弱之輩。」，〔註12〕尤其當吾人想到任何文化理想和策略，若不經落實即無德之可言，亦無法經驗證而不斷脩正以使其進步，嚴密和豐富時，那麼，就不應該太把荀子的思想只侷限於其「語治」的理論中。

　　一般而言，中國先秦思想家的「道」都注重虛實兩面，即道家而言何其不然，老子的道德經包含的不只是虛的道理，《莊子》・〈應帝王第七〉，壺子對列子說：「吾與汝既其文未既其實，而固得道與？眾雌而無雄，而又奚卵焉！」〔註13〕偏於天者都要講文實並重的道，何況特重人世的儒家呢！在荀子而言，其「道」至少也包含了知、行兩部份。王道是其人道落實的部份，另有一更高的人倫系統，稱爲「聖」人之道。而聖王之道雖然可以說不涵有玄學意義，用不到解作宇宙本體，〔註14〕可是就人道之來自於聖人的「明天人之分」，而天亦有其當行的「常道」〔註15〕來看，天人之所行道之上都當有一作爲認知天人關係，作爲天人類比基礎的更高之存有，因此，吾人認爲荀

〔註6〕　《禮記》，卷七，〈禮運第九〉；見《禮記鄭注》，頁77。
〔註7〕　一般以爲荀子之「後王」爲「文武」，參考，王先謙，《荀子集解》，卷三，〈非相〉第五，頁51，引劉台拱、王念孫、俞樾諸說。
〔註8〕　楊筠如，荀子研究，頁149。
〔註9〕　見《荀子》・〈正名篇〉，先略述「後王之成名」（《柬釋》，頁311）；然後表示「今聖王沒，名守慢……若有王者起，必將有循於舊名，有作於新名」（仝上，頁313）。
〔註10〕　《荀子》・〈非十二子〉，《柬釋》，頁61。
〔註11〕　《荀子》・〈解蔽〉，仝上，頁293。
〔註12〕　牟宗三，名家與《荀子》，頁218。
〔註13〕　見《莊子集釋》・卷三，應帝王第七，頁298。
〔註14〕　陳大齊，荀子學說，頁7。
〔註15〕　見《荀子》・〈天論〉，仝上，頁227；頁230。

子的道的思想含有形上的意義，而同意「他的政治學，以人生哲學爲基礎，而且還有易經的思想作基礎。因此，荀子的思想有一部份哲學思想。」〔註16〕

更明確地說，先秦諸子可以說大部份「都不是專業性的哲學著作，而是政治的、社會的有關理論；哲學思想，尤其是形上學的理論，都只是隱藏在這些政治的、社會的學說背後。」〔註17〕吾人若能「以仁心說，以學心聽，以公心辨」，〔註18〕則多少可以探討出荀子道的思想之形上意義。另外，學者又從〈天論篇〉「萬物爲道一偏」〔註19〕看出荀子的「道之大，自然可以包括一切了。」〔註20〕

特別是就荀子的心與道的關係來說，他的道「並非心的產品，而是超越主體與客體關係的不變的，普遍的原理，是認知活動的依據，心必須與道相合，心之認知才有眞實的內容。」〔註21〕吾人要補充的是，道非但是超越的認知依據，同時也是對象，非但是認知對象，更是體現和報命的對象。

心作爲「道之工宰」，此「工宰」絕非「主宰」，〔註22〕若爲主宰，則雖人人可在自心見到本源，但是却會落入相對論，荀子譏之爲只是道之一隅，故吾人贊成說「其角色就像道之執行者，而不是道之主宰。」〔註23〕宰就是《荀子·王制》篇所說之「冢宰」「辟公」〔註24〕之類。心是由知道而受命行事，主要任務是經營人情，以達於天道。《禮記》·禮運篇說「人情者，聖王之田也。脩禮以耕之，陳義以種之……故禮也者，義之實也。協諸義而協，則禮雖先王未之有，可以義起也，義者藝之分，仁之節也。」〔註25〕既以義爲種，所生之「義實」就是「禮物」，此禮物非物質而是義質，乃由人心知道守仁行義的成果，以之來行禮。禮之最重大者爲祭禮，祭者，志意思慕之情也，忠信愛敬之至矣，禮節文貌之盛矣，〔註26〕那是「自中出生於心者也」，

〔註16〕羅光，中國哲學思想史，第一册，頁474。
〔註17〕鄔昆如，《三民主義哲學》，頁183。
〔註18〕《荀子》·〈正名〉，全上，頁320。
〔註19〕《荀子》·〈天論〉，全上，頁235。
〔註20〕趙雅博，《十子批判》，頁164。
〔註21〕李震，中外形上學比較研究，上册，頁115。
〔註22〕見王先謙，《荀子集解》，卷十六，〈正名〉，頁281及其引陳奐的説法。
〔註23〕傅佩榮，荀子〈天論〉研究，刊在《哲學與文化》，十二卷，三期，民國74年3月，頁46，註28。
〔註24〕《荀子》·〈王制〉，《柬釋》，頁112。
〔註25〕《禮記》·〈禮運第九〉，全6，頁81～82。
〔註26〕《荀子》·〈禮論〉，全上，頁278～279。

〔註27〕心以這些成就來上達於天，與天之生人構成一禮尚往來的連繫，實際上也就是對道的報命，可說是心的責任所在。

所以，心爲道之工宰，實際上，除了宰表示有「冢宰」之義外，工字本身原就來自於宗教職務，李玄伯說，「工」：

> 他知道一切凡祭與戎，即一切與宗教有關的工藝。……他懂得使神喜歡的一切方法……周公所謂「予仁若考能，多才多藝，能事鬼神。」〔註28〕就是工的最適宜的注腳……多藝亦即夏書所謂「工執藝事以諫」〔註29〕的藝。他能歌以事神，亦與巫能舞以降神同意，所以《說文解字》工部說「工與巫同意」。〔註30〕

那麼，「工」實際是與事神有關了，《論語‧子罕篇》：

> 大宰問於子貢曰：「夫子聖者與？何其多能也？」
>
> 大宰曰：「子云『吾不試，故藝。』」〔註31〕

此試爲「明試以功，車服不庸」的考試，孔子是志於道者，那麼，他多少能爲何呢？不是爲了考試被錄用，而是要「游於藝」，〔註32〕游於藝是志於道的表現，是要以身行義奉獻給「道」者，這個「道」既爲「工藝」侍奉之對象，則「道」豈不是神的替代嗎？〔註33〕

人以心守仁行義，通過行祭禮上達於天，除了對應天之生人之義外，最後的目標是爲天人之上的道服務，因此，荀子的道實在可以提煉出形上的思想，這是吾人之所以先以道爲主題的原因。經由形上的道，才有天人關係，以至於人道可言。

〔註27〕《禮記》，卷十四，祭統第二十五，全6，頁167。

〔註28〕見孫星衍，《尚書今古文注疏》，卷十三，金滕，第十三，頁242。

〔註29〕見《春秋經傳集解》，卷十五，襄公十四年傳，頁229。

〔註30〕李玄伯，家邦通論，見杜正勝編，《中國上古史論文選集》，頁978。

〔註31〕《論語》‧〈子罕〉，見《新譯四書讀本》，頁129～130。

〔註32〕《論語》‧〈述而〉，全上，頁109。

〔註33〕杜而未先生研究老莊之道，結論是：一、道爲月亮，道神之爲道神，以月亮爲根據。二、道神之取名爲「道」……月亮是他創造的。（見杜而未，中國古代宗教系統，台北，華明書局出版，民國49年5月初版，頁72～73。）吾人以爲荀子的禮及心繼承了孔子「深刻的宗教感」（見，梅貽寶，中國哲學之社會，倫理與精神價值基礎，收在《中國人的心靈》，頁124），但是其道是超過天人之上的，是天生人成交通往來的根基，天人之間的往來或許是杜而未先生所謂道家已有「輪廻」觀念（全上，頁73）的演變，但就禮而言，却不見得來自道家。

第二節　道的字義及引申義

此地吾人以《說文解字》對道的解釋為討論起點，而分別為形音義和引申義，作為以下了解荀子道的思想之一般基礎，其中並穿插《荀子》書中所提及的相關思想，以為聯繫。根據說文曰：

> 道，所以道也。從辵從首，一達謂之道。〔註34〕

此段文字顯然包含了道字的形、音、義三項結構，也是一般公認道字的認識基礎。吾人先論及形、音、義，再看引伸義。

一、形音義

道字的形由「首」和「辵」構成。首的古文是「𦣞」，〔註35〕或許就是蛇的頭形，為圖騰意符，〔註36〕而代表夏民族源於龍蛇圖騰。〔註37〕若從道的首形看，頭是人子出生時之先出部份，有根源義，荀子所謂的「由其道」皆指此先出的根源之頭領，「由其道則行，不由其道則廢」。〔註38〕頭既出，領隨之而出，所以稱「其所以統之者非其道故也」，〔註39〕所以，道的頭義之後緊接著有統領義，如道禮憲就如「絜裘領」一般，〔註40〕既絜住頭領，則一切順利可行，整個「大形」皆可顯現，如嬰兒之出生，故又說「至道大形」「如一體，如四肢之從心」，〔註41〕若能知道為首，為本，為先，則不求於本，索之於末，〔註42〕就是不知本末先後，反之，則得之本源，末流可洸洸然不涸

〔註34〕許慎，《說文解字》，見段玉裁，《說文解字注》，頁 76。

〔註35〕仝 34，頁 427。

〔註36〕有關於蛇圖騰族與百、頁、首、面的關係，可參考畢長樸，中國上古圖騰制度探賾，頁 217～218。

〔註37〕趙鐵寒先生在其「古史考述」中收錄了自己所撰的「夏民族的圖騰演變」、「夏民族與巴蜀的關係」及「夏圖騰出現時期之推測」三文（台北，正中書局印行，頁 74 以下）可供參考。此外，關於夏部族問題又可參考徐旭生著「我國古代部族三集團考」中之「華夏集團」，以及傅斯年之「夷夏東西說」（見，杜正勝編，《中國上古史論文選集》，上冊，頁 325～339；及頁 520 以下。）此外，亦可參考蒙文通，「《古史甄微》」之四、江漢集團；五、河洛集團。

〔註38〕《荀子》·〈勸學〉，《柬釋》，頁 9，「由其道至然後接之」。又見《荀子》，〈議兵〉，仝上，頁 206。

〔註39〕仝 38，頁 207。

〔註40〕仝 37，頁 9～10。

〔註41〕《荀子》·〈君道〉，仝上，頁 170～171。

〔註42〕仝 38。

盡。〔註 43〕因此，就道之「首」形言，具有頭領，先出，本原，甚至以心類比於道。

然而，吾人前言，道具有知行兩部份才完全，荀子說察知道，行體道，〔註 44〕又〈儒效篇〉說：

> 不聞不若聞之，聞之不若見之，見之不若知之，知之不若行之。學
> 至於行之而止矣！行之明也，明之為聖人……故聞之而不見，雖博
> 必謬；見之而不知，雖識必妄；知之而不行，雖敦必困。不聞不見，
> 則雖當非仁也；其道百舉百陷也。〔註 45〕

可見「行」是完成「道」不可或缺的一環，即使天地亦必須行常道才有日月水火之明，〔註 46〕何況人道呢？由此亦可見「道」之超越天地人之上。所以，道除了「首」外，尚有「辵」，若知道，得道，守道而不行之，如同頭出而身形未現，必成死體。所以，道不行如同無道，道必因行而顯現，而有功用。故荀子的道是要能設張施行的，也就是說他的道不但要有過去經驗，現在驗證，且要能往前行進而有成效者，〔註 47〕既要能行，故先要有確實的基礎義，〔註 48〕要能「蹈而不陷者也」，〔註 49〕要能求而得之者，所謂「求之為言，得不得未可知之辭也」，〔註 50〕且人倫並處，同求異道，〔註 51〕既異道則求的結果可能「善重惡深」，〔註 52〕所以，特別要講「正求」與否，正求可說就是「常道」，天人皆然，〔註 53〕天既已行常道且以事功示人，人當通過天來汲取「道義」以為人之常道，故人要脩道行義，〔註 54〕且要勇於行之，〔註 55〕能堅信

〔註 43〕 參見《荀子》·〈宥坐〉，仝上，頁 394，以水形容道。又富國篇之講墨術伐本
　　　　 竭原，儒術行則渾渾如泉源、沄沄如河海和本末源流的話（仝上，頁 127～128；
　　　　 頁 133～134），以及〈君道篇〉之講法治原流（仝上，頁 161～163）皆為最
　　　　 佳寫照。
〔註 44〕 《荀子》·〈解蔽〉，仝上，頁 298。
〔註 45〕 《荀子》·〈儒效〉，仝上，頁 92。
〔註 46〕 《荀子》·〈天論〉，仝上，頁 227、230、233。
〔註 47〕 參考《荀子》·〈性惡〉，仝上，頁 335，批評孟子部份。
〔註 48〕 參考《荀子》·〈成相〉，仝上，頁 347。
〔註 49〕 《荀子》·〈王制〉，仝上，頁 101，明君不蹈危王之道。
〔註 50〕 春秋穀梁傳，隱公三年，頁 8 下。
〔註 51〕 《荀子》·〈富國〉，仝上，頁 118。
〔註 52〕 《春秋公羊傳》，卷一，隱公元年傳注，頁 6 上。
〔註 53〕 《荀子》·〈榮辱〉，仝上，頁 39，「君子道其常」；又〈天論〉，仝上，頁 230。
〔註 54〕 《荀子》·〈天論〉，仝上，頁 226。
〔註 55〕 《荀子》·〈修身〉，仝上，頁 20，「行道理也勇」。

道只有一，而神居之；〔註56〕以一為法則〔註57〕而修行之，必能興天下同利，除天下同害。〔註58〕行道修道有大利害，然則「道雖邇，不行不至」〔註59〕此不可不知也。

　　由上可知，道之首與炁實為道的完全，道乃有頭領，先出，原本；及行動過程和結果三部分，換言之，就是包含了原因、行動因和目的因果三方面。

　　就音義看，道為口說之義，如老子道經之「道可道」，〔註60〕口說是因心知道而出令，〔註61〕或者因心之象道而辨說，是無勢利的君子的主要任務，〔註62〕用以「忠告善道」，來「開道人」，「告示人」，〔註63〕當然，為了「起於上道於下」，必須有德於己才可以，其所發於人間之言為「仁言」〔註64〕為「德音與禮義」，〔註65〕否則雖「好假道人而無所凝止」，〔註66〕非但無益且其害甚大，無所凝止乃荀子之大忌諱。由上述可知，道之音義可包括說出心中所見知的道，到辨說和引導，最完整的證據就是荀子的成相篇了。

　　那麼，道由被認知的對象到實踐的對象，實在離不開人，此即《論語》之「人能弘道，非道能弘人」及「有德者必有言，有言者不必有德」〔註67〕的綜合發揮。假如把道的音看成神，〔註68〕則人之弘道可說是把神明引出，也許道就是一種古代的祭禮，〔註69〕當然，祭既自中出生於心，則「神何由

〔註56〕道是一，在天下人間亦是一，此為道理之普在性，人間之道一可見《荀子》，〈儒效〉，全上，頁85～86；頁95。又致士篇，頁191，「隆一而治，二而亂」；及解蔽，頁290，「天下無二道，聖人無兩心」。
〔註57〕《荀子》·〈臣道〉，全上，頁186。
〔註58〕《荀子》·〈正論〉，全上，頁239。
〔註59〕《荀子》·〈修身〉，全上，頁18。
〔註60〕老子，道德經，第一章，見余培林新譯，老子讀本，頁17。
〔註61〕《荀子》·〈解蔽〉，全上，頁297；頁299。
〔註62〕《荀子》·〈正名〉，全上，頁318～319。
〔註63〕參見《論語》·〈顏淵〉，二三，《新譯四書讀本》，頁167。又荀子·不苟，全上，頁23；〈榮辱〉，全上，頁41。
〔註64〕《荀子》·〈非相〉，全上，頁55。
〔註65〕《荀子》·〈議兵〉，全上，頁209。
〔註66〕《荀子》·〈王制〉，全上，頁99。
〔註67〕《論語》，衛靈公，二三，全上，頁203；及憲問，五，全上，頁180。
〔註68〕參考杜而未，全33引書，頁1～4，「道為月亮或月神」；又羅光，中西宗教哲學比較研究，頁51～52，以「道」在字音上與希伯來文最後字母相同，有時也用來代表尊神。
〔註69〕道即「禪」之故文，見《荀子柬釋》·〈禮論〉，引劉師培說，頁260。又參考高明，《大戴記今註今譯》，頁42。

降，明何由生」〔註70〕的答案就非常明顯，那就是「心爲道之工宰」。人心可以導引出道，然後弘揚之以引導天下百姓，所以，道又有「導」義。〔註71〕

綜上所述，道的形音義有頭領，先出，本原，導引，到實踐及成果的完整意義，甚至是原於古老的宗教信仰呢！

二、引申義之一

此處的引申義是指說文的「所行道也」和「一達謂之道」的部分，加以申論，以求了解形音之外的涵義。

首先，既言「所行道」，則必有「能行」之主體，就易經繫辭傳之「立天」「立地」「立人」之有「道」而言，〔註72〕行道之主體涵蓋了天地人，就荀子‧〈天論篇〉「天有常道，地有常數，君子有常體」及「天行有常……（人）脩道不貳」和行之而明，故「在天者莫明於日月，在地者莫明於水火，在物者莫明於珠玉，在人者莫明於禮義」〔註73〕而言，在荀子來說行道主體不只天道與人道，〔註74〕亦有地道和物道。雖說莊子有「道無所不在」的思想，但是，荀子的道之廣泛徧在却不必來自道家而可說根基於易經。「物」假如擴大爲天下萬物之共名，則「天下其在一隅也」，〔註75〕亦即天下萬物不過道之一偏，一物又爲萬物一偏；一偏一隅實不足以舉道，〔註76〕舉道即喻道之實，〔註77〕由此可知，道自其本原言是徧生天地、人物的根源，就被生者言，皆得道一偏，故能行的主體與所行之道亦是無限之多。故就荀子言，道不能只以天道爲尙，天道不過是行其當行者以生人及萬物，並以日月、陰陽、四時、水火提供人物適合生存的環境而已。然而能行之主體與所生之道雖多，在荀子來說應該可歸約爲天地和人物兩大類，再由天統地，人理萬物，則又可約爲天人兩個主角，再由人之類比天之行常而脩道以應之，則天人仍只有一共通的「道」。因此，天人雖分，實際只是分其義務，基本上是共同遵守一個最根本的道義。

〔註70〕見郭慶藩輯，《莊子集釋》，天下篇，頁1065。
〔註71〕古文道从首寸，見段玉裁，《說文解字注》，頁76。又衛聚賢，咬文嚼字，頁49。
〔註72〕《周易王韓注》：〈繫辭下〉，頁55。
〔註73〕仝46。
〔註74〕參考《荀子》‧〈在宥篇〉，仝70，頁397～398。
〔註75〕《荀子》‧〈堯問〉，《柬釋》，頁413。
〔註76〕具見《荀子》‧〈天論〉，仝上，頁235；解蔽，頁295。
〔註77〕「舉，告以文名，舉彼實也。」見李漁叔，墨辯新注，頁73。

其次，所行道的「行」有時具特殊義。墨經上曰「行，爲也。」又「爲，窮知而懸於欲也。」，〔註78〕行爲發動於人的欲望，有所求而竭盡其知，以期達到目的。荀子也說「情然而心爲之擇，謂之慮，慮而能爲之動，謂之僞」、正利而爲，謂之事。正義而爲，謂之行」，〔註79〕亦包含了以情欲爲基礎，以心爲選擇主角，並且發動情欲形體來行動，然而心選擇利而爲稱爲事；選擇義而爲稱爲行。由於義與利在荀子爲兩有而主張義先利後，〔註80〕明其不偏廢，但是必以行義爲先而後事利生焉。這是體會於天之道者，如孟子說「天以行與事示人」，〔註81〕荀子亦然，而且以「行事」來考稽人物之行事，〔註82〕可見是與易經之乾卦文言「利者，義之和」〔註83〕相同，和者上唱下和，故行義爲上，事利爲下。

由上述可知「以義制利」、「以義制事」，〔註84〕乃天人共遵的常道原則，或者可以借〈王制篇〉之「分義」巧取爲「勝利」原理。〔註85〕天地人物終於有一「所行」之常道了。在人來說，動力的根源是來自人的情欲，所以，人類之行常道並不能廢棄天生固有情欲的兩端，而且要刻意脩爲之，使性僞合以成聖人之名，一天下之功。〔註86〕可見，由「道」之探討實在可以解開荀子天人以下的末流題目之答案。

總之，所行道之主體及道雖多，但是就荀子思想察看都可以統於一個常道，一條原則，經由此「一」統合一切，且使一切合作，和諧而各得所求，道之爲根源的一，是一切的原因，過程和結果實明白不過了。所以，人心雖莫不爲滿足其欲求，欲求要從個人之心之所可，但是人天生有「知愚」差異，〔註87〕難免有「所受乎天之一欲，制於所受乎心之多」，〔註88〕而造成分爭窮亂之景況，可是荀子却相信宇宙中有一普遍存在可以「以類行雜，以一行萬」，

〔註78〕仝77，頁25。
〔註79〕《荀子》·〈正名〉，仝上，頁311～312。
〔註80〕《荀子》·〈大略〉，仝上，頁376。
〔註81〕《孟子》·〈萬章上〉，見《新譯四書讀本》，頁415。
〔註82〕《荀子》·〈天論〉，仝上，頁226～227。又《史記》，〈孟荀列傳〉說荀子「推儒、墨、道德之行事興壞」（卷十四，頁941）。
〔註83〕見《周易王韓注》，頁3。
〔註84〕見《荀子》·〈正論〉，仝上，頁246；又君子篇，頁344。
〔註85〕《荀子》·〈王制〉，仝上，頁108。
〔註86〕《荀子》·〈禮論〉，仝上，頁270～271。
〔註87〕《荀子》·〈富國〉，仝上，頁118。
〔註88〕《荀子》·〈正名〉，仝上，頁323。

〔註 89〕「雖在鳥獸之中，若別黑白」〔註 90〕的常道，那就是包含了行義事利在內的「仁義」了。

三、引申義之二

說文又有「一達謂之道」。《爾雅》‧釋宮第五有一到九達等各種道路特稱，其中也是「一達謂之道。」〔註 91〕只有第一者稱爲道，好像老子的「道生一，一生二，二生三，三生萬物」一樣，〔註 92〕由一達之道而生出各種道，這也與前述荀子的天下無二道；天下萬物爲道一偏等思想可相通，就荀子在解蔽篇說：

> 然而不可以貳周行。故曰：心枝則無知，貳則疑惑，……故知著擇
> 一而壹焉，……故君子壹於道而以贊稽物。〔註 93〕

以此觀之，道有等級，但是有一個第一級的，唯一的，可統領其它的，那才稱作「道」。這個道能官萬物，成萬物，能知及此才是聖人。〔註 94〕

到底「一達」又有何涵義呢？且稍論之，說文曰：

> 達，行不相遇也。〔註 95〕

由文字義可以分析其涵義，第一個可能涵義與首領、引導類似，那是由達之構造看的。達「从辵，羍聲」，羍字說文羊部說：

> 羍，小羊，从羊大聲，讀若達同。〔註 96〕

牠是初生羔羊，段注引詩，商頌，生民「誕彌厥月，先生如達。」此當爲「先生如羍」，觀此似指「先生」者就像「羍」，則羍似不應爲羔羊，而爲首生頭胎者，那就有「首領」先出及其它隨之而出的引導義。再者，羔羊無角，行動隨母羊而溫馴，此又爲其美善意，單就「羊」之與美，善，義有字構關係，也可以聯想「道」的美善義，個人以爲「先生如達」以後面的「溫馴」如羔羊較佳，而「一」當作動詞，即《荀子》，〈正名篇〉之故王者之制名，名定而實辨，道行而志通，則愼率民而一焉〔註 97〕的「一」，因爲，「民易一以道

〔註 89〕《荀子》‧〈王制〉，仝上，頁 107。
〔註 90〕《荀子》‧〈儒效〉，仝上，頁 91。
〔註 91〕《爾雅郭注》，釋宮第五，頁 40。
〔註 92〕老子，第四十二章，仝 60，頁 76。
〔註 93〕《荀子》‧〈解蔽〉，仝上，頁 300。
〔註 94〕仝 93，頁 307。
〔註 95〕《說文解字》，仝 34，頁 73，三下八。
〔註 96〕仝 95 引書，頁 147，四上，卅三。
〔註 97〕《荀子》‧〈正名〉，仝上，頁 312。

而不可與共故」，「一達」就是「容易把小羊統一起來，以其溫馴之故」，吾人在羊部中又見「群」字，群的構造「从羊君聲」，〔註98〕君是緐群者，〔註99〕把羊統一起來成爲一群，此「一達」之一義。因爲「達之路」太多以至於九，把岐路統一起來成爲或納入一條大道，就是「一達之道」，若以荀子‧解蔽的批評百家盡偏舉道之一隅，而不是純粹的「無道」而言，只要統一起來「兼陳萬物而中縣衡焉」，〔註100〕就可以合於「周道」，而統於一了，所以，「一達謂之道」的第二個意義在此。

再者，通也訓達，〔註 101〕一般稱通達，荀子常講明通，知通都是美好的意義。達是行不相遇，相遇則不達？《論語》說「欲速則不達」，速雖可以快速解爲因快反而慢。但是，易經有「不速之客來，敬之終吉」，〔註102〕此「速」顯然是「約定」之意，以其先無約定突然而來，與我相交接，故「敬之」，苟不交接何敬之需？因此，欲速有「不得不快」，以及因操之過急，不假思慮而交接衝突，反而不達目的的意思，上義有說嗎？說文「速，疾也」，「遫，疾也」，〔註103〕疾是「病也」，病是「疾加也」，病又是「痛」，〔註 104〕這些字群都表示達、通、速有共通處，段注「通」說「按達之訓行不相遇也，通正相反，通達同訓者，正亂亦訓治，徂亦訓存之理」，〔註105〕這是中國字辭的特色，吾人以爲這就如荀子所提到的「兩情，人生固有端也」，〔註106〕亦即一體之兩面而相依存，但是荀子要走出這種對立循環中而提倡「君子兩進，小人兩廢」，〔註107〕顯然不同意落入「有無相生，難易相成」的循環中，要走超越相對的「治治」之「周道」。〔註108〕此爲其一大特色，所以反對莊子的「因」。

就上述，「達」是指「欲速則不達」的「速」，即過急而如矢而刺人成疾，

〔註98〕 全 34，頁 148，四上，卅五。
〔註99〕 《荀子》‧〈君道〉，全上，頁 168。
〔註100〕《荀子》‧〈解蔽〉，全上，頁 296。
〔註101〕 全 34，頁 72，二下，五。
〔註102〕《周易王韓注》，需卦，頁 8。
〔註103〕 全 101。
〔註104〕 全 34，頁 351，七下，廿六。
〔註105〕 全 101，見段注。
〔註106〕 全 86。
〔註107〕《荀子》‧〈不苟〉，全上，頁 26。
〔註108〕 不苟篇的「君子治治」（全 107）；〈天論〉之「道貫」（頁 234）；及解蔽之「亂術、周道」皆是（頁 295）。

都含有「快速」和「相遇」之義，荀子在〈榮辱篇〉中說「雖有戈矛之刺，不如恭儉之利也」，又說「快快而亡者，怒也。」〔註109〕都以「快速」、「相刺傷」為說，其結語重點是「不如恭儉之利也」，指行為先不要太急速，先以恭儉控制人的「欲」，唯有如此，大家才能共存而達目的。簡單說就是「爭奪」與「辭讓」之間而已。「達」為「行不相遇」正是此意，吾人細分之，「一達謂之道」的第三義是：同求異道，必須相恭儉，辭讓；而恭儉辭讓最好的條件是找出一條足以兼容並畜的大道，也就是：

> 巨涂則讓，小涂則殆，雖欲不謹，若云不使。〔註110〕

要達此目的，荀子以為在「明分使群」。〔註111〕那麼，這第三義實際與第二義之「繕群」使之成為一體，乃是相通的。

因此，道訓一達就是：找尋一條大道，以使眾小道能夠兼容於其中，所謂「道並行而不悖」是也，此道亦即前述「仁義」「義制利」之道。

四、小　結

由上述各目，可歸納出「道」的形音義及引申義有：

1. 首：頭領，先出，首出而引導末流源源而生。

2. 辵：行路，實踐，過程。而與首配合成完整的道之字構義。

3. 由音方面有導引，導出，引導，口說，辨說，甚至有神義。以此較能見得心與道之密切關係。

4. 由行道分析出，道無所不在，但天地人物皆只得其一偏，好像的潛能無限。

5. 由行道又見能行與所行之主體和道雖多，卻可統於天人兩大類，末流可及於性偽之小類，雖然有分，但是分不過指「義務」不同，實際仍有共通的道義，故由天人到性偽之分義是能合於一道的。這一道是「仁義之類」和「義制利」，它能通行一切，當然也能統合一切了。

6. 道除在天地人物中，並大於天地人物；除有一道可統合天地人物外；這一道又具有使一切合作，和諧；共生共存；兼容並蓄，並行不悖，殊途同歸之意。

〔註109〕《荀子》·〈榮辱〉，仝上，頁32。
〔註110〕仝109。
〔註111〕《荀子》·〈富國〉，仝上，頁119。

　　總之，由荀子之心能知道，行道來說，道可說是人心所應該對其注意，尊重，受命；並因之而出令以引領自身，甚至天地人物一起迴向的根源，是一的原因、動力因和目的因，帶領一切向此終極目標前行不輟，實乃荀子所謂的君子之不可怠棄之義務。

第三節　道之再探討

　　上來，吾人且以說文解字對「道」的訓詁先作一般了解，其間並穿插荀子的道觀，並作為引申。此處，吾人開始探討荀子的道之思想，以至於其落實，而終於荀子所選擇以為其必須宣揚並且實踐的道，探討中難免於上節有重複，故稱之為道之再探討。

一、道的確定

　　學者以為荀子不措意於宇宙本體等問題，誠然，但是說沒有這樣的思想則不然。吾人在研讀中國古籍，通常必須從社會溝通的角度來看文句，多半為了簡省而把對話的主客體忽略掉，因此，荀子在儒效篇的：

　　　　道者，非天之道，非地之道，人之所以道也，君子之所道也。〔註112〕

就成了對荀子的道論斷之口實，這句話是在回答秦昭王之後的接續語，是在講「先王之道」，意即先王之道乃是君子所「道」也——此「道」字就是前述辨說以像道，用以道人，告示人的意思。又有說荀子的道是「君道」，〔註113〕因為君道篇說：

　　　　道，何也？曰：君子所道也。

　　　　道存則國存，道亡則國亡。〔註114〕

顯然是指國之命所在的「禮」，乃是「國家本作」的「道法」，是君子所生的，〔註115〕也就是使國有常的「禮法」，〔註116〕吾人要說的是：不錯，荀子是把他的言論之壇宇防表設定於人道部份，但是，「道」字的使用不止於人道部份；而及於天地。吾人能說荀子的責任意識是集中在「先王之道」，但是，以道也

〔註112〕《荀子》·〈儒效〉，仝上，頁79。
〔註113〕羅光，中國哲學思想史，第一冊，頁473～474。
〔註114〕《荀子》·〈君道〉，仝上，頁168。
〔註115〕《荀子》·〈致士〉，仝上，頁189。
〔註116〕《荀子》·〈君道〉，仝上，頁170。

與天、地連詞，從哲學的觀點看，道是天人分類的基礎。很顯然的，任何分類，分別總有其共同的認知基礎，如人之有假人與眞人，即使荀子的道只是人道或先王之道，或君道，至少，也有一個可以作為判別道與非道的基礎，它必須先於要仲裁的對象，因此，吾人不妨從這個觀點來肯定荀子的「道」思想具有「認識論的，也是形上學的」意義，〔註117〕也就是一種原理，由於其作為「兼陳萬物」的權衡者，道必須先在。

再者，荀子的道除用於人道外，也用於天、地、物。又說人能與天地參〔註118〕把天地人並立一起，則，至少天地人這三種存在，或者可以說天人兩類有共同的存有基礎。因為，天論中說：

　　天不為人……地不為人……君子不為小人。〔註119〕

可見天地是一類，其對象是人，而人就代表天地所生之萬物，因為人是宇中萬物最高貴者，所以，以人來代表水火草木鳥獸。因此，宇宙全體就包含了「天地」和「天地所生者」（通常以人代表。）前者屬於同類，所以，有時獨舉天，因為天為天地的主導，不云「天有常道，地有常數」，道有主導，頭領義，故在荀子通常指「義」所生之秩序，即「一、二、三」之類，可見天地一類以天為尊貴而統於天。而人代表天地所生萬物共為一類，總稱為「宇中萬物」，其實，天地也屬於「物」名，所以，講天地變化之罕至，其物為日月有蝕，風雨不時，怪星黨見，〔註120〕那麼，天地也在「物」這一大共名之下，天地人都是物，但是荀子大別為天地與人兩大類，這是指人認知出來有「天地」與「人」這樣的兩類。因為在認知中人才別同異，人才能分別此彼不同類，則顯然，天地與人之間有共同點或通性，那麼天人有一更高之存有為基礎，應無疑問。另一方面天人又各有其「分義」，這分義絕對不是人所賦予的，而是天地人之上的「道」所賦予的。因為，荀子在說人道種種時，會說「知者為之分」，那是指分別同異貴賤而賦予限定的義及職務。可是，在講天人之分時只講「明天人之分」，此為「至人」所能者，〔註121〕至人是指「知微者」就是指「人心之危，道心之微」的微。〔註122〕顯然，能「明天人之分」者，

〔註117〕李震，全21，頁7。
〔註118〕《荀子》·〈天論〉，全上，頁227。
〔註119〕全118，頁230。
〔註120〕全上，頁231。
〔註121〕《荀子》·〈天論〉，全上，頁227。
〔註122〕《荀子·解蔽》，全上，頁304。

乃是用「道心」去認識天人之有分別，然則「道」就是其分別的基礎，由此更證明「天人互通，有其共同處」，〔註123〕這是學者所謂的道之類比性。

　　吾人還必須了解，至人及有道心者之「明」天人之分已經到了「明分使羣」的程度，也就是說，道作爲「義分」天人的主體，各賦予不同的「分義」，亦即其天之「義」及因義而來的「職」，並不是人所「命」的，而是「道」所分定的。所以，天有其常道大體，但也難免失常，以其非「道」自身也，天的職責原則是「不爲而成，不求而得」，也就是天的義務是對人及萬物保持「不爲、不求」公正無私中立的立場，那是它的職責，是由「道」所賦予的。所以，人不應當與天爭職，與天爭職也就是與天同道，抱持不爲，不求的行事原則，若然，就等於怠棄人之爲人的職責義務，並且可能造成「天人之爭亂」。人類由於生而有知有義，此義就是道所安置於人類的一個「訊息」，天只負責傳遞此「訊息」而不負責解答。因爲，道所安置的這個訊息就在心中，能夠在清明時與道相通，所以，人類在能分出天與人的異同時，尚必須察道、體道，以對道負責，人的負責行爲是把「道」藏在於人的訊息揭發出來而使人類壹於道而行爲，以對應配合於天，吾人以爲這是荀子所體察到的天人分義，由於天人有分義，則天人各自以行事對道負責，道是超越天人的，此爲其超越性。

　　由類比推理到認識天人相通，道有了認識上的先在性，所以又說「以道觀盡」；〔註124〕有了類比性，有了超越性，更重要的是道分天人，人只能明天人之「分」，那是指天人各有義務和職責，可見，天人之上爲之分的道具有主宰、主權、裁判者的地位，就此而言，道似乎是有位格的，但是，它是以「理」的姿態顯現，而內在於天地人及萬物（萬物爲道一偏），所以，李震先生引吳經熊先生的話用來說明荀子的道，最恰當不過了，他說：

> 道超出位格與非位格的區別以上，他二者都不是而又二者都是。談論道的時候，聖保祿的『文字殺死，精神賜與生命』這句話很應用的上……。〔註125〕

荀子思想中也含有此一成分，或許是受老子之道與名的觀念的影響。老子說：道可道非常道，名可名，非常名。乃勉強命之曰道與大，〔註126〕荀子在〈正

〔註123〕李震，全21，頁15。
〔註124〕《荀子》·〈非相〉，全上，頁51。
〔註125〕全123。
〔註126〕老子，第廿五章，全60，頁51。

名篇〉說：心為道之工宰；在解蔽篇說：心可以知道；只要守著「虛壹而靜」的原則，使心大清明就能知道，但是心的「知道」是如槃水一般把道之形顯示出來而已，〔註127〕非但是只得道形而已，而且「心徵之而無說」，〔註128〕那是指心通過感官進入萬物之中以得兼「物物」之理的行為，最後「心合於道」，〔註129〕但是却無說，一落入「說」的層次已然受到官能的限制，故「說」只能合於心而象道，隨而命之以名不過描述其形象，由說和名並非不能兼識萬有之現象及本體，唯必須「以道觀盡」，〔註130〕故「道」是確定的存有根源，但是由於它的先在、超越，所以無法由限定的言辭名義舉盡它的真相。老子說「多言數窮，不如守中」，〔註131〕孔子要學「天何言哉」，何嘗不是同樣見解。因此，人心肯定能知道、行道，道是確定的存有，不過對道的認識不能受各種「道」各所限，因為：

> 彼名辭也者，志義之使也，足以相通則舍之矣！
>
> 故名足以指實，辭足以見極，則舍之矣！〔註132〕

人們可以透過不同的道名去見知共同的道實，既見知道實則必須身體力行之以體現道，不能止於名辭辨說，爭相為勝，如此，才算是盡到「工宰」的責任。

二、道的特性——體常而盡變

上述對荀子的道再探討，加以對荀子的名辭辨說之了解，確定了荀子的道可以是一最根本超越的存有，那麼這個「存有」有何特性呢？吾人想就「體常而盡變」這句話來分析，希望有更深一層的認識。

荀子在解蔽篇批評諸子，雖然是以治道觀點來批判，但是諸子學說却不能講全部是語治，而且在批評時，乃是以道的「正權中衡」之原理原則作兼顧及中衡的評論，顯然就是站在「道」的超越立場去進行的。因此，與非十二子篇明顯的以「先王之道，仁義之統」作評論，其間有顯著差別。所以，在批評後的按語正足以為荀子對道理解的最佳資料。他說：

〔註127〕《荀子》・〈解蔽〉，仝上，頁298；頁301。

〔註128〕《荀子》・〈正名〉，仝上，頁315。

〔註129〕仝128，頁319。

〔註130〕參考方東美，中國哲學的精神及其發展，頁174～175。

〔註131〕老子，第五章，仝60，頁24。

〔註132〕《荀子》・〈正名〉，仝上，頁321。

夫道者，體常而盡變，一隅不足以舉之。〔註133〕

吾人就以「體常盡變」作爲荀子所認識的道之特性而加以詳細解析。

1. 體常而盡變的辭型意義

在荀子思想中可以看出其辭句表達有一種特殊的「義法」，也就是由〈王制篇〉說的「義以分則和」的「義分」而來的。分是指被分者原是「同」，然後別出同中之異來，荀子以爲五官的主要能力是在別異。〔註134〕所以說「人之所以爲人者……以其有辨也……辨莫大於分。」，〔註135〕別同異是乃辨分的初級活動，再上一級是「明貴賤」的義分活動。無論如何，辨分之可行及必要是因爲被分者原是「同」。同者，按墨經上曰：

同：重、體、合、類。〔註136〕

則描述道的特性之「體常而盡變」，由於體常與盡變有常變之相異，故兩者可視爲同於一體，對道之存有的兩面描述。而若把道作爲行爲思想之規範準則看，則體與盡皆作動詞用，〔註137〕而體常盡變就是最高的行爲思想原理。由前面對道之形音義研究，吾人已見得「道」實際上包涵有這兩項意義。有了上述理解，吾人可接著談談以正反意義的文字來定義一個觀念（不論是名詞或動詞）的辭型特色。先以荀子之定義「仁」爲「貴賢而賤不肖」〔註138〕來看，貴賢皆正；賤與不肖皆反，仔細的說，就是「正正而負負」，正正是正，負負亦正，結果可以定義圓滿而無漏，並爲實踐的最佳原則；又譬如描述君子「寬而不慢」亦然。這一方面表現从家的執兩用中之中道思想的嚴格性，絕非一般所謂的「彈性」可道盡，其中表示儒家相信任何「物」都有兩面性，這兩面、兩端或兩有，又表示原來是「同」的，因此才有辨分、義分又結合爲一的可能，它使得吾人對對象的掌握毫無遺漏。

再者，從正正與負負去描述或定義對象，除了先別同異後，還要明貴賤，貴賤實際上也因著目的、作用等而定，譬如分別天人之各有其分，誰貴誰賤呢？自天生人並且借著自然律傳達道律給人類以爲人爲法之準繩，那天是貴的；自人之理天地則人對萬物又最貴。貴賤原是相對的，可是別同異後，多

〔註133〕《荀子・解蔽》，全上，頁295。
〔註134〕《荀子》・〈正名〉，全上，頁314〜315。
〔註135〕《荀子》・〈非相〉，全上，頁50。
〔註136〕李漁叔，墨辯新注，頁116。
〔註137〕陳大齊，荀子學說，頁66。
〔註138〕《荀子》・〈非十二子〉，全上，頁62。

少因著作用的目標及價值而有輕重緩急之分。故，兩面、兩端或兩有就可能因需要而有倚重倚輕之別。譬如，講仁時，孔子就以爲「惡不仁」是要看得重的，如此才可使「好仁」圓滿；故說：「仁者能好人能惡人」，孟子由「不可爲到可爲」，荀子由「非是無欲」到「能好之」，〔註139〕以及「寬而不慢」之不慢以使寬圓滿等等；都相反相成，義分和同的意思。此種思想方法可說是儒家特色，類比來看荀子對道的描述也有此等特性。

也就是說，道之爲存有本是「一」時，其特性在靜相方面是「道體常在」而動相方面是「道盡在一切變化中」；另一解釋作行爲思想原理看就是「體行常道而且能應付一切變化」。吾人由上述對仁的定義，可以確定反面是使正面圓滿的關鍵，所以在荀子思想中「盡變」乃是保證「體常」無漏而共同圓成爲「道」的存有之嚴格而相需相成的重要條件；同時也是作爲行爲思想最高原理的兩個互相彌補之因素，亦即「守常與變應」或「守仁行義」〔註140〕的仁義法則。

2. 體　常

吾人先再提醒一下，上述對仁及君子之描述或定義中，「好人」及「寬」乃是作爲「仁」或君子所不可或缺的基本條件，但是有此條件不必然是「仁」或君子，這使吾人想到墨經上的第一條——「故」。「好人」與「寬」乃是屬於「小故」，經文說：故：所得而後成也。

說：故：小故，有之不必然，無之必不然。體也，若有端。

大故，有之必然，若見之成見也。〔註141〕

那麼，「體常」就是「能好人」及「寬」，也就是人而「能好人」、「能寬」尙不必然爲仁者及君子；但是不「能好人」或「寬」就不足以爲仁者及君子。墨經以「體」爲說明，「體」若是圓形則不必然有端，但是要有端必須先有體形，此理甚明。所以，（1）體常部份表示道之本體是恒常的，沒有這個條件就不足以爲道。（2）體作動詞用就是，要合乎道者，其所行必須是常道，這說法較扞格。總之，「道」作爲原理原由是「成人、成事、成物」的不可或缺的原因，但是，有這部份的原因尙不必然「成」人、事、物，爲何？那麼道

〔註139〕《荀子》·〈勸學〉，全上，頁10～11。

〔註140〕由於荀子以「守仁行義」爲誠心的法則，又稱「以義變應屈伸」（見不苟篇，全上，頁25，頁27），所以，「仁義法」可視爲最高行事原理，此與前述之天地人物有共同的「一道」正不謀而合。

〔註141〕李漁叔，全136，頁41。及頁112「見：體、盡」之經文和經說。

豈不是不完美嗎？回答是，第一、體常只描述道性一面而已，尚有盡變一面。第二、天與人皆在道上爲道所分，故，天與人皆只得道之一體，墨經上，第二條又說「體，分於兼也」，〔註142〕天人各得道之一體而已。因此，〈天論篇〉說「天行有常」但是，却也有墜星、木鳴的怪變，即天行有常，但也不必然皆恒常，如天氣山川之變多矣；而人亦然，也有人祅，〔註143〕這表示人也有人道可脩，但是也只是一體之常，無之不然，有之不必然，由此更見天人一體於道而有類比關係，人更因爲對天地自然律（至高的道律的一體）的認知而了解人這一端的對應作爲，人因類比自然律而建立人爲律法，這人爲律法在荀子不能視爲在自然律之下，其出現時間也許在後，但是其地位與自然律應在道前平等，因爲與天之自然律同爲道之一體也，不過兩者是以對道之「義務」之分，此分實際上是爲了使天人和諧、秩序、長治久安，而不是要人去「戡天」，此不可不辯明也。

那麼，這種體常的人爲律法在荀子稱作什麼呢？曰「大分」、「常體」，也就是「道術」也，是體現「道」的最大、最常的途徑，荀子說這種常體、大分、術，是「常而不必」，如子貢問夫子善行爲何天不報，報不報非天也。君子只求「盡其在我」，即「能爲可貴，不能使人必貴己」，〔註144〕故荀子的思想主要也在建立這種「常而不必然」的人爲律法，即道術也，而人爲律法制訂的最高「原理」就是「仁義」。

3. 盡 變

吾人上述體常類比仁者之「能好人」而不必然成能「仁」，道之「體常」亦只是其條件之一，必須要有「能惡人」、「惡不人」、「賤賤」、「賤不肖」才能完滿作爲「仁」的條件，以故「盡變」就是使「道」圓成具足的條件。

盡字在《荀子》書中的用法如「全之、盡之」；「盡善挾治」；「聽之盡」；「盡美致用」；「盡倫、盡制」；「身盡其故則美」；「辨則盡故」〔註145〕等等，由以上概觀，凡「盡」都有完全、美善的意思，這是「道」的完美特性，單是體常還不足以盡美盡善，因爲體常是體道的一部份，不可謂無眞理在其中，

〔註142〕仝上，頁44。
〔註143〕《荀子》·〈天論〉，仝上，頁231～232。
〔註144〕《荀子》·〈非十二子〉，仝上，頁65。
〔註145〕具見《荀子》·〈勸學〉，仝上，頁10；〈儒效〉，仝上，頁85；〈王制〉，仝上，頁99；〈王制〉，仝上，頁107；解蔽，仝上，頁307；解蔽，仝上，頁300；〈正名〉，仝上，頁320。

但是不完全，可說都是以「物」觀道行道。所以，非十二子篇在評論時都按語說「其持之有故，言之成理」，但是「不足以」如何如何；不足者，不完滿也。那麼，諸子的「故」頂多是「小故」，因此，他們所觀的道一偏，因為皆為舉道之一體，不是全無價值之謂。然則，盡是什麼呢？吾人再借墨經來說，經文曰：

　　盡：莫不然也。〔註146〕

則「盡」是兼含了小故的大故。前引墨經曰「大故者有之必然」，乃是「故」中的大體，是使小故能必然的因素及條件，少了此條件則常體不必然得成。所以也可說是使常體、大分、道術在行動、作為、實踐時得以達成目標的時空下之因緣條件，也可稱為「變素」，乃是促成結果出現的充分條件，這種條件的出現又可以包含兩端，其一為積極的造成這些條件，其二為消極的祛除使這些條件出現的障礙，這兩個途徑實際上皆必須與「體常」、「常體」歸結為一，否則這樣的「盡變」就失去了意義和價值。

　　就墨經及荀子觀之，「盡變」應該已經包含了小故在內，也就是「不但體常，而且進一步的達到盡變的狀態」。那麼，道之存有就是指本體不變，眾緣齊備，它是一，又能和齊眾異造就變幻多相的現象界。因此，有了道就表示可能達成完美、全真、全善的境地，因為道的普遍存在使得其「常而不必」與「莫不然」的特性也偏與諸生，此可稱為道之德性。〔註147〕以此，天地人物皆能在分享道之存有的體常而盡變的特性下，找尋各自的道，反之，不同的道亦可因此而歸結於同一個根源。

4. 結　語

　　一般說，道的存有理論也可以發為思想和實踐方法的原理，荀子的「以道觀盡」即是，即以道觀一切，則一切存有皆有常體和變異因素。所以，「以道觀盡」就成了思想和實踐方法的原理。吾人可以在觀察、認知和推理時，盡力去找尋、發現、明白並建立常道、常體、大分等常而不必的原理原則，作為主線，一經；然後注意、思辨、會合，甚至創造莫不然的變異和因緣條件，如此，則思想和實踐的結果就能趨近於道的存有。譬如，荀子的仁義法則即是，仁義作為誠心之道的兩個觀念，「守仁」就是把仁作為常體和主線，是常而不必的；而「行義」就是把義作為盡變因素看，以義變應才能使「守

〔註146〕李漁叔，全136，頁81。
〔註147〕《荀子》‧〈宥坐〉，全上，頁393，以水之偏與諸生稱為「德」。

仁」的常體無漏圓滿，兩者乃相輔相成具足圓成心之「誠」。

　　由上來的解釋，道的存有具有體常和盡變兩面相，但是不可或缺其一；在道的存有特性之應用上，可以思想認知的方法；在實踐上，必須先守住常體，先體現常道，若以仁義而言，不但在誠心上居先，而且在考稽聖王之道及道德常行之術上皆然，特別是「體常」雖不必然體現道之全部，至少不會流失，而變應屈伸假如偏離常體則容易流於現實功利之譏，故體常而盡變在順位上是不可變易的，譬如義利之辨、僞性之分就是其它的例證，此不可不知也。

第四節　道與天人之分

　　在前面各節中，吾人多少提及天人之分與道的關係，此處以專節討論，以作爲荀子道的思想的結束而導入天人關係，最後總結於荀子志業所在的人道部份。

一、天的意義及其分義

　　天的意義，吾人先借陳大齊先生的話作開端，當然也循著單字孤詞分別敘述，以求清晰。

　　天──陳先生以爲荀子所說的天，有廣狹二義。自狹義言之，只涵攝日月星辰陰陽風雨水旱寒暑，甚或將寒暑列於天所攝的範圍之外，稱之爲時，以與天地並列，〔註148〕按此說或不然，〈天論篇〉說：「天不爲人之惡寒而輟冬」，〔註149〕寒暑乃包含在四時之內，而稱天時。自廣義言之，則兼攝天地萬物，且及於人的身心形神。這表示天地人和萬物原本是「同」的，此種「同」，既因天地生人及萬物則是「類同」，如母生子，是類比或同類的相通；就天地與人分爲二類──「天不爲人，地不爲人」來說，〔註150〕那麼就是「合同」；而就天地人爲「道」的實現言，那就是「體同」。「體同」的線索很微妙，陳先生就說「荀子既重視天人之分，自不便把人心歸屬於天，轉以引起混淆」，〔註151〕這就是誤解天人之分的意義所造成的看法，其實，心正是天人體同的

〔註148〕陳大齊，荀子學說，頁13。
〔註149〕《荀子》·〈天論〉，仝上，頁230。
〔註150〕仝149。
〔註151〕陳大齊，仝148，頁14。

線索，因爲心能通於道，天如同是中介者把道的連繫線路安在人心，因此，天人是體同於道，乃是道的實現，然後「天生之，聖人成之」，〔註152〕天人之間進行生成分工合作的關係，這個天當然包含地在內，而與人爲二個不同分義角色，但無害其類同、體同、合同的事實。

而由於天地一類，因此，按道性來說，天爲上地爲下，猶如君臣關係，兩者負相對責任，獨天不生，孤地不長，其責任在合作變化以生天地間的人及萬物，並提供適存的生存環境，且以其行事示人而人乃得以比德焉。因此，吾人以爲不應該把天和地視爲相等於「日月星辰水火草木」，這些乃是天地在其工作時或後所「生」的萬物，故稱「天有其時，地有其財，人有其治」。人之「有治」既不能理解爲「人相等於治」；則地生之財及天示之時豈能是天地之爲天地的本質。以此，吾人認爲天地人都是能作爲的主體，所以，天有其治的依據和成果是日月；地有其治的依據和成果是水火，人有其治的依據和成果是禮義。那麼，禮義是人嗎？如不然，則水火是地，日月是天嗎？因此，天地如人一樣是主體，而不是所謂的日月星辰水火草木。試問：人如何能與水火草木日月星辰「參」，那樣的人豈不如禽獸般，還能貴嗎？因此，天（地）是主體與人一樣，日月水火爲其所生之治事之具，但非本身，其中通常以天代表天地，則如同人對宇中萬物，以人爲最貴，故時而獨舉人以對天。所以，天地兩者乃天爲貴爲主導爲引導天地合作以製造生產萬物的主角。

其次，天（地）既爲主體，按〈正論篇〉，荀子以地上之天子，比爲「大神、天帝」，〔註153〕當然有其自主的行爲和權責，其任務在生萬物，並提供適存的環境，其行事原則、過程和結果就構成了「天行」之「常道」。吾人看，天人有分，當然分於體同的道，道是體常而莫不然，天地只得道之一體與人是相對的，所以，天行也就只能達到「常而不必」，因此就有天地不時，如「水旱、寒暑、祅怪」和「星墜、木鳴、日月之蝕、風雨不時、怪星党見」，荀子以爲此乃是無世不常有之現象怪之可也，有何可畏呢？天行有常也有失常，以其非「道」之本身也。

那麼，天行之常道爲何？一般以爲就是自然律，是觸及到天地萬物之現象的規律，〔註154〕若說「天與道被荀子視爲一事」，〔註155〕吾人不敢同意，

〔註152〕《荀子》·〈大略〉，仝上，頁372。

〔註153〕《荀子》·〈正論〉，仝上，頁248。

〔註154〕趙雅博，《十子批判》，頁171。

天或者不能辨物，地或者不能治人，而「宇中萬物，生人之屬，待聖人然後分也」，〔註156〕這是因為天地自守其本分，其職責原則在「不為」而「為」，不為是指不因為人之要求而行事，若為人之要求而行事，就是「從人不從道」，喪失其立場。而且，人就等於「道」自身了。因此「雩與雨」是無法命令天地的，而天地若因為那個人特別祭拜諂媚而賜福，那天就違背了盡其在我的「公道通義」。可見天人之上自有一個道是主宰者，是天人行事的裁判者，殆無疑問。人以為道服務之心又能知道，所以，嚴守天人之分義，人只負責調理天地所生的萬物而與天（地）分工合作，同對道負責，這是君子所守的「其在我者」之節，也是與「慕其在天」的小人差異之處。〔註157〕

　　因此，就人能義分宇中萬物，而對於天人關係只能「明」其分來看，那是表示至人道心能察知道的存在，當然，也就由天之不為人而行事的事實表現去體認道的規約，其中至少包括：1、嚴守公道通義——即不從人、不從天而服從道自身；2、各守分義——對道負責、互相合作、不可踰越非分；3、天人合作一貫的生成事業不能停息；4、所以，人為法就不能離開公道通義，必須分工合作而不可絕對專制對方，發揮人之化成潛能，盡其所宜，以接續天地所生就者（包括自己），一方面維持整體生存的秩序，更進一步要創造一個人文與自然融洽的宇宙。

　　總之，吾人以為天地有主體性，其行事之道是常而不必的「自然律」。就角色言及與人相互合作，構成一「天生人成」的事業線，最後在造就一個自然與人文交溶的自滿自足而生生不息，日日革新的宇宙。

二、人的意義及其分義

　　在天人關係中，人代表宇中萬物生人之屬，都是天地所生。首先，前引〈王制篇〉已知，人在水火、草木、鳥獸之中，以有知又有義而最貴，這個義實際上來自道，否則「天不能辨，地不能治」，那麼，何以生出個有義的人類呢？這個義使人在「分別」同異外，尚能行「明貴賤」的「義分」。

　　人有此天生能力，因此，至人能以道觀盡，了解天人是合一，但是卻各有其分義，此即明天人之分也。在人的有「義」下，使天人分而能行，其「行」

〔註155〕項退結，荀子在中國哲學中的關鍵地位（中），刊在「《哲學與文化》」第九卷十一期，頁39。
〔註156〕《荀子》·〈天論〉，仝上，頁271。
〔註157〕仝156，頁230～231。

表現在「和則一」上，〔註158〕此「和」爲「以它平它」的調和補救，不是尚同而是分工合作而且和平自足、和平相處。然而能夠「明」者爲至人，不是一般人皆能及此。所以一般人對天的態度可能表現出荀子所批評的「百姓以爲神」及「小人錯己慕天」；或者是老子的有見於詘和墨子的有見於齊；〔註159〕或者是莊子的蔽於天而因任自然；〔註160〕甚至是「縱情性，安恣睢，禽獸行」〔註161〕順自然惡行而爲。另一種可能的態度就是尚書之桀自比太陽說「時日曷喪，吾與汝偕亡」，〔註162〕或如〈殷本紀〉之武乙射天，〔註163〕及墨子天志上的「紂夷之居而不肯事上帝，棄其先神祇不祀也」。〔註164〕這種「有見於人無見於天」的思想，荀子也不可能同意。

這兩種對天的態度和思想一爲從於天，一爲「絕地天通」，〔註165〕都不是儒家中道思想所能贊同的。以儒家立場言，要尊敬天地爲「生之始」，〔註166〕並且以之爲禮的三本之首，若沒有天地，一切生命何來？若沒有天地，如何有生存環境？所以，人要以「禮，上事天；下事地」，〔註167〕難道這是空話嗎？禮是「人道之極也」，〔註168〕人以禮來對應上達於天地大道，大道是天地變化遂成萬物的原理或所行道，而聖人者「道之極」〔註169〕其知能通乎大道，應變不窮，怎麼應和變呢？「辨乎萬物之情性者也」。〔註170〕原來，至人能明天人之分，聖人能知如何去「通大道（天地）而應變（天地）不窮」，好似「天之嗣」，然而只是「好似」而已，不是眞的天之嗣。在感情上人對天地生萬物懷抱著一種類似子對母的感恩，因此，要以「理天地」來報答並反哺天地，這是最積極而實際的行動。人以爲天人是連貫的，可以相通的，應該對應不窮，這才是對天的

〔註158〕《荀子》‧〈王制〉，全上，頁108。
〔註159〕全156，頁235。
〔註160〕《荀子》‧〈解蔽〉，全上，頁295。
〔註161〕《荀子》‧〈非十二子〉，全上，頁57。
〔註162〕全28，卷五，湯誓第五，頁160。
〔註163〕《史記》‧〈殷本紀〉卷三，頁64。
〔註164〕孫詒讓，墨子閒詁，卷七，天志上第廿六，頁125。
〔註165〕《國語》，楚語下，觀射父答昭王問「天地不通者，何也」一段話，頁559～560。
〔註166〕《荀子》‧〈王制〉，全上，頁107。
〔註167〕《荀子》‧〈禮論〉，全上，頁260。
〔註168〕全167，頁264。
〔註169〕全168。
〔註170〕《荀子》‧〈哀公〉，全上，頁408。

正當態度。

　　人在知道與天各有分義後，第一個反省就是爲自己找尋「常體」以爲人行之常道，這是通過比德於天行而獲得的認識，然後敬其在己而不慕其在天。因此，人應當「不爲天，不慮天」，「所志於天者……所志於地者……所志於四時者……所志於陰陽者……」，止於「已見」而人可以「期、息、事、治」者，也就是不爲天而爲宇中萬物及生人之屬而行事，那才是「自爲守道」。〔註171〕以此，與天共事一道，圓滿天人之分義，凸顯道自身的超越地位，這是荀子所期於人的作爲。

　　那麼，荀子把「畜物、制天命、應時、化物、理物、成物」列爲優先，把「大天而思之、從天而頌之、望時而待之、因物而多之、錯人思天」〔註172〕擺在其次的想法，也就不難理解，這是「從道」的原則下，把對天報恩的感情一併溶入守道行義中罷了。

三、小　結

　　由上可知，荀子雖然沒有非常明確地「承認天與天地具有某種更高形式的知」，〔註173〕可是却也不能把荀子列入無神論的行列中，吾人從上面比較研究了解，天，甚至地都有主體意味，好似人有位格，〔註174〕因此，能與人共事於道，各守其分義完成和一兼利的宇宙大事業。人以被生，後生敬天守道，盡其在我，接續天地生就的事功以美成之，「成者」，荀子・〈勸學篇〉所謂有「德操」之後以「成人」的「成」，〔註175〕因此，「天生人成」就表示人以道德之美善去溶入自然，成全自然，構成一天人和諧無間的宇宙。

〔註171〕《荀子》・〈天論〉，全上，頁229。
〔註172〕全171，頁234。
〔註173〕項退結，全155，頁40。
〔註174〕參考趙雅博，全154，頁169。
〔註175〕《荀子》・〈勸學〉，全上，頁11。

第四章　天人關係

第一節　概　說

　　天人關係之受到檢討與反省，在政治上的根源很早，如夏桀之自比為太陽而有「時日曷喪，吾與汝偕亡」之語；〔註1〕啓時，有扈氏「怠棄三正，威侮五行」；〔註2〕后羿之射日；〔註3〕祖己之祭武丁豐于昵，乃訓于王曰「降年有永有不永」；〔註4〕〈殷本紀〉之武乙射天；〔註5〕紂不祭先祖；〔註6〕還有

〔註1〕《尚書》·〈商書，湯誓〉。見屈萬里，《尚書釋義》，頁 69。

〔註2〕仝1，頁 67。

〔註3〕參考《莊子集釋》，齊物論，頁 89，文中提到堯問於舜「昔者十日並出，萬物皆照。」的事；又山海經，海外東經，頁 132 和海內經「帝俊賜羿彤弓素矰。」頁 184。張光直先生以為上引兩項資料合為《淮南子》卷八，本經訓「逮至堯之時，十日並出，焦禾稼、殺草木……堯乃使羿……上射十日。」(《淮南子注釋》，頁 117～118)，其中多少有以天災表現人神關係之意。(張光直，《中國青銅時代》，頁 310～311)。這樣的思想並不一定代表放棄神或神人關係，如孫中山先生在其民權主義第一講談到神權思想說「人同天爭，使用神權」，其中的天是指大自然，神當然是人祈福的對象，是一有意志的位格。因此，荀子可以講制天，那是自然的天，而仍可以有宗教或神人關係在 (參考羅光，中西宗教哲學比較研究，頁 42～44)。荀子〈天論〉的天確實含有意志天和物質天的意味，它無意中說給我們天 (神) 和物質的天不是一個。(參考杜而未，中國古代宗教研究，頁 70～73)，吾人以為荀子保留了周初天、帝混用的有意志的主宰神的思想 (參考齊思和，中國史探研古代篇，頁 70～72)，同時也引入了進步的自然科學思想，因此天 (甚至地) 既有位格義，也有自然義，這在第三章論道與天人分義時已提到了。

〔註4〕仝1，頁 84。

神話中的夸父、刑天〔註7〕皆是。但是全面性之反省乃是除了政治人物斷續之累積，加上人之心理與生理知識進步的影響，〔註8〕以至於政治上的動亂和天災連年而來所匯集成的，〔註9〕這股潮流在鄭子產昌言「天象遠，人事近，它們是不相及」的時候，理智的鋒刃已衝破傳統迷信的藩籬；〔註10〕不過，吾人以為鄭子產的宣言只能代表三晉走向純粹人為法、公佈法及權力來自君主的法家一流而已，〔註11〕實際上，還有其它思想流派超越政治來重新評詁天人關係，因為天人關係不只限於故治，而却被政治所破壞，實一大不幸。方東美先生在討論原始儒家時提到，「周代宗教經驗情緒之背景陪音逐漸式微，理由不止一端，綜言之：一曰政治腐敗。外啓戎狄入侵，內滋道德淪喪，次曰暴君殘虐。三曰此類政治上之大罪魁，儼若欲將上天光明神力盡逐之而後快，逐入於大不敬大不信之領域」。〔註12〕簡而言之，就是因著「君權神授之說」的動搖，連帶之腐蝕了久入人心的「天命觀」。

在這個時期，還好有思想家從政治以外的觀點去檢討天人關係，其中最有重要性者為儒、道、墨三家，〔註13〕至於儒家在漢後與陰陽五行之思想糅

〔註5〕《史記》·〈殷本紀〉，頁65；又有宋偃王射天事，見《史記》，卷三八，宋微子世家，頁643。

〔註6〕《史記》·〈殷本紀〉說紂「慢於鬼神，大聚樂戲於沙丘。」祖伊告紂曰「天既訖我殷命假人元龜，無敢告知」（頁64～65）。

〔註7〕山海經，大荒北經記有「夸父欲追日景」；又海外西經記有「形天與帝至此爭神」，以上並見頁176與頁123。

〔註8〕參考趙鐵寒，古史考述，頁116。趙先生以為心理與生理知識的進步使神在生人過程中的神秘作用退縮，且出現了圖騰人性化的要求。假設圖騰代表神人及人獸混合，則對圖騰的人性化要求就表示人的始祖不再是神人或人獸的混合，荀子的萬物本乎天，人本乎祖之說，或許就代表這種新思潮。

〔註9〕周初本來相當虔敬神祇，大講「事神保民」，「導利上下」，「民之大事在農，上帝之粢盛於是乎出」，人要「媚神和民」；要「肅恭明神」，國家興亡在神饗民聽或民神怨痛，所以要「明神之志」，否則「百姓携貳」，因此，「古者先生既有天下，又崇立上帝明神而敬之」（以上「」中的資料具見《國語》，周語上第一，頁3；第四，頁12；第六，頁15和頁21；第八，頁23；第十二，頁30和37）。然而這種對皇天上帝之虔敬，自昭王後至幽厲，政治腐敗，飢饉連年，畏天敬天遂一變為怨天尤人（參考齊思和，中國史探研上古篇，頁79～80，以及許倬雲，《西周史》，頁306～307）。

〔註10〕張蔭麟，《中國上古史綱》，頁106。

〔註11〕參考張純和王曉波著，韓非思想的歷史研究，頁16～20。子產事見《春秋經傳集解》，卷二十一，〈昭公六年傳〉，三月鄭人鑄刑書，頁303。

〔註12〕方東美，中國哲學之精神及其發展，上冊，頁97。

〔註13〕仝12，頁98。

合，於是迷信又恢復，思想又退步，〔註 14〕此非但不幸，實使儒家蒙羞。吾人在此章中爲總結於荀子起見，乃先談論老莊之天人關係，次談墨子之天人關係，其中並及荀子與兩家的關係，最後談荀子的天人關係，其中又先簡述荀子天人關係的兩個儒家淵源，一爲《論語》中的天，一爲《易經》的天人思想，最後，分爲幾個小論結束之。實在說，天人關係乃是荀子思想中的道與人之間的媒介，也代表儒家在道、墨對天之肯定之外，所走出來的一條折中路線，其總結應該在〈易傳〉。吾人可將荀子的天人關係及人道開展與對道之認識建立於易傳的思想上，這是作爲認識荀子思想的重要起點之一。或者，可以說他是自孔子的思想與精神出發，再結合〈易傳〉的思想而構成其天人關係及人道思想的發展基礎，總的來說，算是先秦儒家的集大成者。

　　由天人關係中，吾人更可以肯定荀子思想之不偏離孔孟的主軸，這主軸是以孔子爲首提倡的人道與天道並行不悖，殊塗同歸而成就的一套「人本中心之宇宙觀，復進而發揮一套價值中心之人性論」。〔註 15〕所以，如孟荀「兩氏在對人性之看法上儘管各有所不同，然而『人之畢竟偉大』乙旨，則殊途同歸，終無二致」。〔註 16〕當吾人再了解荀子以守仁行義來誠心時，更可以肯定地說「他們之間性善性惡的岐見實不應估計過高」，〔註 17〕誠哉斯言。唯吾人必須注意者，孔孟荀雖然以人爲宇宙中心，但是那必須在一更高的「道」之義分基礎上，人才先天地對天地萬物必要負責人文化成的義務，而非眞正的「自然偉大」，此不可不辨也。

　　再者，雖說荀子的天人思想主要根源於孔子和周易，但是，不可否認他也在秉承孔子及孟子的中庸思想下，從事融合的工作，因而「接受了道家的形上學而賦以儒家的某些特色」，〔註 18〕不過，若說「荀子對天的看法，所受於老子的影響，遠在於所受的孔子的影響之上」〔註 19〕卻又不然，吾人將在老莊的天人關係中可以看出來。此外，荀子批評墨子最多，因此，多少也有經由批評、反省墨子而獲得一些心得，故次及之，最後再談荀子的天人關係。

〔註 14〕 齊思和，中國史探研古代篇，頁 81～83。
〔註 15〕 全 12，頁 158。
〔註 16〕 全 12，頁 159。
〔註 17〕 項退結，《人之哲學》，頁 156。
〔註 18〕 參考項退結，荀子在中國哲學中的關鍵地位，（上）和（中），刊在《哲學與文化》，第九卷，十期，頁 38 和十一期頁 34。
〔註 19〕 徐復觀，《中國人性論史》，頁 476。

第二節　老莊的天人關係

　　荀子批評老子「有見於詘，無見於信」；〔註20〕批評莊子爲「蔽於天而不知人，由天觀之，道盡因矣」，〔註21〕這是由另一端來看老莊，不表示荀子即走向「有見於人」或「蔽於人而不知天」的極端。在儒家而言，對異端是極敏感的，自《論語》的〈爲政篇〉說「攻乎異端，斯害也已。」〔註22〕說文：「攻，擊也」；〔註23〕《周禮》•〈考工記〉，注曰「攻，猶治也」。〔註24〕由此觀之，攻異端是由打擊到治亂，使禍害平息，如同荀子的「息邪說」一般。〔註25〕但是攻異端而治之，必先知其長短，異端是指「兩端」，攻而切磋琢磨之以用其中而已。〔註26〕又「端」即墨經上之「體分於兼」，〔註27〕如尺之有兩端，其實亦不必只有兩端。就先秦思想言孔子時較單純，經孟子到荀子趨於複雜，故荀子就以「道」之中衡兼陳來攻異端，〔註28〕兼容並畜，因此，吾人以爲攻治異端是通過對異端的了解而指出其蔽以治之，同時也等於全之，盡之而得到道術大全，結果就達到荀子的「治復一經」的目標。這由治而復的作法只有使學問的包容性擴大，理論更豐富，因爲他獲得了異端的優點，而不離於儒家傳統，故就荀子而言，其治異端而得到好處，殆無疑問，同時也是儒家之福。

　　以故，荀子在天的思想方面也是以孔子的天之思想爲一經，在治老莊時，其天人思想多少吸收了老子及莊子的菁華而節制之。因此，能免去老子莊子天道觀念的安命守舊種種惡果，〔註29〕至於是否用以改正儒家「有意志的天」則吾人要作保留，以天人兩類而相通，吾人前面已表示過，在荀子而言「天」不必只是自然體，日月星辰不過其與人接觸的直接工具及成果，如同「禮」之於人，是天的行事「規律」的表現，而不是天本身，不過，天本身也不會

〔註20〕　《荀子》•〈天論〉，《柬釋》，頁235。

〔註21〕　《荀子》•〈解蔽〉，仝上，頁294～295。

〔註22〕　《論語》•〈爲政〉，《新譯四書讀本》，頁65。

〔註23〕　段玉裁，《說文解字注》，頁126，三下，三六。

〔註24〕　《周禮鄭注》，考工記，「凡攻木之工」的注文，頁221。

〔註25〕　《荀子》•〈非十二子〉，仝上，頁62。

〔註26〕　攻治兩端的思想方法來自孔子的「我叩其兩端而竭焉」（《論語》，〈子罕篇〉之七，仝上，頁130），這《中庸》方法據謝扶雅研究，包含有中立、虛衷、綜合三項原理（見《唯中論集》，頁2～7）。

〔註27〕　李漁叔，墨辯新注，頁42。

〔註28〕　《荀子》•〈解蔽〉，仝上，頁296。

〔註29〕　胡適，《中國古代哲學史》，頁30。

是超越人就是了。聖人不求知天〔註30〕是表示人對道而言，當務之急是先接續天所生的萬物及生人，而「成全之」，美化之，人要在天的規律及其成果這兩個部份和天交接，這是荀子的立場。吾人在此，先簡述老子的天。

一、老子的天

老子的道德經廿五章表示「道」才是最後原因：

> 有物混成，先天地生。寂兮寥兮，獨立不改，周行不殆，可以為天下母。吾不知其名，字之曰道，強為之名曰大，……人法地，地法天，天法通，道法自然。〔註31〕

道就是「一」，十四章說：

> 視之不見名曰夷，聽之不聞名曰希，搏之不得名曰微，此三者不可致詰，混而為一。〔註32〕

道之為物乃是混成為一者，而其法則是「自然」，此自然為「原本如此的狀態」「乃是一種完美良好的，無缺點的境界」，〔註33〕故學者以為「但經過對老子說道的意義作分辨的了解之後，我們以為即自然以說道，為老子說道的根本意義之所在，其他的意義怕由此引伸而來。」〔註34〕假設道的本身就是「自然法則」，是一種規範，則「天得一以清，地得一以寧……」，〔註35〕「抱一以為天下式」，〔註36〕極可能就是要人到天地萬物都「復命」〔註37〕於道；也就是一切皆法自然。因為「道生一，一生二，二生三，三生萬物」；〔註38〕所以，「載營魄抱一，能無離乎？專氣致柔，能無嬰兒乎？」；〔註39〕要法則道之自然，就必須習常，「復歸其明」，亦即要知常，要常「自然」，〔註40〕可見知常、復常、常自然、抱一的結果是要回到嬰兒狀態，〔註41〕那是非道德狀態，既能合於「道可道非

〔註30〕《荀子》·〈天論〉，全上，頁228。
〔註31〕見余培林編譯，老子讀本，頁51。
〔註32〕全31，頁36。
〔註33〕趙雅博，《十子批判》，頁23。
〔註34〕李杜，中西哲學思想中的天道與上帝，頁127。
〔註35〕全31，三九章，頁71。
〔註36〕全31，二二章，頁48。
〔註37〕全31，十六章，頁40。
〔註38〕全31，四二章，頁76。
〔註39〕全31，十章，頁30。
〔註40〕全31，十七章，頁42。
〔註41〕全31，二八章，頁55。

常道」，〔註42〕又能免於「妄作凶」。〔註43〕因為嬰兒無知無識，而且，即使人性本有自私自利的惡性，但是嬰兒却無行動爭奪的能力，但是這想法却無能解決荀子「性惡順是」的事實。荀子顯然也有「知常」思想，但是却要人體常盡變，盡變是以義行之，以義行之可以解決物窮爭亂和正視人之性欲，而造成「和一兼利」的好處，所以，若老子的常是指「知和」，這個和可能表示與自然和諧而已，一切順乎自然法則，而荀子的和是指人類不斷分工合作，不斷變應應變，創造物質及精神文明。因此，荀子才會批評老子有見於「詘」無見於「伸」，而荀子的「復命」也就是以人之成就復命於道，而不是「歸根」式的消極。

這樣說，老子的天是要回歸於道的，其順序就是以道來貫穿天地人，而全統之於「自然」。就人而言，既云「人法地，地法天」，即人仍必須自天與地的行事來了解「道」與「自然」為何？能與天並舉而體現道與自然者，其為聖人乎？如八十一章說：

> 既以為人，己愈有；既以與人，己愈多。天之道，利而不害。聖人
> 之道，為而不爭。〔註44〕

在荀子的「聖人者，道之極也」，〔註45〕「道之管」〔註46〕中，都見到老子和易傳的影子。〔註47〕由於天地人一貫順於道，則人的順天（地）及法天（地），甚至法天地所生之萬物就來的比認識道更重要了，譬如「無為而無不為……無名之，……不欲以靜，天下將自定」，〔註48〕「將欲」時就「反之」，〔註49〕如治心情則「濁以靜之徐清」，〔註50〕「致虛極，守靜篤」〔註51〕──荀子亦及此，可謂不勝枚舉，而其「治」的終極原則和目標就是「知和曰常」的「和」，是退縮式的「和平共存」，〔註52〕以此復命於道。

吾人以為荀子的批評仍有效，而且真正在「心容」，及「道」的「客觀

〔註42〕 仝31，一章，頁17。
〔註43〕 仝37。
〔註44〕 仝31，八十一章，頁119。
〔註45〕 《荀子》·〈禮論〉，仝上，頁264。
〔註46〕 《荀子》·〈儒效〉，仝上，頁86。
〔註47〕 參考張起鈞，道家思想的源流（下），刊在文藝復興月刊，一五一期，頁13
　　　　～14。
〔註48〕 仝31，三七章，頁68。
〔註49〕 仝31，三六章，頁67。
〔註50〕 仝31，十五章，頁38。
〔註51〕 仝31，十六章，頁40。
〔註52〕 仝31，八十章，頁117。

形式性」部份有相通處，但是荀子的「道」的地位不是連續於天地人，而是超越的「知、義」體，人因此可以相當明確地察知道，並盡人的相對於天生的「成全」任務，並且荀子秉儒家兼顧本原與末流，尤其在「和」方面，荀子是採「物欲相持而長」〔註53〕的原理，此所以批評老子爲不見於伸也。

至於道、天、天地、萬物是不同名詞，在用法上代表不同概念，甚至老子的天還保留有神性義，〔註54〕這些都是相當細膩的分解，吾人以爲可以肯定，在談到荀子時，吾人已就此有些交待，因此，以爲這或許就是當代的共識，不過大家注意的是「天人關係」，特別是人應當如何對天，人要從「生」的天，這個母親本身去汲取人生法則呢？或是分別母子任務，如同分別君臣、父子一般而從於「道義」呢？這是造成諸子差異最主要的關鍵了，從母子關係看天人關係乃是儒、老觀點在形式上相同的地方，與墨家大有別也。

二、莊子的天

吾人以爲莊子對天的反省之深刻不下於老子，而更趨完備，或者說更趨於極端，但是由於極端所以對天思考也較深入。因此，荀子攻之所得當亦不在少，最明顯者厥爲在齊物論討論是非問題時，問及儒墨是非而以爲「聖人不由而照之於天，亦因是也」，〔註55〕此爲荀子批評其偏蔽之處，但是，這樣的思想凸顯了「超越」的概念，〔註56〕同時也凸顯了中衡仲裁及正權的觀念，此二者爲荀子所取爲「道」義，加上老子的「法」義，而結於孔子的「道」，因此，荀子的道義就豐富多了。

> 然而，莊子講「道」似比老子更多描述，其中有一於老子者，如大宗師的：夫道，有情有信，无爲无形，可傳而不可受，可得而不可見。自本自根，未有天地，自古以固存。神鬼神帝，生天生地……先天地生而不爲久。〔註57〕

仍是萬物天地的本根、原因；老子描述少，莊子之流廣爲寫真，如〈知北遊〉之老聃曰「夫道，睿然難言哉。將爲汝言其崖略……」，〔註58〕篇中的論道言

〔註53〕《荀子》·〈禮論〉，全上，頁257。
〔註54〕李杜，全34，頁117～121。
〔註55〕《莊子集釋》，齊物論，頁66。
〔註56〕李杜，全34，頁146。
〔註57〕莊子，大宗師，全55，頁246～247。
〔註58〕《莊子》·〈知北遊〉，全55，頁741。

辭不可謂少，其最重要者是，道顯得非常親切近人，因為「道」據莊子說：

　　無所不在……周徧咸三者，異名同實，其指一也。〔註59〕

首先在而且在天地萬物，它在萬物之中為「殊理」，〔註60〕在物之理既為道之行，〔註61〕則人可以知物，精物而理天地，並且可以「兼物物」，此道之理論成了荀子「以道觀盡」〔註62〕而不迷不惑，及兼物物，宰制天地萬物的依據，此又增添了荀子的道之徧在於物，人可理物的來源，但是莊子講一是非的平等性，荀子的道在物之理是人之「知義」可以「別同異」到「明貴賤」的基礎；也是造成自然秩序的恒常及人文發展的依據。〔註63〕

　　由於道之無所不在，因此，在莊子是走向齊物論的因是非，儒家要貫於一，道家在老子是一於道，這點荀子取之，但莊子有相對論的色彩，在宥篇就道之無所不在，任何處皆可通於道說：

　　道，一而不可不易者。〔註64〕

所以，道是「體常又盡變」，盡變且為「不可不者」，可見荀子道的思想與莊派相通。如此，似不能安，因為，道雖無所不在而無處不可通之，然而，莊子似乎也和荀子一樣主張「物異為蔽」，所以造成爭論不休的現象，心何以安？其解決方法是：「照之於天」，荀子是陳之於「道」，此其差也。莊子在這點上也有走向老子的意味，故又說：

〔註59〕全58，頁750。
〔註60〕《莊子》‧〈則陽〉，頁909，大公調曰：萬物殊理道不私，故無名。
〔註61〕《莊子》‧〈天地〉，頁404，「行於萬物者，道也」。
〔註62〕《荀子》‧〈非相〉，仝上，頁51說「以道觀盡……故鄉乎邪曲而不迷，觀乎雜物而不惑」。而莊子，天地篇說：「以道觀言而天下之君正，以道觀分而君臣之義明，以道觀能而天下之官治，以道汎觀而萬物之應備……道兼於天。」（頁404）。可見兩人道之「觀」相同，但是荀子不把道兼於天，反要以兼物天地人物，此相異也。
〔註63〕若以墨經上的「見：體、盡」，經說的「見：時者體也，二者盡也」來看，特是奇，二是耦，（李漁叔，仝27，頁112），則荀子的道體是一，是常；道之變化多端是二，此二可理解為天人兩類。再者，天是恒常面，千古不變；人是盡變面，以人文道德進化發展之故，者者乃道之顯現。其次，經下曰「不可偏去而二，說在見與俱，一與二，廣與修」（仝上，頁139），道把自己的兩一特性分享給萬有，萬有乃見道之體常而盡變性，凡認知及實踐皆不可偏去體或盡，體可損而不足或盡有損而不足，皆謂偏去（仝上，頁83），因此，在荀子言，人道注重以盡變配合天道之恒常，而使道的顯現具有不變和變易兩面性，這是儒家重「史」的文明的原因，這是儒道最大差異，也可見得荀子的道的思想不必完全來自道家，反而與周易最接近。
〔註64〕《莊子集釋》，在宥篇，頁398。

天、神而不可不爲者，故聖人觀於天而不助。〔註65〕

而以天主人，大宗師乃曰：

知天之所爲，知人之所爲者，至矣！〔註66〕

此又荀、莊異同之一處，荀子以「至人」明天人之分（責任）而首要在盡人之分以美化天生者以應天，助天辨治宇中萬物，構成道的圓滿，故把知天放在其次；莊子亦以知天人爲「至」，但是他知天之所爲是「不以人助天」，〔註67〕此大有「道──天──地──人」系列的老子意思，而天仍是「無爲爲之」，〔註68〕也就是要人「因任其自然，無復治化也」。〔註69〕因此，莊子的思想更明顯的要把人間的人事禍害及作爲歸於人，禍害全在於人爲。當然，解救之道也必須「人爲」的，「潛天人之辨」，使天人相合爲一；而荀子是要建立人之常道以變應天道而折中於「道」。故莊子以照於天來解決諸子之爭論，大宗師說：

其一也一，其不一也一。其一與天爲徒，其不一與人爲徒，天與人不相勝也。〔註70〕

不相勝而以人順天安命，故「不以心揖道，不以人助天」，天對人似是獨尊的，絕對的，人之所有乃天所給與者，故養生主說：

公文軒見右師而驚曰：是何人也？惡乎介也？天與其人與？曰：天也非人也。〔註71〕

那麼，人要如何對天呢？山木篇藉仲尼答顏回說：

飢渴寒暑，窮極不行，天地之行也，運物之泄也，言與之偕逝之謂也。爲人臣者，不敢去之。執臣之道猶若是，而況乎所以待天乎？

〔註72〕

人之事天要比臣子更卑屈，秋水篇北海若乃宣示說：

〔註65〕全64。

〔註66〕全64引書，大宗師，頁224。

〔註67〕全66，頁229，同篇（頁234）又說：「巩與人不相勝，是之謂眞人」，也是要超天人之意，但是却無道德義務和發展進化的内涵，此荀、莊之最大差異也。

〔註68〕全64引書，天地篇，頁406。篇中又藉老聃語曰：「忘乎物，忘乎天，其名爲忘己。忘己之人，是之謂入於天。」（頁428）。這似乎比内篇之超天人較極端地把人全歸納入天，荀子所見者或者是此種莊派思想正盛時的言論。

〔註69〕《荀子》·〈解蔽〉，全上，第二十一，楊倞注，頁262。

〔註70〕全64，大宗師，頁234。

〔註71〕全上，養生主，頁124。

〔註72〕全上，〈山木篇〉，頁691。

　　　　無以人滅天，無以故滅命，無以得徇名。〔註73〕
牛馬四足，自然即是天；絕不可破壞本性而絡馬首，穿牛鼻。

　　因爲如此地稱美「天生之自然」，所以，荀子以爲是詘，儒家是要「文理」「情用」並重的，因任自然的觀念在荀子而言總有莫大隱憂，而必須找出指導、駕馭情欲及修治本始材朴的方法，認爲這才是相對於天生的「人成」責任。在此，吾人可順便提及莊子在應帝王篇提到人心之可以變化形相，可見心的神通廣大，從其中消息及在宥篇的觀點看，莊子的心也可以超越相對，只要不把心繫於人間之吉凶禍福、仁義道德，似乎就可以解放出來，這都可以提供吾人了解荀子的心與道之思想，與老莊一流的關係。

三、小　結

　　除上述老莊之天，間及與荀子之關係和異同外，學者也注意及「天地生萬物」及「陰陽」觀念也是荀子與老莊相通處，〔註74〕陰陽氣化及天地生萬物不必來自道家，吾人以爲，先諸子時代所保留下來之天人關係最普遍被接受之一者，就是「天生烝民，有物有則」中的「天生」觀念，所以，這種觀念在比較思想上的重要性不大，重要者在於對於這個顯然與人之生養有關係的天或天地，該抱持何種態度？人如何自這看來是最大、最可見而運行不輟且與人生有關，但是却不發一言的天或天地汲取人生行爲的律則？而在這種關係中，天人如何定位呢？人要如何變應之才能吉而有秩序，才能共生共存、長保幸福呢？

　　肯定的是荀子繼承儒統要把人定位於「頂天立地」及「變應屈伸」以推展人文，圓成道實上，他是努力在宣揚這項重責大任的。

第三節　墨子的天人關係

一、引　言

　　神權思想受到動搖，一方面是世官世襲的血緣制開始衰微，或受到懷疑，

〔註73〕全上，〈秋水篇〉，頁590。
〔註74〕項退結，荀子在中國哲學中的關鍵地位（中），頁 39。此外，羅根澤的「從《呂氏春秋》推測老子的成書年代」一文，也從名詞、仿語、文體、文義及時代等方面簡述老、荀關係。見《古史辨》第四冊下編，頁 480〜484。

荀子即反對「以世舉賢，以族論罪」，〔註75〕人們的合法權力不再來自神人血
統的混合。〔註76〕事實上，周人雖然仍沿用了商人「天命玄鳥」〔註77〕的神
話形式以示血統之高貴，但是却加入了「不祥」的觀念，而採取人爲的制度，
進行對族中共子的遺傳能力之考驗，以圖選取優秀的人才作爲其族群領袖人
才的儲備；后稷的成爲周人先祖，配享于天，就《詩經》大雅的生民章透露
的消息顯示，周人的領袖之爲領袖並不完全因爲是神的感生任命，而是經由
後天一連串的遺傳能力之考驗而選出的優秀人才，〔註78〕這表示，即使該族
群有神的血統，但是並不表示一出生就自然優秀，這是天人關係和折中人性
論的來源。再者，周人征商後留下了殷士，〔註79〕以及用天來代替帝或混用，
表示其信仰已由種族部落神推進到共神，表示公天下之意，在《禮記》的明
堂位中就明顯表現爲禮物的混合，〔註80〕種種迹象可知，周人實具有高程度

〔註75〕《荀子・君子》篇，仝上，頁344。
〔註76〕參考張光直，《中國青銅時代》，頁316～318。所謂權力來自神人血統是指「氏
　　　族始祖誕生神話……付諸記錄以爲其爭取政治地位的勢照」。
〔註77〕仝上引書，先生說「西周的神話與殷代的差不多；從文獻上看，西周也有氏
　　　族始祖神話……但是在商與西周的神話之間，有一點非常基本的分別：商人
　　　的觀念中祖先的世界與神仙的世界並未作清楚的分辨，而西周人則在這方面
　　　邁進了一步，把上帝及其神界放到一個新的範疇，即"天"裏去，把人王當
　　　作"天子"，而不復把人王之先祖與上帝合而爲一。頁319～320。
〔註78〕吾人以張光直先生的觀點再檢討大雅，生民的記錄，發現有一要點，即在「先
　　　生如達，不坼不副，……居然生子」後就「誕寘之隘巷」，這是何
　　　等殘忍？朱注以爲一般人生頭胎總有痛苦，而后稷之生居然如此容易，而以
　　　爲怪異。而《史記》，周本紀就簡單地把「履帝武敏」改爲「姜原出野見巨人
　　　跡，心忻然說，欲踐之，踐之而身動如孕者，居期而生子以爲不祥，棄之隘
　　　巷……初欲棄之因名曰棄。」（周本紀第四，頁69）眞相且不管，其感生已不
　　　再神聖了。此其一。再者，經過三重考驗而不死。首先，誕寘隘巷；其次，
　　　誕寘平林；最後，誕寘之寒冰。經過三段考驗而不死，才收養之，吾人以爲
　　　這是一種篩檢人口品質的原始方法，旣可控制人口數量，又可以留下優良遺
　　　傳因子，當然，更因此而作成了選取共子中優良者與予特殊教育，期以爲領
　　　導人才的制度。那表示對神之感生已有了不能無條件認爲美善的想法，這是
　　　溫和而理性的檢討態度，結果可以導致對自然天和位格天神之區分，但是不
　　　完全取此棄彼，而是在生養人及萬物上，還抱著感恩和敬則自然規律的態度，
　　　這可看成孔子一派天人關係的來源（以上《詩經》部份參考《詩經集傳》，頁
　　　129～130）。
〔註79〕如尚書，康誥之「往敷求殷生哲王，用保乂民，汝丕遠惟商耈成人，宅心知
　　　訓」，見己萬里，《尚書釋義》，頁116。亦可參考多士篇。
〔註80〕許倬雲先生在其「《西周史》」第三章提到，從《詩經》上看，「凡此均是兼
　　　具自然及神明兩義的天，也可見天的本義中，自然義甚爲濃重，當只能歸

的革新和天下為公的精神，而根據學者考證，由殷禮中的二分現象及卜辭中，亦可見殷代有新舊兩派輪流執政，〔註81〕而射天的帝乙就是新派。〔註82〕那麼，商湯的革命是新或舊呢？此為一問題，不過商人先王先公中就有改革派存在，神權思想的受到挑戰主要是從權力來源去思想，而關係到權力控制，神權的沒落反映出一些政治人物不喜歡天神來控制監督他們的作為，當然背後必須人類理性開發的支持，才足以成為潮流。而神權衰落，政治上突然失去長久以來監督政治人物作為的力量，簡言之就是「權力失控」，此為在世官世襲之外的另一現象，前者若是好的，則後者會突然使政治發生混亂、無秩序。在這樣過渡時期，老莊比較屬於回到自然和諧的血緣團體狀態，主張政治不要擴大；孔子一流肯定過去和周禮的歷史進化意義，而要先恢復秩序再往前瞻望，問題是周文疲弊，周禮就較難令人接受；法家要斬斷與禮的血緣紐帶，建一權力來自君主，而以君主之法控制君主的新政治社會；墨家呢？

二、儒墨關係

墨家在孟子時代即對儒學造成極大威脅，先秦書中，大體肯定儒墨有一定的血緣關係，〔註83〕在孔子時代就有一些自耕自食的勞動者——如荷蓧丈人、狂接輿、長沮桀溺——他們譏評孔子四體不勤，五穀不分，這就是自苦為極者，而不能保證孔門中沒有這種人存在。錢穆先生以為「墨」乃是取義

於其原義即是自然義。周人崇拜自然的天……」（頁101），但是為說明其膺受天命以取代商，因此，把天的大公無私加上商人祖宗神的意義及成了「脫開祖宗神型的天帝，以其照臨四方的特性……是公正不偏的裁判者」（頁103）「為新時代提供新的神道觀念……不僅安定了當時，而且為後世儒家政治哲學開了先河，為中國政治權威設下了民意人心的規制與約束。」（頁106）《詩經》，大雅，皇矣章的「乃眷西顧，此維與宅」（集傳，頁125～127）最能道出其中的轉關。這種開放型的「天帝」觀調和了天與帝之間的衝突而使自然天同時也有位格的內涵，其所以然，乃因為周人對自然天的生養感恩和崇拜。另外，吾人亦可由《禮記》明堂位看出禮的混和，其它篇章有很多資料表現出這樣的事實，這精神創於周公被孔子承繼下來，甚至孔子之喪，公西亦為了特志孔子的東西南北之人的特性，所以兼用三代禮。見《禮記鄭注》，壇弓上，頁18和23。所以，許先生的歷史觀點是值得參考的。

〔註81〕張光直，前引書，頁235～236。這種發現告訴我們，思想之衝突與溶合不必然只存在部族間，同族內部也就有此現象，吾人可親此為道之「體常而盡變」「一而二」的形上觀念之歷史證據。

〔註82〕張光直，全上，頁309。

〔註83〕參考錢穆，《先秦諸子繫年》，頁71～72。

於古代墨刑，因為「墨尚勞作，近於刑徒」，〔註84〕墨字說文：「墨，書墨也，從土黑」，〔註85〕也許墨先為紋身的質料，後來又用為書寫原料。此外又與繩字連詞為繩墨，亦即今日工匠之「墨斗」，以為刀鋸的準則，可見勞工和墨的關係很密切。吾人可從幾方面了解墨家特色。

（1）就來源講——《淮南子》‧〈要略篇〉稱：「墨子學儒者之業，受孔子之術，以為其禮煩擾而不說，厚葬靡財而貧民，服傷生而害事，故背周道而用夏政。」，〔註86〕夏政即祖述大禹，而禹為司空乃百官之長，〔註87〕此與墨之巧於百工之事正符合。歷史學者曾在討論左定四年之周初分封政策時，比較夏政和商、周之政道，略謂諸夏地在晉、秦之間，兩地自初封以來即秉持因襲夏、商風俗，特別在色彩上是採用「墨色」，從《禮記》資料顯示，夏尚黑色；周以火德王而尚赤，故墨者創始人宗夏政尚黑，故稱墨子。〔註88〕吾人若再聯想，儒者尚周禮，墨以夏之水剋周之火，其中可能透露一點時代的消息，無乃一件趣味事。

儒墨關係可稱確定，自孟子時而勢力龐大，到後期時，兩派皆分裂，但是並為顯學。《呂氏春秋》的〈當染篇〉稱「孔墨之後學，顯榮於天下者眾矣！」，〔註89〕這兩派是無爵位以顯人，無賞祿以利人之「天下二士」，〔註90〕但是這「二士」並不相容，《呂氏春秋》的下賢篇曰：「日以相驕，奚時相待，若儒墨之議。」，〔註91〕這兩派由於有思想上的連帶性，所以，共同受到道、法的排斥。

（2）思想色彩——墨者若來自儒家則其思想的共同處當在「禮」以上，

〔註84〕錢穆，全上，頁94。

〔註85〕段玉裁，《說文解字注》，頁694。

〔註86〕《淮南子注釋》，要略，頁375。

〔註87〕周禮，考工記鄭注曰「此篇司空之官也」。李玄伯，家邦通論說「司空乃百工之長」（收在杜正勝編，《中國上古史論文選集》上，頁979）。考工記又云「知者創物，巧者述之，守之世，謂之工，百工之事皆聖人之作也。」（頁219～220），然則心為道之工宰亦即「道」為「創物之知者」而人為述守的工宰，此乃孔子「〈述而〉不作」之意乎？果然如此，道就具有「創物之知者」的意義，人之所為不過是為創作者「述守」而已，這是對道的一種服從謙虛之態度，不敢稍有僭越。

〔註88〕參考杜正勝，〈西周封建的特質〉，收在氏編之《中國上古史論文選集》，頁675～679。

〔註89〕《呂氏春秋》，卷二，當染篇第四。

〔註90〕全89，當染篇第四。

〔註91〕《呂氏春秋》，卷十五，慎大覽第三，下賢篇。

以墨者對禮樂之繁縟相當反對，故其差異也應該以對禮、樂的價值判斷和歷史定位之態度而決定。吾人以為，錢穆先生論儒墨之辨時認為貴族之位，自儒而始盛也；〔註92〕儒是向高貴追求，是尚「分」的，而墨非禮尚「兼」。所以，兩家大別在此，墨以此「非儒」，故儒家在先秦晚期以荀子自我認同於儒及禮而大肆撻伐墨子為「役夫之道」，〔註93〕故錢穆先生以為儒統可謂成於《荀子》，〔註94〕此實一重要見解也。吾人亦以為儒統完成於「仁義禮」而引進了法的思想，此實成功於荀子也。

因此，在別家眼中，墨儒有肯定的重疊處，韓非以為「孔子、墨子俱道堯舜而取捨不同」，〔註95〕儒墨皆稱「先王兼愛天下」；〔註96〕而《呂氏春秋》‧〈似順論‧有度篇〉稱「孔墨之弟子徒屬充滿天下，皆以仁義之術教導於天下」；〔註97〕《淮南子》的人間訓說「徐偃王為義而滅，燕子噲行仁而亡，哀公好儒而削，代君為墨而殘」，〔註98〕可見仁與義乃是儒墨的共同色彩，而為別家所認定者，由韓非子、《淮南子》、《呂氏春秋》之上述引文而可略見一斑。《史記》‧〈莊子列傳〉明指其詆訾孔子之徒，並稱其剽剝儒墨；〔註99〕儒士多在齊魯，〔註100〕魯被稱為「中國」，莊子的〈田子方篇〉記下溫伯雪子的話說「吾聞中國之君子，明乎禮義而陋於知人心，吾不欲見也」；〔註101〕又〈盜跖篇〉中，用子張之口吻說「仲尼、墨翟，窮為匹夫……未必賤也，貴賤之分，在行之美惡」，〔註102〕由此略見儒墨在外觀上有一致之處，也見其仁義之道的不得志，是行「常而不必」之術者，而滿苟得又道出儒墨之分為「儒者偽辭，墨者兼愛」〔註103〕儒與墨成了道、法之流譏笑的對象，儒墨是兄弟，但是卻同門操戈，自相殘殺。〔註104〕

〔註92〕錢穆，全83，頁83。
〔註93〕《荀子》‧〈王霸篇〉，《柬釋》，頁148。
〔註94〕錢穆，全83，頁92。
〔註95〕《韓非子》‧〈顯學〉篇，見《韓子淺解》，頁492。
〔註96〕韓非子，五蠹篇，全上，頁471。
〔註97〕《呂氏春秋》，卷廿五，似順論，有度篇。
〔註98〕《淮南子注釋》，卷十八，人間訓，頁324。
〔註99〕《史記》，〈老莊申韓列傳〉，頁959～960。
〔註100〕《莊子集釋》，田子方篇，頁717。
〔註101〕全100，頁704。
〔註102〕全100，〈盜跖篇〉，頁1003。
〔註103〕全102，頁1005。
〔註104〕全100，〈列禦寇篇〉，頁1042。

到底什麼使他們相殘殺呢？吾人以爲即「禮愛」與「兼愛」。韓非子的外儲說右上，引子路的作爲及其對孔子的問話，可知「仁義」爲儒墨共同思想，〔註105〕但是儒者是以禮來分，即荀子的禮義之分，稱爲「至平」的「人倫」；〔註106〕墨家講慢差等，不知（以禮）壹天下，建國家之權稱，〔註107〕故講夏政，也就是較復古儉樸，自給自足之政治社會形態。儒墨之分在於「禮」的觀念及制度，禮以財物爲用，貴賤爲文，〔註108〕要文飾爲差等別異，故要「僞」於「本始材朴」之上，其目的未嘗不在消除天生的強抑弱的現象，使人人皆有作用。而墨子講節儉勤樸，因此，荀子評以「道盡利矣！」，〔註109〕也就是要求有利可用即可，不必文飾差異太華麗加工，當然這就透露出兩者對於「天生」及「天」的不同心態，一爲儘量利用天生的自然狀態；一爲必要加工僞飾使其成文理而不失情用。由此，可以導入對墨子的天之了解。

三、墨子的天

墨子以「天」來解決其與儒家之間的差異，在天志上說「今天下之士君子之書，不可勝載，言語不可盡計，上說諸侯，下說列士，其於仁義則大相遠也，何以知之？曰：我得天下之明法以度之。」；在天志中又說「觀其行，順天之意謂之善意行；反天之意，謂之不善意行。觀其言談，順天之意謂之善言談；反天之意謂之不善言談」。〔註110〕天乃是天下治法、明法之所從出，其大以治天下，次以治大國，這樣的治法，不能來自父母、學者、君師，因爲這樣的人多而無法統一，而天只有一個也是最偉大的，天之特色在於「天之行，廣大無私；其施厚而不德，其明久而不衰」，〔註111〕這樣的天之意志好惡如何相出來呢？吾人以爲，在這點上，墨子多少受到漸漸形成的「民者神之主」〔註112〕觀念的影響，天遠人邇，了解天志不如看人的反應如何？但是，這兒的人不是「天子」，他說「未聞天下祈福於天子」；〔註113〕「未知天之祈

〔註105〕《韓子淺解》，〈外儲說右上〉，頁315。
〔註106〕《荀子》，〈榮辱篇〉，仝上，頁43～44。
〔註107〕《荀子》·〈非十二子〉，仝上，頁58。
〔註108〕《荀子》·〈禮論〉，仝上，頁264。
〔註109〕《荀子》·〈解蔽〉，仝上，頁295。
〔註110〕孫詒讓，墨子閒詁，天志上第廿六，頁122。又天志中第廿七，頁129。
〔註111〕仝110，〈法儀第四〉，頁13。
〔註112〕《春秋經傳集解》，桓公六年傳，季梁對（隨侯）曰：「夫民、神之主也。」，頁59。
〔註113〕仝110，〈天志上第二六〉，頁125。

福於天子」；〔註114〕天之意志寄託於人民的反應，人民雖愚而反應如神。所以，他說「事上尊天，中事鬼神，下愛人」，因為人是天所兼愛、兼利的對象，愛人利人才是法天之「博厚」，〔註115〕天與人之間幾乎不必有其它媒介，無怪乎學者說墨家不能在「主宰之天」與「自然之天」之間建立橋樑，〔註116〕那天人之間是直接的關係？却又不盡然如此，因為天仍以自然天道之兼覆無私及久長運行等等自然現象示人；人亦當體現此規律而信仰上天，不過這方面在墨家表現的不太明顯而已，以其關心者在於如何有效地達到「治」的目標。因此，明顯的以天之主宰善惡賞罰為顯性題材，其間隱含著「天人」相通之義，所以，人民實為決定政治上善惡的主要角色，就這一線索言，墨家可以走向「人民」代替上天來實行政治監控的工作，亦即，政治權力之合法與否應決定於最大多數人之幸福與意見，「兼利」和「兼愛」的規模愈大愈能表示上天意志的體現，所以，墨子思想有往著初期民主的方向發展之可能，不過也可能是先秦諸子的一般通性。

　　人民雖愚但是從天生的觀點看，每個人是可以平等而且分享了上天之意志的，也就是上天在開始就在每個人身上安置了一些不可讓渡的權利，故人民之「對錯」之支持來自上天，而愈大規模愈近天意，此為墨子之天與人之親密關係。吾人以為墨子的天的意志表現在上中下三層次，最上為天所示給人的自然規律；中為鬼神之賞罰無所不在；下為安置於人生命的基本權利。其單一的觀念乃是「義」，義的依據來自天，而分別寄託於自然規律、鬼神賞罰和人民之反應；其效果顯現在「天下」之生、富、治；當然，「天下」若死、貧、亂，就表示無義，〔註117〕這些是天之欲惡所在。因此，就可以經由「考、徵、發」〔註118〕來考察古聖王之事、仁義之本，以明天意，〔註119〕中則了解治亂所本而明天鬼之志，〔註120〕下則原察百姓耳目之實，看人民利不利及害所自生，〔註121〕由此而建立法儀，或稱義法，這是天志的表現。〔註122〕吾人

〔註114〕全 110，〈天志中第二七〉，頁 128。
〔註115〕全 110，〈天志上第二六〉，頁 125～126。
〔註116〕項退結，《人之哲學》，頁 146。
〔註117〕全 110，〈天志上第廿六〉，頁 123。
〔註118〕全 110，〈非命中第三六〉，頁 175。
〔註119〕全 114。
〔註120〕全 118。
〔註121〕全 110，〈兼愛下〉，「姑嘗本原若眾害之所自生」，頁 74。
〔註122〕全 110，〈天志下〉，「以天之志為法」，「天之志者，義之經也」，頁 141；又「子

於此亦可見荀子的禮法實與此法儀觀念相似，差異在於一來自天，一來自道；一爲重天生，一爲重禮文；一爲肯定利用即可，一爲強調文理進化；實在說，形式類似，內容有別。墨子的基本心態在於肯定天與鬼神之意志及位格和絕對的司法、立法、行政、監察權力，人必須審慎地利用三表法來體察天鬼意志，進而法天順天，以期造成一「兼愛兼利」之人間，則政治社會結構之進化發展就成了次要問題了，知識份子眾說紛云，爲了「自求口實」亦只有信鬼神而愼察天意與天志。〔註123〕

四、墨子的鬼神

　　由於《荀子》書中常以墨者爲攻擊對象，墨書亦以非儒爲主，吾人乃再論其鬼神，加深對墨子之了解。墨子似乎認爲亂之總因歸於天尊天事鬼，或對鬼神之疑惑及不明其能賞賢罰暴，〔註124〕吾人可視鬼神思想爲天之消極證明。尙鬼神就可能反文理文明，鬼神報應的觀念和人對之直接祈福的行爲不見得合理，但是其影響造成人民行爲之規律和秩序卻是好的，不過屬於荀子所謂之「尙功用」。荀子以爲，在政治上已經到了民不容易「使由之、不使知之」的時代，故君子要辯說以爲民出故，〔註125〕另外並期待王者出現，所以，要以「文化」代替「神道」而作爲「神」的內涵。〔註126〕墨子不然，他極力證明鬼神對人間有直接干預權，其中以眾人之耳目所聞見鬼神之物者爲主，這部份是「不可勝計」，〔註127〕再以歷史上所記錄及歷史上的人所聞見爲證，最後斷之三代聖王之行事，這樣的以往歷史倒退去證明鬼神之說可謂有力，卻不無愚民退化之嫌；此與荀子之從源頭考稽歷史人物之行事興之往前進化和抽繹出一些連貫的原理觀念，又不可同日而語了！

　　鬼神之爲物實在含糊，舉凡夢中所見，人世報應皆可歸於鬼神，墨子乃

　　　墨子置立天之（志）以爲儀法」，頁137。
〔註123〕所謂「自求口實」指墨子常說的「今天下士君子中實將欲……」之「中實之欲」，見非命下，頁181～182。
〔註124〕全110，明鬼下，頁144。蒙文通以爲好鬼之風開於夏末之孔甲，見《古史甄微》，頁141。
〔註125〕《荀子》·〈正名篇〉，全上，頁318。民原本在明君勢力及刑禁下，易一以道而不可共故，而今聖王沒，君子無勢無刑以臨禁之，故必須辨說也。
〔註126〕《荀子》·〈勸學〉，全上，頁2，「神莫大於化道」神是人文化成之原因及結果。
〔註127〕全124，「夫天下之爲聞見鬼神之物者，不可勝計。」

特別注重鬼神的職司在「賞善罰惡」，是直接的人間干預，然而，人們却可舉出太多當代當時「不正確」或「間接的報應」，所謂之「福報不一」即是。

吾人以爲，墨子對此問題至少有兩種解答：

（1）天對人是「兼」的，是大公無私的，那麼，人類大多數懷疑鬼神，當然，也可以受到上天的共同懲罰，此共業報應仍然甚明，〔註128〕這是天對人兼愛兼利；人對天「共享共受」的道理。歷史上多的是「旱魃與洪水」及其它足以害民生的怪象，若以墨子而言，人是要自我反省，不當因此而怨天尤人，這是墨子的天鬼思想的最大特色。荀子的反應認爲天人有分，天也有失常與人道一樣，人要修道相應於天，最高仲裁和莫不然的「存有」乃是「道」；與墨子相對而極端的就是夸父、刑天、射天、共工之類的故事，至於老莊可歸爲墨子一類之回向天。

（2）除了上述外，墨子尚有另外想法值得一提，他認爲敬天事鬼乃是神聖行爲，不當有「我日夜敬奉鬼神，何以無福報」的心理，這是崇高的宗教情操，可與《荀子》書中提到的常而不必，不求必然報應的人文道德信仰一樣，值得吾人敬佩，墨子義正辭嚴地說：

> 子所匿者若此其多，將有厚非者也，何福求之。〔註129〕

只此一念就有罪惡及自苦爲極非爲求福報，實乃爲了免罪避禍或者說是在爲生命「洗罪」的意思，人累積的罪惡連自己都不知道多少，洗罪向來不及而況於求福報？這一方面是對人性有罪在其中的惶恐，人生原是要洗滌累世罪惡的；另一面顯示天之對生命之主宰性是無世無時不在的。人要敬天事鬼不在求「報多」，故祭祀不在豐富與否，不在玉帛多寡，不在昵於鬼神，這種「交易」心理是錯誤的，〔註130〕由此可體察墨子的鬼神思想已經從先民之蒙昧崇拜以求祈福及因爲天地怪變而畏懼，和因爲天之福報不一所發出之「昊天罔極」之怨嘆中脫離出來而給予注入崇高之宗教精神，並且在以強力而「勸之無饜」〔註131〕並「強治之」〔註132〕「強爲義」，〔註133〕以對治人世昏亂方面，〔註134〕與孔子之

〔註128〕由於天是「兼」天下人，報應公正，所以，人間的「愛利與惡害」（頁68）正足以顯示天之公道。又兼愛下，亦有同樣言論，見頁81。

〔註129〕全110，〈公孟〉第四十八，頁290。

〔註130〕全110，〈魯問篇〉第四十九，曹公子與墨子之對答，頁299～300。

〔註131〕全129，頁285。

〔註132〕全129，頁286。

〔註133〕全129，頁288～289。

〔註134〕全130，頁299，對魏越語。

「爲之不厭，誨人不勸」之強力精神相通，荀子在「應之以治」的「脩道」精神〔註135〕及「爲之人也」〔註136〕方面，可以講與墨子之精神亦相通的。

五、小　結

墨子之證明鬼神大有訴諸群眾，盡信書和訴諸政治威權的謬誤，這可能爲人詬病，但是就其內部集團而言，吾人相信一定有很崇高的宗教精神、儀式和理論，可惜資料不多，殊爲遺憾。

此外，在天命方面，墨子對儒者巫馬子問：「鬼神孰與聖人明智？」時答說：

　　天下明器九鼎遷於三國數百歲矣！聖人與良臣何能智數百歲。

〔註137〕

鼎爲祭器，祭時宰牲以其聲、血代表靈魂及烹煮之歆香上達於天與天交通，所以，明器及鼎物之相傳，正表示中國古代政權觀念的一個階段，九鼎爲夏初所鑄造，則定鼎與家天下觀念可能完成於夏，墨子講夏政，則天命寄於鼎器，鼎器本身就是一連串政治興衰和天鬼賞罰的歷史，當然比聖人明智了。鼎器是公器，如同人民之古今不變，〔註138〕得鼎與得民可以同觀，都在順天意不在個人之「命」，〔註139〕故墨子不會贊成世官世襲及家天下、私天下，由此更見得政治之興衰全在得民與否，關鍵在「不執有命，力行天意」而已。

第四節　荀子的天人關係

一、主要的儒家淵源

荀子的天人關係，除了反省並吸收老莊和墨家的一些思想外，主要仍來自儒家，李杜先生以爲《荀子》書中七個地方說到「帝」，雖仍保有傳統的意義，但不再佔有重要的地位，天仍可以是《詩經》中的主宰性的神靈，〔註140〕但是其地位和人對之的關係已然改變，此對荀子不能說不重要，故荀子在用名詞上仍因襲前人用法，而作適當調整。基本上，吾人可說，荀子的天人關係有三大

〔註135〕〈天論〉，仝上，頁270。
〔註136〕仝126，「爲之人也，舍之禽獸」頁6。
〔註137〕仝110，〈耕柱篇〉，頁267。
〔註138〕仝110，〈非命上〉，「世未易，民未渝」，頁170。
〔註139〕仝138，墨子駁斥「〈爲政〉不善，必曰：吾命固失之」的言論，頁173。
〔註140〕李杜，仝34，頁172～173。

部份：第一、為人與自然界萬物乃天地所生，而人最貴，故除生命與萬物天地相連外，人尚要理萬物天地，這是「文成」式的合一，不是老莊的合一，此為對應於天而來自於「道」之責任；第二、人為天地所生，保留了天人之生命相連之關係，但是人只能見到自己，人要負起完美自己及萬物的責任，此必須比德法則於天常再加上盡變以圓成道性，此乃是荀子天人關係的重點；第三、人對天本身的態度保留了尊敬的立場，一般人沒有分辨荀子的道與天人之分的關係，所以，把天本身及天之現象；和天地間之萬物等觀念混淆成一樣，也就歪曲了荀子對天的態度和了解，而簡單看成來自於子產式的冷漠態度，終於變成「制天論」，〔註141〕這是一大誤解。

　　吾人以為荀子的人對天之態度仍然保留來自詩、書中之有位格之天，但是只管天地之生生大事；並因此與人和萬物發生關係，或者可以說人乃是天神主持天地創生工作的產物。按之《荀子》，天人之上要有一主宰天人的根源，這樣的思想可能受老莊之道的影響；就儒家淵源看，嚴格地說，荀子的天是承襲孔子的態度，而實在可自易經中獲得較完整的線索。

1. 《論語》中的天

　　《論語》對天的態度代表詩書對天思想之轉型，天由主宰天地及人的地位逐漸退為對應關係；此時，原來的主宰一切的天之地位，已有蛻給「道」的意思，在使用天字時保留了其創生的角色，故仍可是一位格。所以，人在呼天時，明顯透露傳統習慣性的口吻，其中含有的感情成份很重，吾人以為如同人無奈時之稱「老天啊！」一樣，不必然相信天能對人間進行決定性的、無錯誤的賞罰。以故，《論語》中的天，一方面已褪除了主宰人間之色彩，一方面自生生之德上重新反省並建立新的天人關係。前者如：

　　　　〈八佾篇〉：「獲罪於天，無所禱也！」〔註142〕

　　　　　　　　　「天將以夫子為木鐸。」〔註143〕

　　　　〈雍也篇〉：「天厭之！天厭之！」〔註144〕

　　　　〈述而篇〉：「天生德於予，桓魋其如予何？」〔註145〕

〔註141〕許倬雲，「先秦諸子對天的看法」，收在求古編中，頁 434，舉此例代表此看法之普遍流廣。

〔註142〕《論語》·〈八佾〉，王孫賈問，見《新譯四書讀本》，頁 73。

〔註143〕全 142，儀封人請見，頁 77。

〔註144〕全 142，〈雍也〉，子見南子，頁 106。

〔註145〕全 142，〈述而〉，頁 114。

〈子罕篇〉：「天之將喪斯文也……天之未喪斯文也！」〔註146〕

「吾誰欺，欺天乎！」〔註147〕

「固天縱之將聖，又多能也！」〔註148〕

以上所引者，都是在一種無奈中的口吻居多，好像兒女之對父母親的呼喚，是一種不離傳統歷史的情結表現，雖然在失意中亦不敢如百姓一樣的「怨天尤人」，這是儒家之有別於它家的中道心態使然。荀子仍保有這樣的思想，但是已經少見到其對天的呼喚，因為，人是要以脩道應天，而不是「壹於天」，在這點上，荀子的對天態度可說比孔子時更加成長而為獨立自主的兒女了。

成長是從對天之生人之理解，人之感懷並且在效法天地之創生行為中走過來的。〈公冶長篇〉記子貢的話說：

夫子之言性與天道，不可得而聞也！〔註149〕

夫子既說「有德者必有言」，顯然本身有得於天而以行之，他說「天生德於予」，說「予所否者，天厭之！天厭之！」，這個「予」對天已由天之主宰人而轉為對應地位了，否則，「予所否」怎能與「天厭之」並提，人轉而以比德於天而回應之，才能有此豪語。然而，〈陽貨篇〉說：

天何言哉？四時興焉！百物生焉，天何言哉！〔註150〕

孔子乃是就天之行與事去看天，所以，所言者「天道」也，這樣比德於天及法則天道的思想乃確立下來，〈泰伯篇〉說：

大哉！堯之為君也！巍巍乎，唯天為大，唯堯則之！〔註151〕

孟子多少保留了天以行與事示人的思想，如「天之高也，星辰之遠也，苟求其故，千歲之月至，可坐而致也」，〔註152〕又如「五百年必有王者興，其間必有名世者。由周而來，七百有餘歲矣。以其數則過矣！以其時考之則可矣！」，〔註153〕胡適先生以為這是有關於儒與殷民族復國的傳說流行的結果，〔註154〕

〔註146〕全142，〈子罕篇〉，子畏於匡，頁129。

〔註147〕全146，〈子疾病〉，頁132。

〔註148〕全146，大宰問於子貢，頁129。

〔註149〕全142，〈公冶長篇〉，子貢曰：「夫子之文章……。」，頁91。

〔註150〕全142，〈陽貨篇〉，子曰：「予欲無言。」，頁223。

〔註151〕全142，〈泰伯篇〉，子曰：「大哉！」，頁126。

〔註152〕《孟子》·〈離婁下〉，見《新譯四書讀本》，孟子曰：天下之言性也一段，頁319。

〔註153〕《孟子》·〈公孫丑下〉，全下，孟子去齊，頁319。

〔註154〕胡適，說儒，頁52。

果然如此，吾人在荀子的賦篇也看到了「千歲必反其常」〔註155〕的說法，則到了荀子之時，儒家還在困境中，吾人由此似可理出一個重要的思想線索，亦即，由孔、孟到《荀子》，其間人對天的思想與信仰不斷因著儒或預言之未實現，亦即聖人一直隱伏，鳳鳥一直不至，河一直不出圖，〔註156〕而減弱了天之主宰人事的觀念，因為天早已反其常，何以人事不然呢？所以，自孔子時代，孔子的地位就被提到與天同高了，那是子貢說的：

> 仲尼，日月也，無得而踰焉。〔註157〕

> 夫子之不可及也，猶天之不可階而升也！夫子之得邦家者，所謂「立之斯立，綏之斯來，動之斯和……〔註158〕

吾人以為儒家對天之喪失主宰人事的信心是與孔子以下儒者之不斷處於困境有關，終於完成了「天行有常，常而不必」，人之福報不來自天但仍要與天保持一定關係的思想，而荀子可說是集大成者，到了漢代儒者取得獨尊的勢位才由另一種天人思想取代之，但是，那已經使儒者落於政治勢力之中了。

2. 易　經

　　吾人以為荀子的人對天之反省和天人關係的確定，實在來自孔子之「不怨天，不尤人，下學而上達，知我者其天乎！」〔註159〕此外，易經亦為其思想來源之一，易經之與荀子的關係，原有學者自荀子之為趙產，而周易之作者可能為三晉人士推測之；〔註160〕也有學者從用字、明德積德及道與變通等方面證論之；〔註161〕胡適先生從儒與「需」卦之關係論儒之困境及易繫傳所提之易的制作年代和背景，分析其間關係，〔註162〕這是很值得吾人參考的資料，那正與前面提到的自孔子以來由於儒道不興而對天人關係不斷反省以至於完成「天人之分（義）」的思想，是相對應的印證資料，那麼，吾人如何去看待荀子與易經之關係呢？

　　首先，《荀子》書中雖亦提及易有占卜思想，譬如：〈大略篇〉：「善為易

〔註155〕《荀子》·〈賦篇〉，仝上，頁362。
〔註156〕仝142，〈子罕篇〉，「子曰：鳳鳥不至」，頁130。
〔註157〕仝142，〈子張篇〉，與孫武與毀〈仲尼〉，頁240。
〔註158〕仝157，陳子禽謂子貢。
〔註159〕仝142，〈憲問篇〉，子曰「莫我知也乎！」，頁190～191。
〔註160〕參考徐世大，周易闡微，頁93～96。
〔註161〕杜而未，荀子受易經影響，刊在現代學人第九期，頁29～37。
〔註162〕胡適，說儒，頁29～31。

者不占」；〔註 163〕〈賦篇〉：「請占五秦」；〔註 164〕〈禮論〉：「卜筮視日」；〔註 165〕〈王制〉「相陰陽，占祲兆⋯⋯」；〔註 166〕但是對這些卜筮的思想，荀子的態度顯然如其對詩書一樣，是敬而不取的，看〈非相篇〉之反對以形體顏色論斷人之吉凶禍福，〔註 167〕即可知一斑。天即使要取人或給人報應，也必須要看人是以什麼來「應之」，故〈榮辱篇〉特論人之能應天而取得的報應之道，〔註 168〕那絕非生而有之的命定思想。所以，荀子是放棄了「壹於天神」的先民時代仍保留於易經中的「魔術」和「迷信」，〔註 169〕而是要以另一種態度來對天，簡言之，就是「文」的態度。

基本上，荀子與易經中的兩種思想相關連，其一為易經的創生論，創生中以乾坤而言，別為精神和形體部份，〔註 170〕而《荀子》・〈天論〉亦言「形具而神生」，而心如同乾坤之「元」。細而言之，是在二元變化且有一個較高貴而為主導力量方面與易之變化思想相貫通。另外，在道之體常與一方面也與易之太極相通。更明確說，太極隱在現實的二元裏，而成了超越又內在的存有，吾人由荀子之天人之分；心與形神；心與性偽；心與守仁行義；甚至其天與天地；人與萬物；君子與小人；道與勢等等，皆可見根基一，變化二的宇宙變易之道。〔註 171〕荀子沒有講天地由來，但是從天人之分義；及天生不辨，人而有義且心可知道，這兩方面看，這根基的一不能是天，而是天人之上的「存有」，而且此存有是有道德意義的，否則天人之分及人能明此分的義就無根據。更甚者，義果然由天給人，則人在逆境中就要大怨天之無情了，這是嚴守孔子對天之態度發展而成的，天地是「生」之始，在天地能生之前就有天地能生與被生的根基在，然後天地之能生與被生同時發生，人不過被生中之一類而已，在「生」的觀念上，天地之能生與被生之萬物和人

〔註 163〕《荀子》・〈大略〉，仝上，頁 380。
〔註 164〕《荀子》・〈賦篇〉，仝上，頁 360。
〔註 165〕《荀子》・〈禮論〉，仝上，頁 279。
〔註 166〕《荀子》・〈王制〉，仝上，頁 111。
〔註 167〕《荀子》・〈非相〉，仝上，頁 45 說「故長短大小善惡形相，非吉凶也。」
〔註 168〕《荀子》・〈榮辱〉，仝上，頁 36～37 說「天生烝民，有所以取之⋯⋯」一段可證明。
〔註 169〕郭沫若，《中國古代社會研究》，頁 45。
〔註 170〕高懷民，易經哲學的人類文明之道，華岡文科學報第十三期抽印本，七十年六月，頁 15。
〔註 171〕羅光，儒家哲學體系，頁 13 與頁 111。

是分屬兩類而同時存在的,故天人之分可以追溯至最根源的存有,而為「生」與「成」;體常與盡變的兩大宇宙變化因素,兩者不但和諧,且呼應而合德,那是由於人與天地在未出現前已被安置各自的分義,因此,人才能明天人之分後主動與天地呼應,當然,這樣的呼應戾指人在不同的角色上與天地相通達。

關於人與天之先天關係為能生與被生;後天關係為人有義要明天人之分,一方面與天地在「生」這一點上相通,那就是指人之比於「天地大德」而以「仁」對應之;又如「大人者,與天地合其德,與日月合其明」,人以仁、義和禮來對應天地,人甚至從萬物之中去提煉出與天地合德並理天地萬物的線索,這是易經裏面五十三卦所有的「君子以……」的思想,荀子亦在〈非相篇〉說到,欲觀周道,不如審其人所貴君子。﹝註172﹞「君子以……」表現了君子主動觀察天地萬物而要以人道與之交通,進而理天地的思想,因此,其規模甚為可觀。雖然,這中間有如道德經之法天地的思想,但是最大差異在天人之先天分義乃來自於道,故人因著知道而明天人之分而修對天之義,要主導天地及萬物生人進行「化成」的工作。所以,只能說「通天下之志,成天下之務」,﹝註173﹞此亦是尚書「天工人代」﹝註174﹞之思想,這「代」字正如日月代明一樣表示天人合作不停息,而且互不專權,而相輔相成,因此天人生成乃構成完整的宇宙生化,而共為道之體常與盡變之兩元。

吾人在說明荀子的天人關係時,主要就以天地之生人之先天關係和人比德應天之後天關係為範圍,而不再多及於其它思想,以免旁出雜行。荀子之論天之基礎是「善言天者必有徵於人」,﹝註175﹞而出發點是審慎的「敬天而道」。﹝註176﹞

二、天人關係之一 —— 氣與生命

宇宙中自水火草木、禽獸到人都有「氣」,﹝註177﹞水火之有氣殊為奇怪。

﹝註172﹞《荀子》·〈非相〉,全上,頁51。又參閱陳炳元,易鑰,頁319～321。

﹝註173﹞《周易王韓注》,〈繫辭上〉,頁49。

﹝註174﹞屈萬里,《尚書釋義》,皋陶謨,頁43。

﹝註175﹞《荀子》·〈性惡〉,全上,頁335。由於「節」與「徵」對舉,所以「徵」可視為「節」之有取有捨,有從有不從。

﹝註176﹞《荀子》·〈榮辱〉,全上,頁25,「敬天而道」與「畏義而節」乃是荀子對天之基本態度。

﹝註177﹞《荀子》·〈王制〉,全上,頁103。

〈天論篇〉說「天地合而萬物生……陰陽接而變化起」，〔註178〕假設氣就指著陰陽，那麼，陰陽這兩樣物就不必完全指稱具體的氣，而是代表宇宙間的一種變化元素。其實，荀子講變化總是不離二元，所以，亦可稱爲兩一論，或神化論，〔註179〕這是分享道性的一貫思想。若說萬物皆有氣，則當時流行的觀念就是陰陽兩氣，故又說「陰陽大化」，〔註180〕「天地之變，陰陽之化而有物」。〔註181〕

氣在荀子除了是流行變化於天地間的存在物之外，他對人類而言，具有兩種意義，一爲自然的，維持生命的氣體，這與形體生命有關；一爲義理的氣，這與心和道德的義理生命有關，不過其間仍有連繫的，試言之。

1. 氣與形體生命

形體生命的氣，最單純的說法是〈解蔽篇〉中提到的「失氣而死」，〔註182〕假設命是陰陽兩氣，精合感應之節遇偶合，〔註183〕則生理的性命實在是極其粗糙而多樣的。這樣的命就是形體顏氣的氣命或天命，在荀子的觀點，這樣的氣命雖然表現在形狀顏色、長短小大上面，可是却與吉凶祅祥無關。〔註184〕因爲儒家以爲生命有兩種，一種是天生的命，一種是人爲的命，〔註185〕天生的命有其必然性，在荀子而言應該稱爲數，既有限定，又非人所能改變的，這與宿命論顯然無關。胡適先生在「與錢穆先生論老子問題書」中，認爲孔子與孟子的天與命皆近於自然主義，〔註186〕即指此氣命或天命。《禮記》·〈祭法〉中說「大凡生於天地之間者皆曰命。」〔註187〕所以，比較上這樣的命就是子夏所提到的

〔註178〕《荀子》·〈禮論〉，仝上，頁 271。
〔註179〕余雄，中國哲學概論，頁 137。余氏以爲「神化論之中心意思，是認爲一切變化都是自動的」這點吾人只能說荀子不一定同意，至少人要誠心守仁行義才能神明變化。天地之生人或許自然，但是人之變化自己及宇中萬物以義變對應天却不是自然，可以說，荀子是採自然與理知及道德合一的兩一說或神化論，其中人一端是有道德意志的。
〔註180〕《荀子》·〈天論〉，仝上，頁 227。
〔註181〕仝 180，頁 231。
〔註182〕《荀子》·〈解蔽〉，仝上，頁 306。
〔註183〕《荀子》·〈正名〉，仝上，頁 311～312。又宥坐篇，孔子答子路問爲善與報應時說的「死生者，命也。」頁 396。
〔註184〕《荀子》·〈非相〉，仝上，頁 45～46。
〔註185〕參考郭沫若，《十批判書》，頁 91。
〔註186〕胡適該文亦收在「說儒」一書，頁 150。
〔註187〕《禮記》·〈祭法第二十四〉，頁 159。

「死生有命」，簡言之即壽命也，是肉體的命。荀子在〈議兵篇〉中說的「紂剖比干，囚箕子，爲炮烙刑，殺戮無時，臣下懍然莫必其命」〔註188〕者即是。這命來自天，故說「人之命在天」，〔註189〕人們只能盡其在我的治氣養生，〔註190〕治氣養生得當，可以「身後彭祖」，當然養生包含的較廣泛，其中會牽涉到道德的命，不過「治氣」的部份指著人身的血氣是絕對不會錯的。人在考慮到道德尊嚴及其延續時應該把這個氣命看得輕一點，如此，表現出來兩種典型，一是重死持義，一是捨生取義，脩道行義來得比這條氣命重要多了。

由於對血氣之命評價低於道義生命，所以，荀子就不可能喜歡那套由人之形體顏色去論斷吉凶禍福的相形之術，而應該重視人形之君的心。〔註191〕因爲，荀子講究的是「從天而頌之，孰與制天命而用之？」，〔註192〕心是人形之主宰，所以，爲心擇術，養好了心才能善制天生的血氣之命。對這樣的「死生有命」思想持反對態度的是墨子，胡適先生在其「中國中古思想長篇」第一章「齊學」裏說「他要非命，因爲『命』的觀念正是左傾的自然主義的重要思想，人若信死生有命，便不必尊天事鬼了，故明鬼的墨教不能不非命」，〔註193〕至於另一派與荀子極密切的勢力在「相」與「心」之間的關係類似《荀子》，那就是莊子的應帝王中的鄭巫與壺子間的一段故事，〔註194〕說明其「非相」及心能造相，心能運用形體，故心的重要性高於形體。所以，道家是重心，不過在對道德價值的態度上與儒家不同，因爲比較退卻而重視天勝於人之故。

以上，吾人由維持生命的氣談到了形體生命與心，接著，吾人可以談另一意義的氣。

2. 義理的氣與義命

由於心居中虛，吾人想到所謂的周流六虛，心在荀子是指可以主控形體和神明的主角，自然的，其觸角必及於身體各處，因此，就與生命的氣有密

〔註188〕《荀子》·〈議兵〉，仝上，頁 207。
〔註189〕《荀子》·疆國篇，仝上，頁 213。
〔註190〕《荀子》·〈修身篇〉，仝上，頁 13。
〔註191〕《荀子》·〈非相〉，「相形不如論心，論心不如擇術，形不勝心，心不勝術」，頁 45。
〔註192〕《荀子》·〈天論〉，仝上，頁 233。
〔註193〕胡適，中國中古思想史長篇，第一章，齊學，頁 80。
〔註194〕《莊子集釋》·〈應帝王第七〉，頁 297～305。

切關係，荀子之重視心與氣的關係是來自於氣對心的影響，最主要表現在兩個地方，其一為樂論，其一為正名論。

　　樂論中表現的觀點是人之身體之氣與外在的氣一樣而可以相交接感應，所以，人之氣若與邪汙之氣相交接，〔註195〕人本身亦必邪汙，由此理論發展為以樂來作為改善人的生活環境——移風易俗。不過，樂必是人的創作，美善相樂的樂，可以導引出良善的風氣，則人所接受感應的既是美善的風氣，其自身亦能美善，位居中虛的天君既在美善中，其本身亦善矣，如此，善心生焉。這是環境風氣理論，傾向道德意義的氣，由樂論中亦可知萬物及人在氣上相通，故低級存在物應當有向上發展而及於道德層級之可能。

　　在〈正名篇〉中提及「心憂恐」與「心平愉」，〔註196〕這是指人心由於不重理而重物，重物則心常憂恐物之不足而為物所役，這是一般物之形體氣影響了人之血氣，使身體條件產生蔽亂，〔註197〕則造成中心不安定，如此有礙於觀物則影響心之認識道理，心既內傾無法決贏理，則如何去操縱情欲而宰制物理呢？此心術之患也。那麼，心若重視物之理，則情況相反，至少理無窮而物體有限就會造成極大差異。理可不可以看作氣呢？個人以為，在談到氣時，樂論中既提及了邪汙之氣與善惡之心，那麼，心又有認知義，故無妨把此地的理也視為一種氣，吾人可稱為義理之氣，如此構成了義理人命。義理人命是由道德成就來說的，它應該包含兩義，一為王制的人命以人爵表示，共有九命終於王；一為由小人以至於士君和聖人一系列的天爵。這種思想立基於對血緣等級的反省，人原在天生一點皆居平等地位，因道德成就而有差異的人命。若說物以生養人，則道德亦是廣義的物類，荀子乃說「物類之起，必有所始；榮辱之來，必象其德」。〔註198〕人通過個別的道德修養和成就，才能自民人的群眾意義中脫穎而出，創造屬於自己的人格價值而別於群眾民人，〔註199〕如此，人才能體現其道德主體性，共同為道服務而不只是政

〔註195〕《荀子》・〈樂論〉，仝上，頁281。
〔註196〕《荀子》・〈正名〉，仝上，頁326～327。
〔註197〕《荀子》・〈解蔽〉，仝上，頁304～305。
〔註198〕《荀子》・〈勸學〉，仝上，頁3。
〔註199〕民人指稱大眾，是含有卑屈意義的，可參考春秋穀梁傳，卷五，莊公十七年傳，頁37。又《春秋公羊傳》，卷二，隱公四年傳，頁13。這樣的群眾地位因為可影響政治而受到注重，可參考杜正勝，周代城邦第二章之二，古代社會中的堅——國與國人，頁29～45。及張蔭麟，《中國上古史綱》，頁56。但是却不見得有道德自覺，故人就是國而不必有德，參考《春秋公羊傳》莊

治工具價值而已。

然則,養義理人命的資料是什麼?即守仁行義之仁義和禮樂之統,管乎人心之禮樂。〔註200〕當然,在儒家而言乃一貫主張性情欲望不可廢棄,當為人性發展的基本條件,故天生之命即使再不美好,亦皆可發展出道德的美善。這樣的義理人命的實現必須在師法及聖王學問之指引下,前行素修才能造成如數之一二般順暢;〔註201〕其次,要不能休息。內體生命會死亡,君子以為「息」,小人則「休」矣!〔註202〕人在形體被埋後,其神尚在,〔註203〕神是祭時的交通媒介,生前死後皆有神,它也是一種氣,〔註204〕是變化的基礎可善可惡,其主是心,因此,養心之成敗不但影響生前之人命,同時也會影響整個生存宇宙的能否化成為人文道德的宇宙。人若能皆積善成德造就神明的義理人命,則宇宙就日積月累了更多義理善氣,而參與陰陽大化的工作,如此,經由人文的反哺自然,不但人美善了,連宇宙整體也不斷地進化而脫胎換骨呢?

三、天人關係之二 —— 則天假物

人除了與天地之間有「生」的聯繫外,〔註205〕由於個別只是宇宙本體之一分,因此,都不是具足的,天以生而不辨,不辨治乃其不足處。那麼,按荀子「不足於中,需求於外」的原理來看,〔註206〕天是必須人這一分之「知

公二十四年注,頁52。顯然,儒家有解放並提昇政治人到道德主體的企圖,見《荀子·王制》篇論、禮義與庶人之關係可知一班(頁97～87)。

〔註200〕具見《荀子》·〈不苟〉,仝上,頁27:〈樂論〉,頁286。

〔註201〕《荀子》·〈議兵〉,仝上,頁206,前行素修指修行仁義。

〔註202〕《荀子》·〈大略〉,子貢問孔子「賜倦於學」一段,仝上,頁382～383。此即周書,泰誓,周公曰「雖休勿休」之義,見孫星衍,《尚書今古文注疏》,頁199。

〔註203〕《荀子》·〈禮論〉,仝上,頁274。

〔註204〕《禮記鄭注》,〈祭義第二十四〉,子曰「何神明之交」及「以其慌忽以與神明交」,頁161;頁162。又說「氣也者,神之盛也」,頁163。這樣的神氣是宇中萬物及生人之屬進化至於真善美的基礎。李震先生說氣似指限定物本質的理,而非只限制個別物(見中外形上學比較研究(上),頁177),可為參考。總之,理氣與神明乃是天人萬物能相通且企向神明境界的保證。

〔註205〕此生的關係當指人得天地之中以生的先天關係及人生後,天地四時日月水火之合作而造成的適合攝食與繁衍的生態環境。人由此而騂會出公道無私和孤獨不長,必須分工合作不專不擅如日月代明一般。

〔註206〕《荀子》·〈性惡〉,仝上,頁333。

與義」來補其不足的；而人自然也有其相對於天之不足處，如「公」與「常」等等皆是，人由天之行事取得可以補不足者而完成與天之第二種關係，像這種思想其實各家皆有，只是所取則於天者可以有些差異，在此，僅就荀子思想中較重要者舉出說明。

1. 敬天而道

誠 —— 荀子以爲天地之生化不物其功績厥偉，其所有之日月代興構成了最大的聲名，〔註207〕人要參天地第一步就是由天地的成就去了解其原因，那就是「天地爲大矣！不誠則不能化萬物」。〔註208〕聖人有知，以人之不足者需求自天而了解天地之偉大在於「誠」，這個「誠」，吾人以爲乃自道本身而來，天亦是「至其誠者」而已，這樣的至其誠乃「善之爲道」的原理，可謂道體就是誠，是其爲善的原因，天人以道分而有此誠，才能各自成就其大功績。君子能知故亦以「誠」爲守，由於人心爲形神主宰，所以，處於「獨」立，「獨」一的自主地位，把誠作爲人心的第一個行爲原則，而與天並「致誠」於道。

愼獨 —— 人有獨立自主性，此爲道德價值之根基，但是人生而小人，不免於天生偏私之病，而阻障道德發展。因此，心在誠之外，又體察天之「兼愛無遺」、〔註209〕天之「弘覆」〔註210〕才能有大功名，故人在「誠」之外，害怕「偏生傷」，〔註211〕蓋偏私者雖然「誠心求正」，但是難免蔽於一曲，而失去正求。〔註212〕因此，要「立貴道，白貴名，以惠天下」就「不可以獨也」，〔註213〕人心由於居於獨立獨一之位與人君一樣不能講獨。因爲，獨會偏私則造成人我兩傷，此人之不足而必法則於天以補足之，故人心致誠但是必須學天之大公無私與其日月宣明代明之美德。在〈正論篇〉講「主道」之「宣明」「端誠」「公正」，〔註214〕乃是法則天地之「明德」，以「明」來補救「獨」的

〔註207〕《荀子》·〈王制〉，仝上，頁 151。
〔註208〕《荀子》·〈不苟〉，仝上，頁 28。
〔註209〕《荀子》·〈王制〉，仝上，頁 98。
〔註210〕《荀子》·〈富國〉，仝上，頁 120，引康誥曰。
〔註211〕《荀子》·〈不苟〉，仝上，頁 30。
〔註212〕《荀子》·〈解蔽〉，仝上，頁 290～291。因此，雖說「誠信如神」（致士，頁 190），可是誠心的原則不對，也可能變成「賊如神」（非十二子，頁 62）；或者誠於玩物也可能「酒亂其神」（解蔽，頁 305）。
〔註213〕《荀子》·〈君道〉，仝上，頁 174。
〔註214〕《柬釋》·〈正論〉，頁 237。

弊端，〔註215〕此即「不誠則不獨」的必要條件，否則人心雖誠而獨，則「道義」不顯矣！按之荀子的「從道」與「從君」原理，唯一能誠而又獨者只有天人之上的「道」自身而已，人要企向道就必須知道行道不已。

　　天德 —— 有了誠與道和天地相通；又以天之明德補人道之偏傷不足，確立了主導行為的基本原理。接著，體察天地如何致其誠，發現致其誠者在「有常」，此見得「常」的觀念不必即自他子來，以常致其誠才能使天地變化成其盛德大業，變化代興稱為「天德」，此即繫辭傳之「天地之大德曰生，聖人之大寶曰位，何以守位曰仁」，〔註216〕仁乃是誠心慎獨以行事，要法則天地之「生」德的事業原理，也是成就目標。單獨的說，仁則形，形則神，至此而言，仁是使形具神生，亦即使萬物有形神的原因，亦即成就天功的原因，故天論稱此為「神」，〔註217〕這是「化」的主因，荀子說「神莫大於化道」，又說「存神過化」，故單獨言「仁」就表示一方面它是靜的「神」，另方面是動的「化」，若以化之居於最後，那就是以「化道」來總賅動靜兩面，吾人亦可看到「仁」與「道」的類似處，故「道」亦可看成兼具「神體」和「化性」，一常一變。這與易繫辭之：

　　　　範圍天地而不過，曲成萬物而不遺。〔註218〕

　　　　窮神知化，德之盛也。〔註219〕

可以相通，故從完成德業而言，可以「化」總括其過程，人法則天地之大德乃先以「仁」為守，也就是先以「生生」和天地相通，也作為人生之最高準則。但是天地生而不辨，人而有知，且人要治理美化天地。因此，天地可以日月、陰陽自然變化，人卻不可以，人必須要辨，辨者分也，亦即要分辨彼此，使能接應曲當而產生變，變者「化而裁之謂之變」，〔註220〕人以其「義」的能力來行為，乃是要進行對人及萬物的另一種「生生」的變化任務，這有別於天地自然之化生，而是對人物之加工使其在自然生命外，加上另一種道德生命或理知生命，使這樣的生命能發生的原理就是「義」，雖則取法於日月

〔註215〕明是日月辭讓不爭而代興，若日專則焦土蔽草，彌獨陽不長；若月專則闇暗閉塞，彌孤陰不生。所以，日月代明才能生生不息。

〔註216〕《周易王韓注》，〈繫辭下〉第八，頁51（一）。

〔註217〕《荀子》·〈天論〉，仝上，頁228。

〔註218〕仝216，〈繫辭上〉第七，頁47（四）。

〔註219〕仝216，〈繫辭下〉第八，頁53（四）。

〔註220〕仝216，〈繫辭上〉第七，頁50（十）。

之明，實際上是以「禮義」爲之，〔註221〕是人對應於天之有時，地之有財的人之「治方」，故人爲的「變」是以禮義來行變的工作，亦即以禮義來行化裁的工作，是改造、治理並創造新的義理生命的工作。

因此，雖是守仁，此仁已經不是因襲天地之自然生生，而是在自然生命上，以人之有義的能力對自然生命進行裁化的行爲，由此種義變而成仁化，由仁化而義變，在形式上如同天地化生，日月代明一樣。此爲人類至誠愼獨的變化二元素，與天之日月、地之水火之自然變化元素大不相同，仁可與天地之生德通，故人與天地仍連續，而以義加工，此爲天地所無者，人以此與天地參而建立人道。

天常——人以行義而建立人道之常體、大分、道術，如同天行有常，但是由於皆爲道之一體，因此，人體會到天常之大公、乾健、有恒，故要爲之不舍，行之不已，不爲富貴窮通而忘乎人道，〔註222〕但是又見天常之有失常，乃有物之怪變，〔註223〕故人在不怠之餘，亦知「事至無悔」可已，至於「成不可必也」。〔註224〕然而，又因體天雖失常，終必反常，所以，對人道失常離經，亦懷抱「千歲必反」的信心，故不怨天尤人，而能坦蕩蕩地保持內心的平愉和快樂。這是自孔子以來的走出憂患的樂道精神。

天數——所謂天數是指人由天地變化中體察出其能二元和一產生大利的原因，那就是「有天有地而上下有差」的事實，這表示「兩貴不能相事，兩賤不能相使」的道理，〔註225〕爲了人道能與天地同理，萬世同久，形成連繫而對應的宇宙全體。所以，在宇中分出人與萬物；在人道中分出君子與小人，以至於君臣父子兄弟夫婦等倫理，其目的在於各盡所能，分工合作，以產生更大之利益，故稱這種法則天數之「義分」乃爲「天下之本利也」，其終極目的是「將以明仁之文，通仁之順也」，〔註226〕人之所是、所得，所利才會「誠美」「誠大」「誠利」，〔註227〕由此亦印證行義與守仁以至其誠的原理。

〔註221〕《荀子》·〈天論〉，仝上，頁233。
〔註222〕《荀子》·〈修身〉，仝上，頁15。
〔註223〕《荀子》·〈天論〉，仝上，頁231。
〔註224〕《荀子》·〈議兵〉，仝上，頁201。《周易王韓注》，〈繫辭上〉「悔吝者，憂虞之象也」（頁46）可見儒家是不憂不懼的，以其對常道之信心，知明至此，無失得之心也。
〔註225〕《荀子》·〈王制〉，仝上，頁108。
〔註226〕《荀子》·〈富國〉，仝上，頁122。
〔註227〕《荀子》，仝上，頁123。

由以上之舉例，吾人可知天人之連繫在「生」，但一爲自然之生，一爲仁義之生；仁義之生德含有義理成分，小自自化本性使長遷不反其初，大至理天地、總萬物，〔註228〕這是人法則天之外又脩人道以回應天而「致誠」於道的表現，那不是要與天分離，而是與天「和一」、「並參」。其間之差異在於天「不爲」、「不求」，人必須「爲」必須「求」；天可以不慮，人而必須「知其所爲，知其所不爲」。〔註229〕人道之作爲原則基本上就是合而爲道的「仁義禮」，此三者吾人簡稱爲人道系統，另章論之。

2. 假物比德

人從天地本身之行爲取法之外，尙可以自宇中萬物汲取一些美德，以人原本與萬物生命相通之故，所以，《荀子》書中，也保留了詩書以來的類比於物以法象取德，用爲學習或警示或文飾人身，以使人能更盡美盡善的思想表現。此蓋不勝枚舉，吾人可以〈勸學篇〉之「君子生非異也，善假於物也」，稱爲「假物」，即假借萬物爲用也，其目的在「積善成德」。試舉例言之：

> 學不可已——以木受繩則直，金就礪則利，明其可以化性不反其初。
> 學問之大——如登高山如臨深谿，才知天高地厚爲比。
> 學之作用——如登高博見；順風而呼。〔註230〕

其它甚多，都是借物比德以助人學習，可見假物比德是借著人生輕易可經驗之自然物及表象或人之作爲而爲比喻，以興起動機並有具體經驗以助其了解和實踐，吾人可說這是進德修業的初級方法。

又如〈榮辱篇〉以言比利劍；猶虒比勇；〔註231〕川淵、山林比國；〔註232〕以一體四肢從心比政教之極；〔註233〕以身體行動一心一德比仁人之兵；〔註234〕又如樂論之比物飾節，乃取用鐘鼓道志，琴瑟樂心；鼓似天、鐘似地，〔註235〕此又一比再比；更完整高級者如〈賦篇〉之說物理；宥坐篇之宥坐之器，同篇之觀水所見；〔註236〕法行篇之以玉比德，〔註237〕可謂天下萬物無不可爲人所假

〔註228〕《荀子》·〈王制〉，全上，頁107。
〔註229〕《荀子》·〈天論〉，全上，頁227；頁229。
〔註230〕以上〈勸學篇〉者俱見《柬釋》，頁1～4。
〔註231〕《荀子》·〈榮辱〉，全上，頁32和頁35。
〔註232〕《荀子》·〈致士〉，頁189。
〔註233〕《荀子》·〈君道〉，全上，頁171。
〔註234〕《荀子》·〈議兵〉，全上，頁195。
〔註235〕《荀子》，全上，頁285；頁287。
〔註236〕《荀子》·〈宥坐〉，全上，頁389；頁393。

借以比德或作反面教材者，由此益見學之重要而方便。

四、天人關係之三 ── 從道不從天

　　荀子的天人關係，吾人可於此作一總結。

　　自道觀之，天人之分必有一能分者，如同人之能爲宇宙中萬物生人之屬而分，道就是能分者；人而有知義能明此天人之分，故人知天（地）有其職守；人與天地間萬物亦有一職守；此爲道所規定之義務。

　　就義分之任務內容言，天人有差異性；就義務本身言，天人是平等的，此爲義分之基本原理。

　　就天而言，其義分是生養及示範作用；人因著被生而與天地萬物具要順承天，奉天時，以使生命自然地存在下去，這可稱爲順命安樂，〔註238〕只有面對道時，人可以死可以不死，那是爲了維持道義之不墜，道義乃爲天人之共同行爲準則，天不從人，人亦不從天，人在生養上順承天，此爲可從；天又在示範上通過自然規律展示道義，如天地之對人及日月之對人一律平等，反之，人人仰天而一決於天。因此，察知有一天人之上的仲裁者；而天人亦應平等，在變化不息上，又示以日月代明，各自不專擅極權，乃能成功變化生生的功業。

　　人由天所示之大公無私，反體人人亦平等、自主；又以天之帶領地而成變化，人乃以之而帶領宇中變化；天示以日月不專而代，其中有辭讓不爭之美德，因此，人而不專制天地萬物而以代工、辭讓之義來對待天。

　　所以，人在生養上要順天命，在美德上要敬天，人在義務上却要接續天之工作之「終」，而另起以終而始的任務，如此，才使「義分」有意義，也使道義有威信，否則只有從之，而却不能明「不從」之義了。由此，人乃能稱爲道之工宰，否則人直專擅道權，如同冢宰之專擅天王之權或者是廢弛守道之職了。

　　孔子說「君子義以爲上」，〔註239〕「君子義之與比也」，〔註240〕又說『隱居以求其志，行義以達其道』吾聞其語矣！未見其人也！〔註241〕果然，修道

〔註237〕《荀子》·〈法行〉，仝上，頁403。
〔註238〕《荀子》·〈王制〉，仝上，頁111，「以時順修，使百姓順命安樂處鄉。」
〔註239〕《論語》·〈陽貨〉，子路曰：「君子尚勇乎？」見《新譯四書讀本》，頁225。
〔註240〕《論語》·〈里仁〉，仝上，頁81。
〔註241〕《論語》·〈季氏〉，仝上，頁213。

行義是何等難能可貴的志業啊！

那麼，人之順天命、奉天時，敬天而道，畏義而節，以至於理天地的結果，如何使回報於天，復命於道呢？曰：禮。禮者「上事天，下事地，尊先祖而隆君師。」，〔註242〕此即禮有五經，以祭為重之祭也。〔註243〕人以禮物祭天，其意為何？

（１）禮尚往來，人以「從義」的結果報答於天，此天人之間以禮往來也，荀子重禮，必知來而不往云非禮也。〔註244〕

（２）最虔誠之致敬非物質及精神，人以化性（天來生的）之結果，通過神之志意思慕而把化性之結果回報給天（此人往者，乃形成禮之往來），其中神本為天生人時即有，如今又以神上通於天，故此神實乃人性變化之原因與結果，故能以之為報禮之使節。

（３）若以（２）言之，則人人皆可視為天子（平等也），〔註245〕人人皆可以祭天，進行天人相接、相交際的行為。〔註246〕天以誠示人，荀子亦說「致誠無它事焉」，「誠者，君子之所守也」，〔註247〕何謂也？蓋「君子之祭，躬親之致其中心之誠，盡敬潔之道，以接至尊，故鬼神享之，享之如此，乃可謂之能祭」。〔註248〕人以自身之變化之成果以與天交接，此亦不過體道行義而已！

因此，荀子之人對天的關係，可以易之乾坤辭總結：

乾之象曰：大哉乾元，萬物資始，乃統天！

坤之象曰：至哉坤元，萬物資生，乃順承天！〔註249〕

人對天以順承，敬則而「從之」；又以神化及結果統天而「不從之」，此所謂「審從不從之義也。」，〔註250〕因此，熊十力先生以為荀卿乃是根據易經的「統

〔註242〕《荀子》・〈禮論〉，仝上，頁260。

〔註243〕《禮記》・〈祭統第二十五〉，頁167。

〔註244〕《禮記》・〈曲禮上〉第一，頁3。

〔註245〕孫星衍，《尚書今古文注疏》，卷十八，召誥第十八，「嗚呼，皇天上帝，改厥元子」，注引鄭康成曰「言首子者，凡人皆云天子之子，天子為之首耳」，頁293。

〔註246〕若人皆有天子義，則人人可以郊祭，則天人相與交接之意，見春秋穀梁傳，僖公三十一年夏四月卜郊傳注，頁70。

〔註247〕《荀子》・〈不苟〉，仝上，頁27～28。

〔註248〕董仲舒，《春秋繁露》，卷十六，祭義第七十六，頁7。

〔註249〕《周易王韓注》，頁3及頁5。

〔註250〕《荀子》・〈子道〉，魯哀公問於孔子曰，仝上，頁398。

天之義」作天論，〔註251〕此然也。但是不可因此而認定其廢天帝，如此只見得荀子之統天而不見其順敬天，由此，必不得荀卿之眞正道義思想。所以，才會認爲「荀子雖有革命思想，然終不曾攻擊君主制度，是小康之通儒，可惜不見大道。」〔註252〕其實這是以漢後政治發展的觀點看《荀子》，而不知士志於道不屈於勢正可發展爲議而不治的議會政治之道理，而且荀子之考聖王乃包含三代之英到周公孔子，實即包含大同與小康也。

　　吾人可借方東美先生論老莊之「道用」來作結論。道用者，「蓋道一方面收斂之，隱然潛存於「無」之超越界，退藏於本體界玄之又玄，不可致詰之玄境，而發散之則彌貫宇宙天地萬有。茲所謂有界者，實乃道之顯用而呈現之現象界也，故可自道而觀察得知。〔是謂之「以道觀盡」〕〔註253〕那麼，也可說，天人構成的自然生化與人文化成交互融攝的現象，實乃道體神性之顯現，因爲，人除了「積善成德」，使自己「化性以通於神明，參於天地外」；〔註254〕同時更以使「天之所覆，地之所載，莫不盡其美致其用」之「大神」效果來相應天地生養萬物的「神」妙事功，〔註255〕如此宇宙也就在天人俱神的情況下，長遷於治善神境而不反其初之本始質朴了。

〔註251〕熊十力，乾坤衍，頁 72。
〔註252〕熊十力，仝上，頁 89。
〔註253〕方東美，中國哲學之精神及其發展，頁 175。
〔註254〕具見《荀子》·〈勸學〉，仝上，頁 2 及〈性惡〉，頁 338。
〔註255〕具見《荀子》·〈王制〉，仝上，頁 107 及〈天論〉，頁 227～228。

第五章　人道統論

　　上來吾人了解了「道」爲萬有根源，就其體常而盡變言，那是俱處一於道自身而顯見給人類的特性，也是人類認知的和實踐的最高原理。就人類所能認識的道之實現言，「大體上仍可分別爲兩大類，即人道和天道」，〔註1〕天道在荀子而言可代表道之體常一面，人道偏於知當曲直，以義變應屈伸的道之盡變一面；無天道則人不生且無所依附，無人道以變應曲治則無推陳出新以圓成道之顯現的可能；天人雖各行其道但却以其德在生成交涉上，往來感應。因此得知，天人在行事系統上是道之一體，如人之五官相屬故稱體同；而此行事之相連屬，實際是同處於道中，如人物俱集合在室內，故稱合同；以其各有主體性而能以各自所獨得之德相感應交涉，〔註2〕故稱類同。由於盡變才能配合體常而圓成道性，亦即墨經之大故才能使見之「體、盡」全見。所以，人之有知義能曲直變應以補天之不足而使道圓成，就顯得特別重要，此爲荀子集中全力於人道理論之緣故，那除了足以表現天人異同，而以人之所長在彌補天之短缺以報天外，同時也是復命於道。

〔註1〕唐蘭，老子時代新考，收在《古史辨》第六冊，頁614。
〔註2〕《荀子》·〈勸學〉說「物類之起……必象其德」，《柬釋》，頁3；《詩經》大雅，烝民說「天生烝民，有物有則；民之秉彝，好是懿德」，朱注《詩經集傳》，頁145。非但民物有各自德則，天地亦有其大德曰生。按莊子，天地篇「形非道不生，生非德不明」及「物得以生謂之德」（見集釋卷五上，頁411：424）以及荀子的「萬物爲道一偏」合併觀之，天地萬物皆共生於道，而各有所得以爲德則，但在道上應可相感通，此種思想匯集於易傳，可能是諸子之共識。

第一節　概　說

　　此處之人道就是聖王賢相在帝王世襲中開創完成的具有歷史性和人間性的道統和人倫世界，〔註3〕雖然道統一詞晚出，但是其出於政治歷史殆無疑問，〔註4〕對這樣的政治歷史的反省、理解以找出最好的人道加以宣揚、落實的作法，並非儒家專利，「各家思想雖然有不同的色彩與精神，可以斷言的，是大家莫不以道的概念爲中心或起點，然後朝不同的方向發展。」〔註5〕主要原因是政治史觀的差異，如老子的「失道而後德……夫禮者，忠信之薄而亂之首」及「大道廢有仁義……」〔註6〕又莊子也把儒家重視的禮稱爲「道之華」，並把仁義居於道德之下，大倡「攘棄仁義」〔註7〕的論調，到處可見；學者乃稱之爲「退化史觀」。〔註8〕道家反對儒墨的仁義道德，而墨家背周向夏反儒之重禮，但亦以仁義爲本，〔註9〕雖則其墨經上亦排列有仁義禮與忠信。〔註10〕道墨皆批儒而要超越儒以爭道統，法家何其不然，商君書說「德生於力，聖君獨有之，故能述仁義於天下」〔註11〕其道德仁義全是政治功利觀，〔註12〕可稱爲「力知循環論」。〔註13〕此外，又有新興的鄒衍五德終始說，〔註14〕雖然「其歸必本乎仁義節儉」，但是，其「序今以上至黃帝」〔註15〕却與申韓一樣，〔註16〕到底有沒有

〔註3〕　參考錢穆，《中國文化演進之三大進程及其未來之演進》，文藝復興月刊，一四三期；及余英時，《中國知識階層史論》古代篇，頁54～55。

〔註4〕　至國父　孫中山先生尚提及其思想淵源於堯舜禹湯，文武周公之道；又「道統」可能始見於宋人李元綱之「聖門事業圖」之第一圖「道統相傳圖」，但是始於易傳之伏羲，此與先秦儒之起於堯舜者不同。參考馬起華，三民主義政治學，頁53。

〔註5〕　李震，中西形上學比較研究，上冊，頁101。

〔註6〕　余培林譯，老子讀本，三十八章，頁69及十八章，頁43。

〔註7〕　郭慶藩輯，《莊子集釋》卷七下，知北遊二十二，頁731；卷四下，在宥十一，頁398；卷四中，胠篋十，頁353。

〔註8〕　張起鈞，道家思想源流上，文藝復興月刊，一五〇期，頁2。

〔註9〕　見孫詒讓，墨子閒詁卷四，兼愛中下「子墨子言曰：仁人之所以爲事者」，頁67、74；天志上之「天志」乃以天志中之「本察仁義之本」爲其法度（頁127、頁128～129）但顯然人統於天。

〔註10〕　仝9，卷十經上，頁196～197。

〔註11〕　《商君書》，卷三，〈靳令第十三〉，頁12。

〔註12〕　《韓子淺解》，第十二篇，解老「道也者，生於所以有國之術」，頁151。又參考商君書，卷一更法第一，頁1～2。

〔註13〕　《商君書》，卷二，〈開塞第七〉，頁11。

〔註14〕　可參考顧頡剛編著，《古史辨》第五冊下篇；及王夢鷗，《鄒衍遺說考》。

〔註15〕　《史記》，卷七十四，頁939。

與老莊一起「絀儒學」「詆孔子之徒」〔註17〕不得而知，但是既上溯至黃帝又歸本仁義節儉，可算是綜合了老莊、儒墨的部份思想，而縮於陰陽五行之下，他的綜合可比擬《荀子》，但旨趣不類，雖漢後可謂最得勢力的一派，或因此而使孔、孟、荀思想不能正大光明的發展，宜乎荀子有先見之明而在非十二子中特別嚴厲批評之，此事值得吾人特別注意。

由上述可略知，若把鄒衍除外，老莊申韓祖述黃帝而以道德說來攻擊並超越儒墨之仁義；〔註18〕而墨子又在反禮一點與道法立場相同，並攻儒家之仁義禮樂，儒家之困境由此可見一斑。要之，衍若兼採道、墨之長且在漢後得勢來看，孔孟荀開展的儒學正統註定要千古晦冥了。

儒家的道統源於前章提及之《禮記》禮運篇的三代大同和六君子小康之政統並期望開創一理想的聖王世界，說是總成於《荀子》，實不爲過。儒家政統起於堯舜，如《論語》的「堯曰……舜亦以命禹」；孟子的「我非堯舜之道，不敢陳於王前」；荀子的「道聖王，堯舜尚賢身辭讓」；至於《中庸》的「祖述堯舜，憲章文武」即是。〔註19〕從中抽繹出的道統是由仁義禮所構成，《荀子》〈大略〉說：

> 君子處仁以義，然後仁也；行義以禮，然後義也；制禮反本成末，
>
> 然後禮也；三者皆通，然後道也。〔註20〕

其中，禮較與政治制度有關，故視爲仁義之政治實踐而三者可以仁義約言之，表示其超出政制之外乃能顯示道統之人倫價值優於政治勢位；〔註21〕若就三者源流看，仁又似道可爲人道的總稱。

先儒時期，尙以人屬天，〔註22〕至孔子而建立人命之道德主體性而與天地並參，經孟子到《荀子》，一方面有限度的吸收老莊的道之形上思想，一方

〔註16〕《史記》，卷六三，老莊申韓〈列傳〉，頁860。

〔註17〕仝16，頁859。

〔註18〕《莊子集釋》，人間世以言仁義繩墨者爲「菑人」，頁136；〈在宥篇〉說「昔者黃帝始以仁義攖人心」，頁373。

〔註19〕除荀子者見成相，《柬釋》，頁350外。《論語》，堯曰第二十；《孟子》·〈公孫丑下〉；《中庸》三十章，並見《新譯四書讀本》，頁241，305，46。

〔註20〕《荀子》·〈大略〉，《柬釋》，頁368。

〔註21〕如《荀子》·〈榮辱〉說「仁義德行，常安之術也」，頁39。《禮記鄭注》，〈曲禮上〉說「道德仁義，非禮不成」，頁3。韓愈，原道開宗即言仁義，收於姚鼐，古文辭類纂注，頁14。

〔註22〕參考魏元珪，從中國哲學之特質論其發展方向，刊在輔大哲研所出版之哲學論集九期，頁59。

面以殺詩書來表示厭棄鬼神賞罰的天，〔註23〕建立了儒家的道的思想，並為天人定位，確定人道以人文化成之盡變來共天圓成道之實現，而找到志業所在和實踐路線。就整體言，儒家的人道包含聖王的人倫和政治兩線；就理論言，自仁開展成仁義禮的源流；就實踐言乃自人心和性下手，以使道德主體性顯現，轉自然天命為義理人命，如此才能稱得上「自得」，〔註24〕人類的價值才能有個本源根基。

　　吾人於本章先討論仁義禮，於下章再簡述僞性養心的實踐路線以為結束。未討論前，再以荀子的兩段文字作為以下之張本，並證明荀子不離孔孟主流，那就是〈儒效篇〉的：

　　　　先王之道，仁之隆也，比中而行之，曷謂中？曰：禮義是也。〔註25〕

以及〈勸學篇〉的：

　　　　原先王，本仁義，則禮正其經緯蹊徑也。〔註26〕

荀子仍以「仁」這個由孔子首倡的使「生命相連、調協、互助」〔註27〕開始，然後宣揚「法先王，統禮義，一制度」，〔註28〕理論與實踐並重的思想，稱為大儒不為過。

第二節　仁

一、引　言

　　學者以為仁有廣狹二義，〔註29〕如荀子說仁人之質就包含了忠信端愨禮義在內，〔註30〕若以湯武為仁人典型，實際上已達某種程度的聖王境界，所謂「粹而王」，粹是指「全之盡之」，美善俱在者，〔註31〕所以能「致忠信，箸仁義」「明

〔註23〕參閱項退結，荀子在中國哲學中的關鍵地位（中），《哲學與文化》，九卷十一期，頁38。

〔註24〕《孟子》·〈離婁下〉，「君子深造之以道，欲其自得之也」，全上，頁388。《荀子·勸學》，「積善成德，神明自德，聖心備焉」，全上，頁4。

〔註25〕《荀子》·〈儒效〉，全上，頁79。

〔註26〕《荀子》·〈勸學〉，全上，頁8。

〔註27〕羅光，儒家生命哲學的形上和精神意義，收在儒家哲學的體系，頁98～103。

〔註28〕全25，頁91。

〔註29〕參考李震，全5，頁394。

〔註30〕《荀子》·〈臣道〉，全上，頁185～186。

〔註31〕《荀子》·〈王霸〉，全上，頁145；勸學，頁10。

禮義，致忠信」，〔註32〕其所以道人者是「禮義辭讓忠信」。〔註33〕可見仁可總括眾德，有時而仁義或仁知且不蔽並連，似又有其狹義，吾人以為折衷地說，仁在仁義禮系統上居於首位如同道有根源義，故對它的描述也與描述道的存有特性一樣，前已述及，在實踐上就有了分殊義，不過，不管廣狹義，或指稱人事狀態，它總是一個觀念，一個名詞，名以指實，唯其實可能似道，所以，只有從多方面去理解它。因此，吾人仍循一般方法來討論仁。

二、仁的字義及引申義

說文曰「仁，親也，從人二」，〔註34〕段注引《禮記》，《中庸》「仁者人也，親親為大」，鄭注「人也，讀如相人偶之人」，〔註35〕又表記「仁者，右也……仁者人也」，鄭注「右也左也，言相須而成也，人也，謂施以人恩也」。〔註36〕則「相人」之相似指行禮時的人，如成相篇的瞽相之相，謂一人不足以成相，須人相助以成，〔註37〕或者如舂穀出米的兩個人。〔註38〕而偶若與耦通，則「二伐為耦」，「如長沮桀溺耦而耕此兩人併發之證，凡人耦之稱，俗借偶」，〔註39〕亦是合作以成事。又「右」若與友、有、侑、宥相通，可能表示助祭分肉，〔註40〕則與鄭注之施恩可通。那麼，仁原代表同類互助合作，兼利分享，其中的二而一，一而二之義隱含在。梁任公引申之為「人也者，彼通我而始得名也，彼我通，斯為仁」，其中表現了「同類意識」。〔註41〕仁的相通結合為一可以小自人身上形神合為一體而統之於心，形神合一為生，分離則亡，稱為不仁。情形有肉體之死與道德生命之死兩種，後者為儒家較重視者，《論語·八佾》說：

　　人而不仁，如禮何？人而不仁，如樂何？〔註42〕

〔註32〕《荀子》·〈王霸〉，仝上，頁149；頁157。
〔註33〕《荀子》·〈議兵〉，仝上，頁219。
〔註34〕段玉裁，《說文解字注》，頁369，八上，一。
〔註35〕《禮記鄭注》，卷十六，頁186。
〔註36〕仝35，卷十七，頁191。
〔註37〕見《周禮鄭注》，頁126上。
〔註38〕參考《荀子》·〈成相〉，仝上，頁347，篇名注。雖指音聲相勸，實則是兩人為之。
〔註39〕仝34，頁186，四下，五三。
〔註40〕參考李玄伯，家邦通論，收在《中國上古史論文選集》，下冊，頁948～949。
〔註41〕梁啟超，《先秦政治思想史》，頁68。
〔註42〕《論語》·〈八佾〉，仝上，頁69。

禮樂無法管乎人心就是不仁了。擴大言之，形神體同不可不仁；人物類同（氣）不可不仁；天人合同更不可不仁，否則道幾分崩離析矣！由此可見仁的道德意義之廣大。由於仁統攝禮樂爲善德之首位，《荀子》，〈大略〉說：

> 仁義禮，善之於人也。〔註43〕

因此，不仁則義與禮無頭緒，無法結合而圓滿善行。不仁表示「二」之無法合一相助親比，形能自形能，神明自神明，荀子在〈正名篇〉提到心與官能各有其司，但又相牽引，其合一必須以「形之君」來作主人，若君臣分離非但各自專利，嚴重的是，內在的心神必然被專權的官能蒙蔽而牽引則心不固而傾，非但不能決麤理，〔註44〕善將不固不行矣！所以，不仁的道德問題相當受到儒家重視，不仁則情欲爲主，人爲物役了，人還能平愉無憂無慮嗎？人道不行，道豈不缺憾嗎？

由上述不仁之道德義，吾人再引申到「二」的另一個意義，即此「二」的「位」的問題。

吾人先借易〈繫辭下〉的話作引子：

> 聖人之大寶曰位，何以守位，曰仁。〔註45〕

仁以守位，何謂也？位在易有六，即「六位時成」〔註46〕之六位。然而，又說：

> 二與四同功而異位，其善不同，二多譽，四多懼，近也。……三與
> 五同功而異位，三多凶，五多功，貴賤等也。〔註47〕

唯初上無論位。王弼以爲「是事之終始，无陰陽定位也。」，〔註48〕吾人且以聖人之大寶由仁守之來說。初上之不論，乃因爲「仁」涵蓋了六位，初指「初生」，從初生言，人人相同，皆小人也；〔註49〕至於最上則進德脩業已成聖，則聖豈有異乎？此就善惡及道德之貴賤言，上下位皆平等故無差異而無班列之位可言。若就功業言，初者皆民，所謂一君二民，君子之道也，〔註50〕民

〔註43〕《荀子》·〈大略〉，全上，頁385。

〔註44〕《荀子》·〈解蔽〉，全上，頁302。

〔註45〕《周易王韓注》，繫辭傳下，頁51。位原指中庭左右之臣位。如尚書，盤庚「由乃在位，以常舊服正法度」（屈萬里，《尚書釋義》，頁72），舊指共政有位者。在此指政治外人倫聖位。

〔註46〕仝45，乾象，頁3。

〔註47〕仝45，頁55。

〔註48〕仝45，卷十，辯位，頁65。

〔註49〕《荀子》，〈榮辱〉，全上，「人之生固小人也」，頁40。

〔註50〕仝45，頁52。

皆同而稱民眾，無王之人命爵位，君至高無匹亦可以不論位，不過這樣的說法不太有仁的味道。還是以初生之仁及生生成仁來說明人之由無位到不必有位，由小人而到聖人，那麼，其二至五的位就是道德的進階了。

在道德進階中，同時代表人由初生在成長中的差異，因而各有不同的成就和功能，此時，人必須以仁之親比來相對待，各盡所能相交接。如此，才能群居和一而多力兼利，亦即各有分位但是以「仁」來互相參與，互相提攜，在合作交接中完成人為的平等。如此，舉凡生之小人至於上之君主雖不同位但是皆在「仁」的守位下，相親相愛，成就和而不同的仁愛世界。如此，由始生到終生，生生不息且不斷向上推進，此聖人以仁守位之義也，而要能達此目標，必須荀子所謂之「誠心守仁」〔註51〕才得以成。

孔子說：「不患無位，患所以立。」〔註52〕易之乾卦文言說「貴而无位」，雖云「動以有悔」，但是「乾元用九天下治」〔註53〕苟能進德脩業，雖在下位亦何憂也。假如把位安在人心，人人皆有位，而皆以仁守之，則天下豈能不治嗎？

三、實義面相

為了對仁的實義更加了解，我們必須借著古人古籍對仁的記載來認識這理念，當然對仁的記載是從各角度去描述「仁」，故對其實義的掌握必須由描述義下手，在尚未細析之前，我們先引《論語》中的文字來說明對「仁」的了解可從幾方面著眼，先是《論語‧雍也》篇子貢之問，孔子答曰：

夫仁者，已欲立而立人，已欲達而達人。〔註54〕

再者，〈里仁篇〉：

惟仁者，能好人，能惡人。

我未見好仁者，惡不仁者。好仁者，無以尚之，惡不仁者，其為仁矣，不使不仁者加乎其身。〔註55〕

顏淵篇，仲弓問仁：

子曰：出門如見大賓，使民如承大祭；己所不欲，勿施於人。在邦

〔註51〕《荀子》‧〈不苟〉，仝上，頁27。
〔註52〕《論語》‧〈里仁〉，仝上，頁82。
〔註53〕仝45，乾卦文言，頁4。
〔註54〕《論語》‧〈雍也〉，仝上，頁107。
〔註55〕仝52，具見頁79；頁80。

無怨，在家無怨。〔註56〕

〈陽貨篇〉，子張問仁于孔子。子曰：能行五者于天下，爲仁矣！請問之。曰：
恭、寬、信、敏、惠。〔註57〕

就上引諸條，吾人大概可以經由細析而得到對仁之了解的各面相，也可以說是仁之實踐的面相，即「仁」這一名義的結構，由之可作爲對仁之觀念涵義的理解。以下且繪出其結構，並說明之：

1. 仁者與被仁者

仁者有兩個意義，如王者一樣，荀子用「王者」一名也有動靜用法，靜態是指「王」的名詞義，用以與其它如霸者、暴人對比。動態是指行爲，即王者有何行爲條件及表現，它是成爲「王」的原因和效果。那麼，「仁者」一樣也有此等意義。

仁者作爲行爲主體是指仁的條件所依附的主體，已經是完成「仁」，實踐「仁」的主體。這樣的主體當然是「人」或是宗教上的「神」「帝」，就人而言，當然，可以依附在各種不同的角色上，譬如中山先生分出「救人」「救國」「救世」三種仁人；〔註58〕在荀子思想中當然也如此，孔子在《論語》中雖然沒有細分「仁者」種類，不過，對他回答學生的問話中也可見一般，如一般的人，那是士君子；事天，敬神者，可稱爲宗教家；如回答子張之問仁，所答之「五行」，顯然是政治人物。

《孟子》，離婁篇也舉出有「天子、諸候、卿大夫、士庶人」之不仁，這也是仁者的分類。〔註59〕

荀子的思想在人方面大體上就解蔽篇的「兩盡」來看，一爲人倫系統，因此，其仁者可由一般人到士、君子，和聖人，因著道德程度而分級，然而皆可以有「仁」的表現，因爲「仁」是善德首位，其所統攝的次級德甚多，故成就可以不一而且也行之不盡；另一爲政制系統，以王爲最上位，包含人主，君主；次級爲臣，包含卿大夫、官人百吏。〔註60〕這些是「仁者」主體的角色分類，另外的特殊類是當時形成的「知識分子」集團，也就是包含儒家在內的「諸子百家」，由於有家有門，因此，有同門同志的「友」及共尊的

〔註56〕《論語》·〈顏淵〉，仝上，頁158。
〔註57〕《論語》·〈陽貨〉，仝上，頁218。
〔註58〕孫中山，軍人精神教育，《國父全集》第二冊，頁489。
〔註59〕《孟子》·〈離婁上〉，仝上，頁363～364。
〔註60〕《荀子》·〈解蔽〉，仝上，頁307，「盡倫、盡制」。

「師」，這是當時才形成的。所以，各家都可以言「仁」而有師道和友道的思想，此為特殊系統。我們可以說，荀子在「人倫」的分類上比孔孟更學術化些，以仁者人也來說「仁者」也就有更詳細的角色了。因此，人們有以為其仁的理論較少，實際上是把孔子所建立的仁的思想運用在各種角色上，融入各種角色中，其實仁的基本特色並未消失。

　　仁者是主體，當然有被仁者為其客體，實際上那是指「仁」的對象，其對象可以包括相當廣，就荀子思想而言，仁者的客體包括最高的「為道服務」——行道也；〔註61〕脩道行義，〔註62〕那麼這對象是最高尚的；其次，仁者的對象可以是「天地」，所謂「君子理天地」，〔註63〕那是因為天地生君子，君子對天地之生的一種回報，是報恩推恩親比的行為。因為仁由親愛開始，若無感恩、報恩就不會親愛親人，對生自己的主體一種回報，表示一種愛意。所以，君子能體察此理而以「理天地」回報之，天地間盈萬物，理天地就是要幫助萬物修理其本始質樸之性而不放任之，〔註64〕也就是「偽」的工作，使萬物得以更適宜，更有秩序以利共生共存。再者，仁者的角色是人，其對自然也離不開人，從對自己的愛，要美利自己的本性，〔註65〕使自己更完善，更有成就，所以，仁者對自己是以「變化」並「美善」自己為主，故稱「自愛」，再者推及同類，故稱「愛人」。〔註66〕

　　由於萬物的「物」在荀子思想可代表很廣泛的對象，如〈賦篇〉中的物有「禮」「知」「蠶」「雲」「箴」，因此，天地間的一切以及超乎其上的「道」都是「仁」的對象，可見仁之能總攝眾善德的原因了。

2. 仁位在心

　　由於仁是加在人心上的行為，等於是人對自己的加工行為，是人心所遵守的道德規範之第一順位。無論自孔子的「里仁為美」；〔註67〕孟子的「仁，人心

〔註61〕全60，頁304。
〔註62〕《荀子》‧〈王霸〉，全上，頁157，此指湯武之興利除害。
〔註63〕《荀子》‧〈王制〉，全上，頁107。
〔註64〕《荀子》‧〈禮論〉，全上，頁270。
〔註65〕《荀子》‧〈性惡〉，全上，頁331。所謂性善者，就荀子言是「不離其樸而美之，不離其資而利之」。美利之道就是以善之於人的「仁義禮」來變化之，那是心的作為，也是心之所出者。荀子守著性心之分，性者萬物宇中人皆同也，唯心之有知、有義為人獨有者，也是與萬物異者。
〔註66〕《荀子》‧〈子道〉，全上，頁400。
〔註67〕〈里仁〉，全上，頁78。

也」，〔註68〕「仁，人之安宅也」，〔註69〕到荀子的「使仁居守」，〔註70〕「誠心守仁」，〔註71〕都可以看出來，仁指居處，仁所居處的位置就是人類的心，然後使心變成仁心。荀子說，心居中虛而爲天君，當然就管轄了人的形體與神明，既爲君主的地位，必須有其施政的原則和政，也就是說，每個人應該都要爲自己的「心」找到一些基地，所謂安心，以使其心安，在荀子稱爲「佈基」，「設張」，如「人主，仁心設焉」。〔註72〕設張得當才能施行，設張是爲了施行，因此，所設張者要最大的規模，最可實行的計畫，簡言之要可久可大，當然不能脫離現實，越容易下手，規模又最大者最好，仁的表現以愛爲主，以人之親戚血緣爲開始，其流行可從歷史考稽看出，其小自人倫，大至國家政治，無不以親愛爲基始。因此，仁爲儒家重視，以其爲一切行爲實踐和成果的「本根」，無論枝葉多麼茂盛廣被，總不能離開本根的輸水。所以，仁被儒家選來當作「人心」的指導原則，人心所守的是「仁」，仁必不可出，故常居守之，此爲體常與常體，荀子說「扶持心國，若是其固也」，〔註73〕心自成一個國度，國是天下利器，〔註74〕是如剖判出來的初型，〔註75〕尙必須砥礪加工，其加工之器爲禮，實際上，禮是仁之流行最盛的稱謂，本根仍歸於仁。豈不言「克己復禮，天下歸仁」乎？禮用以自律、自約其身，而結果竟能「爲仁」「歸仁」，那麼，由外在行爲，由視、聽、言、動等五官形體之行禮而歸於仁，殊塗同歸；如同五官統於一心，五官行禮以復命於仁心，這樣的說明使「仁」之於「心」的關係再清楚不過了，這是儒家一貫所主張者。

那麼，荀子講以誠心守仁有何意義呢？第一、誠是天道，人以「誠之」來回應天之誠才能算是合於道。天之誠表現其「變化」生物及造生境的「天德」，〔註76〕人既能誠心當然也有變化的效果出現，故稱「誠」是君子之所守，政事之本，〔註77〕人之比德於天之誠爲的是什麼？這必須由誠與獨的關係來說，誠

〔註68〕《孟子》‧〈告子上〉，仝上，頁452。
〔註69〕《孟子》‧〈離婁上〉，仝上，頁370。
〔註70〕《荀子》‧〈大略〉，仝上，頁365。
〔註71〕《荀子》‧〈不苟〉，仝上，頁27。
〔註72〕《荀子》‧〈大略〉，仝上，頁365。
〔註73〕《荀子》‧〈王霸〉，仝上，頁139。
〔註74〕仝73，頁138。
〔註75〕《荀子》‧〈彊國〉，仝上，頁213。
〔註76〕《荀子》‧〈不苟〉，仝上，頁27。
〔註77〕仝76，頁28。

則有物，不誠無物，荀子說，不誠不獨，不獨不形，獨者「專一」「合一」「自主」也，所謂君子結心如一，〔註78〕結合成一才不渙離，〔註79〕故父子若不誠則不親比，不親比豈不離散。同理，人有形體神明，若其心不誠、不獨，不顯現其為君主之地位以結合五官為一體，而任由五官各自為政，人本身豈能不渙散分離，故在君臣的相對地位上，仍必須有主從的順位，心為天君且能知道、合道、體道，宜乎其為第一順位而總管五官，以故，心為了其為道服務之工作，不能不自居於「獨」的地位，以示無匹，但是，實際上卻必須與五官合作分工不專擅自恣，才能完成道所付之責任。心同時是出令者也是執行者之一，地位特殊，若在法家，如韓非就把「獨」看作君主的本身的絕對權力，而且要超越「道」之上。因此，其君主是專利而封閉的、絕對的，同時是出道者，這樣的君主卻可以不要負相對責任了。所以，學者認為荀韓差異，在於前者講君主宣明反獨，後者反是，〔註80〕原因在於有無超越的道之思想與否，差以毫釐，其繆千里。由此，吾人了解了荀子的心為何要先「誠」的原因，乃是為了其獨與道通，在先天的義務上必須為道服務並且要配合五官為道服務，故其獨是為了方法上的專一，是為了領導五官結於「一」，並非為建立自己超然的、絕對的地位，此不可不辨者。

　　第二、為了使心誠而獨不致於如法家走向絕對專制獨裁，必須要有道德原則來規律它、看守它、監視它、指導它，仁作為道德統序的首位，與心之為形神之君主位正相當，把仁安在人心上使其在發號施令上不至於內自擇而必須依於道，則人心有了仁之親愛性，自然不會自絕於五官形能，反而能與之保持親密結合而發揮其「知理」「知道」的本能，以善來指導五官形能，則君主既能以仁為守而為發號施令的政策原則，官能又能以禮義來復命回歸於仁，則本末相濡，其樂融融也！

　　心與官能既能互相融入具依於道，則能產生變化，荀子說能通倫類，一仁義，「全之盡之」，才是真正的學者，其結果是箸乎心，布於四體有了「成人」之美，〔註81〕這樣的變化可以長遷不反其初之本始質樸，因為學天之誠而有了「變化」效果，又以道統為指導原則，則可以變化而企向「道」了。

〔註78〕《荀子》‧〈勸學〉，仝上，頁5。
〔註79〕《荀子》‧〈議兵〉，仝上，頁194，原文是說非仁人之兵會渙散離德。
〔註80〕參考韋政通，荀子與古代哲學，頁201。
〔註81〕《荀子》‧〈勸學〉，仝上，頁10～11。

誠心守仁的化性結果是要成為道德的人，荀子所謂「德道之人」，〔註82〕乃指其心不失正求，德者自得又以德施恩於人，這是誠心守仁的最佳寫照，有了仁心，就能使役其知能使盡於禮，先仁後禮，天施然也，〔註83〕人比德於天，當然也能有此結果。

3. 仁的效果

仁既安位於心，心為人體神明之主，所以，除了能主使自己形體並變化之外，其形體神明之發動亦可及於外。因此，仁者就有了其內、外在效果，但是內外在效果有時實不易分，因為仁有親和力總要外發去施愛，而由於仁者所愛之「物」包含有各種善的物，故外施的內容也是善物。若以荀子而言，人心包含有能受授情欲的心，〔註84〕能知物理的心，〔註85〕能知道體道合於道的心。〔註86〕以故，仁者內在的心至少就包含了三個層面，即為感情方面、知識方面和倫理方面，三者合而為一。荀子在〈修身篇〉說：

> 體恭敬而心忠信，術禮義而情愛人，橫行天下，雖困四夷，人莫不貴。〔註87〕

儒者所貴者知仁行仁也，實際上就包含恭敬、忠信、禮義和愛人。要之，仁者的效果可由以下三點略見一斑：

第一、感情方面，以愛人為主，〈大略篇〉說：

> 仁、愛也，故親。〔註88〕

《論語》，顏淵篇孔子回答樊遲問仁說「愛人」；〔註89〕《孟子》，告子下說「親親仁也」；〔註90〕《禮記》，樂記說「仁以愛之」；〔註91〕墨子，經上說「仁，體愛也」；〔註92〕即莊子，天地篇也說「仁」是「愛人利物」，〔註93〕可見親

〔註82〕《荀子》·〈解蔽〉，全上，頁291。
〔註83〕《荀子》·〈大略〉，全上，頁365～366。
〔註84〕《荀子》·〈正名〉，全上，頁311「情然而心為之擇，心慮而能為之動」，又頁315有「五官與心」的關係。
〔註85〕《荀子》·〈解蔽〉，全上，頁306。
〔註86〕全85，頁304。
〔註87〕《荀子》·〈修身〉，全上，頁16。
〔註88〕全83，頁368。
〔註89〕《論語》·〈顏淵〉，全上，頁166。
〔註90〕《孟子》·〈告子下〉，全上，頁461。
〔註91〕《禮記鄭注》，卷十一，〈樂記第十九〉，頁128。
〔註92〕孫詒讓，墨子閒詁，頁196。
〔註93〕《莊子集釋》·〈天地篇〉，頁406。

愛是共認的仁者感情之表現，愛是一種自然的感情力量，但是仁的愛是順情欲的愛嗎？非是，我們前面引孔子說：

> 惟仁者能好人，能惡人。

仁者的愛情表現出來時是有「好」與「惡」之分別的，好惡是人天生感情的兩端，〔註 94〕是本始質樸的，是性之本質，而不能自理者，欲是其感應，荀子以爲順是則惡矣，惡是不美、不利，這樣的好惡之情是天生的，只能自然與外物相牽引，必須有心爲之擇才能中理，既中理則不怕情欲多。心既已守仁，仁爲善德之首，則必能擇善固執，善以固執之就不爲萬物所傾，而能對善物善事好之；惡物惡事惡之。如此，才能算是仁者的愛人之情之表現，荀子在定義仁時也說：

> 貴賢，賤不肖，仁也。〔註95〕

貴賢即好仁，好人；賤不肖即惡人，惡不仁，這就構成了學者所謂的「仁」的消極與積極的兩面感情，實際上，仁是以人的親愛感情爲基礎，荀子以爲一之於禮義則兩得之，否則兩喪之。〔註 96〕情之好惡是本然的，價值中立的自然感應，但造成的結果卻有善惡；所以，必須善用之，以荀子之僞言，即是「爲之擇」並驅「動之」，此爲君子之「兩進」路線，〔註 97〕即不論好與惡的感情都可以使吾人的道德修養前進，原因是有仁心爲之主使出令選擇禁止，結果，其感情的表現到最後都合乎仁愛的標準，達到行仁的目的。由此

〔註 94〕 《荀子》·〈天論〉，全上，頁 228 說「好惡、喜怒、哀樂」是天情；〈禮論〉，頁 270 說「兩情者，人生固有端焉」，故兩情即指相反相對的好惡等感情因素。而〈正名篇〉說「情爲性之質」（頁 324）。所以，荀子的「性」指人天生的兩兩相反成對的感情因素，由於感情一發即爲五官之欲望，五官又供給刺激，若順情欲自爲感應，沒有心的思慮與選擇，則其本身是盲的，荀子以此爲不美，故必須心爲之擇，然而心之擇要先知道才能擇善固執，故荀子的心絕對重於性情，心若知道，則可以駕馭感情之兩端，好者好之，惡者惡之，故性情不在廢止或壓制，端在其心之所養耳。所以，其性情可不論而心與道德原則不可不論。

〔註 95〕 《荀子》·〈非十二子〉，全上，頁 62。

〔註 96〕 《荀子》·〈禮論〉，全上，頁 263。

〔註 97〕 《荀子》·〈不苟〉，全上，頁 26。〈性惡篇〉之「性僞分」（頁 320）即指性與心之僞各有其本分，其中以心僞爲形神之主而主導之，帶領變化稱「性僞合」（頁 271），一合則天下治，如乾元用九天下治，因爲心爲之擇善而能使性情的兩端好惡皆中節，故好之亦善、惡之亦善，好惡一發皆可以進德脩業，因此，能變化本身，此性僞合亦可視爲仁之親比，守仁即使心與性情不相背離且合於善出於治。

可知，仁愛有別於一般的愛情，它是能夠愛善、行善、好善；惡惡、去惡，而使人能顯現美善的感情，這樣的感情實際上已經與心志合一而不各自為政。故以「仁愛」言之，在感情上要講「好之」「惡之」，結果才能「非是不欲」，〔註98〕以其惡也；也能不怕欲多，所可中理何怕欲多，〔註99〕這是指仁在情欲上的效果，能如此，則不憂愁於外物之多而雜，〔註100〕因為作主者在自己的仁心，雖然貧窮也不覺得卑下以其隆仁也。

第二、何以仁者的感情能達到好惡皆仁呢？因為其能「役知」也。在此，吾人必須分辨「知」有兩義，一為天生知能，一為已經聞見學問後的知能。仁者的「知」自然已經由於有了仁的效果，而仁為道德首位，故其知自然也有了道德效果，即使其知包含了物理之知，亦即精於物之知，但是，仁為道德之首位，其物理之知亦必與仁的道德之知相合，因為仁有親比力也。即所謂有所凝止是也，然而其道德之知何來？荀子說：

> 不聞不見，雖當非仁也。〔註101〕

仁者必須先有聞見，為什麼要聞見才會仁。吾人先明瞭，荀子所謂聞見之知乃是指「先王之道，仁義之統」的「仁言」；〔註102〕所以，「凡言不合先王，不順禮義，謂之姦言，君子不聽」，〔註103〕此亦即其非十二子的標準，其實就是「道統」——由仁、義、禮所構成者。在學問上以《詩》、《書》、《禮》、《樂》、《易》、《春秋》為其數；行事上以禮義為依歸者；師法上以大儒為主者，這些都是聞見的範圍，〈儒效篇〉所說的君子的言行道德之壇宇防表即是；〔註104〕簡言之，以仁義禮樂為其主線的道統是也。

仁者的心知效果是以先王之道為其主要內容，則仁者能以其親比力來役使所有的物理之知，因此，就知而言，仁者是有道德立場，有責任意識為主導的。

第三，由於仁者的知識實際是以倫理道德為主，是以行為其最終目的；因此，其知必然企向著實踐，對自己、對人、對物、對一切，那就是推恩。

〔註98〕《荀子》·〈勸學〉，仝上，頁10～11。
〔註99〕《荀子》·〈正名〉，仝上，頁323。心若能守仁擇善，則情欲越強烈愈好，愈能游藝樂道，以至於手舞足蹈，而且可以合成大力以實現道德價值。
〔註100〕《荀子》·〈非相〉，仝上，頁51；解蔽，頁299。
〔註101〕《荀子》·〈儒效〉，仝上，頁92。
〔註102〕《荀子》·〈非相〉，仝上，頁55。
〔註103〕仝102，頁52～53。
〔註104〕《荀子》·〈儒效〉，仝上，頁95。

然而；實踐必向外而懷抱著「欲立人，達人」的心願，可是人與人各有角色地位的不同，所以，必須有「義」作其同伴；再者，義有禁限性、裁斷性，可以節制仁的親愛性，使其發動不至於毫無限制和剪裁變化，屈伸曲直，因此，〈大略篇〉說：

> 推恩而不理，不成仁。〔註105〕

義者，理也，理所以要禁限人之爲惡與姦者也；〔註106〕如此，才能保證自己受到傷害的機會減低到最小程度。孔子說：

> 君子之於天下也，無適也，無莫也，義之與比。〔註107〕

如此，仁者在實踐時，才能在「可道」「守道」之外，還能「禁非道」。〔註108〕吾人可以說仁的親比，第一個就必須要先與義比肩，荀子乃說：

> 彼仁者愛人，愛人故惡人之害之也；義者循環，循理故惡人之亂之
>
> 也。〔註109〕

有了義作伴，仁者小之可以告示人以解除人們的愚陋，〔註110〕使人能長慮顧後；中之可以辨說以息邪說、攻異端；〔註111〕大之可以禁暴除悍，興天下同利，除天下同害；〔註112〕其至善可以治萬變，材萬物，養萬民，兼制天下；〔註113〕總賅言之，亦即大儒之在上能美政，在下能美俗也。〔註114〕

　　總之，到了《荀子》，即使「仁人」亦隨著時代演化而愈來愈盡美盡善，愈神通廣大，看荀子說：

> 敬人有道……仁人之質也，忠信以爲質，端愨以爲統，禮義以爲文，
>
> 倫類以爲理，喘而言，臑而動，而一可以爲法則。詩曰：「不僭不賊，
>
> 鮮不爲則。」此之謂也。

仁人之美善可以爲天下法則，所謂儀型也，即此亦通「義」，故可以發而皆中節，其愛之好惡已與義比肩並立，橫行天下而無過矣！故又說：

〔註105〕《荀子》·〈大略〉，仝上，頁268。
〔註106〕《荀子》·〈彊國〉，仝上，「夫義者，所以禁限人之爲惡與姦者也」頁224。
〔註107〕《論語》·〈里仁〉，仝上，頁81。
〔註108〕《荀子》·〈解蔽〉，仝上，頁296。
〔註109〕《荀子》·〈議兵〉，仝上，頁204。
〔註110〕《荀子》·〈榮辱〉，仝上，頁38；頁40～41。
〔註111〕《荀子》·〈非十二子〉，仝上，頁62。
〔註112〕《荀子》·〈王霸〉，仝上，頁157。
〔註113〕《荀子》·〈富國〉，仝上，頁123。
〔註114〕《荀子》·〈儒效〉，仝上，頁78。

　　奪然後義，殺然後仁，上下易位然後貞，功參天地，澤被生民，夫
　　是之謂權險之平；湯武是也。〔註115〕

而湯武正是仁人之典型呢！

第三節　義

一、義的雙重義

　　說文曰：「義，己之威義也」，〔註116〕段注以為「義」是古文威儀的儀；
而仁義的義本為「誼」，即人所宜也。然則，義字就有了兩種意義。

　　就義之從我從羊，則表示自己的美善，儀型在自己，可以從音上看出來，
胡適在「戴東原的哲學」中，引顧炎武的考證說：

　　　蓋不知古人之讀「義」為「我」，而「頗」之未嘗誤也。易「象傳」，
　　　「鼎耳革，失其義也。覆公餗，信如何也。」《禮記》，表記，「仁者
　　　右也，道者左也；仁者人也，道者義也。」是義之讀為我。〔註117〕

這是從音方面證明義與我有關，董仲舒在《春秋繁露》中講仁義法時說「仁
者人也；義者我也」，〔註118〕說文：「我，施身自謂也」，〔註119〕段注以為「施
謂用己廁於眾中而自稱則為我也」又說「有我則必及人」，這樣的解說，饒有
意義。

　　原來，義可說是「善在我身上」，而以我作為法度來制人，故說「度也」，
「度者，法制也」，〔註120〕即是「儀刑文王」「刑于寡妻」的意思，也就是荀
子所謂的：

　　　聖人何以不可欺？曰：聖人者，以己度者也。故以人度人，以情度
　　　情，以類度類，以說度功，以道觀盡，古今一也。〔註121〕

裏面的「度」。而聖人是道之極，以人而言是人倫之盡，是集眾善於一身的人
物，聖人是一種理想、完美的典型，〈儒效篇〉說：

〔註115〕《荀子》・〈致士〉，仝上，頁185～186。
〔註116〕見段玉裁，《說文解字注》，我部，頁639。
〔註117〕胡適，戴東原的哲學，頁11。
〔註118〕董仲舒，《春秋繁露》卷八，仁義法，「義在正我不在正人」，頁8。
〔註119〕仝116，頁638。
〔註120〕仝116，頁117。
〔註121〕《荀子》・〈非相〉，仝上，頁51。

聖人也者，道之管也。天下之道管是矣，百王之道一是矣，故詩書
禮樂之歸是矣，……天下之道畢是矣。〔註122〕

楊注以為「是」乃指「儒學」，吾人以為不確，此「是」當為「聖人」，聖人
之為道管，為道之極是因為作為人，天下之道，百王之道，詩書禮樂全集在
他身上，乃是終極的道之化身，如同宗教上的「道成肉身」一樣，〔註123〕因
此，聖人才能「以道觀盡」，才能辯治一切屬於天下的事物，聖人有道的「體
常而盡變」的特質，他能「宗原應變，曲得其宜」，〔註124〕而為天下的尺度，
由此更可證明荀子的「道」是超越的全知全能，其在人間的化身就是聖人，
所以，荀子就把「聖人」拿來與「天」對舉，在富國篇說：

故曰：天地生之，聖人成之，此之謂也。〔註125〕

聖人的成就是「以德不以力」，此其一；荀子在講天下之行術時說「以事君則
必通，以為仁則必聖」，這「行術」就是仁義德行，其中譬如舉例說：

立隆而勿貳也。然後恭敬……忠信……慎謹……端愨；頓窮則疾力
以申重之，君雖不知，無怨疾之心；功雖甚大，無伐德之色，省求
多功，愛敬不倦。〔註126〕

可是聖人是集善德於一身，若細分之，聖人的特色包含三項即「故其知慮足以
治之，其仁厚足以安之，其德音足以化之」，「其所是焉誠美，其所得焉誠大，
其所利焉誠多也」。〔註127〕那麼，假如聖人是道的化身，則道也就有此三項本質
了，而人類以聖人為度，以法制之，則荀子所講的人道儀刑也有此三項本質。

由上述，吾人可知，義由個人之儀刑與威儀而成為人道的法度，人道的
法度當然就是「人所宜也」，因此，也就與誼相通，由於義是把自己放入群眾
中，其目的是要「以善先人」或「以善和人」，〔註128〕亦即是「師法」，故稱
「知若師，則是聖人」，〔註129〕實際上，師就是群眾，以後變成統領群眾，使

〔註122〕《荀子》·〈儒效〉，仝上，頁86。
〔註123〕方東美先生在其「中國哲學之精神及其發展」中論「道徵」說：「就道徵而言，
　　　　高明至德顯發之，成為上述天然本相，原出於道，而聖人，道之表徵，其具
　　　　體而微者也，直乃道之當下呈現堪稱道成肉身」。（頁178）
〔註124〕《荀子》·〈非十二子〉，仝上，頁67。
〔註125〕《荀子》·〈富國〉，仝上，頁124。
〔註126〕《荀子》·〈仲尼〉，仝上，頁73。
〔註127〕《荀子》·〈富國〉，仝上，頁123。
〔註128〕《荀子》·〈修身〉，仝上，頁14。
〔註129〕仝128，頁19。

其行動一致的人。按之〈修身篇〉說：

「故非我而當者，吾師也；是我而當者，吾友也」，〔註130〕那麼，儀型是為了矯正人類不應當的行為使及於善，這也就是義之為往外發動而必與對象交接，並且不能「從」對方的原因，其加在自己及別人身上是指儀到的「德行」，道德的規範，人類的常道，適當而不必有天之報應者，此具有使自己美善及禁限的意思；其施身於眾人則是為了使人美善，使人能行其宜，使人能發揮潛能，因此，也就有了義分的意思。因此，對自己而言就與仁義配合為誠心之法則，即內節於自己；而與禮配合就外節人，亦即「禮義以分之，便有貧富、貴賤之等，足以相兼臨」〔註131〕之治國家社會的制度，也是人與人交接時的行為準則，人與人交接時的角色所應當的行為規範，〔註132〕這行為規範是中立的不倚於角色之任一方，所以，義是方法也是規範。

上來，吾人就說文對義的訓詁發現義是因為自己有善而又要施身於人以為儀型，作為法度以善先人（義从羊之善），故是德行規範。在施於人時表示它的合宜性，對人是應當的；所以，又擴大其意義及於為對象發揮其本身的能力及德性，用以分別其最適宜的工作角色，使造成一個各得其所而人人又無任何怨言的至平的人倫社會。〔註133〕由此觀之，義就是管理及分工的原理是合理而善的，是秩序而有利的管理及分工法則，故義可由道德及於政治，效果甚大。

二、義的探討

　　義的字義已顯示其特性，就義之情而言，義是「內節於人，外節於物……內外上下節者。」〔註134〕故義有兩端，必各自有節制調適才顯出義，又前引已知義是循理故惡亂，所以要以理正亂，其客觀化就流為法數，吾人以此為基礎而探討之。

1. 義與道

　　義與道屬於同類而高貴的名詞，子道篇舉例說：

〔註130〕全128，頁12。

〔註131〕《荀子》·〈王制〉，全上，頁100。

〔註132〕《荀子》·〈非十二子〉，全上，頁63。

〔註133〕《荀子》·〈榮辱〉，全上，頁43～44。

〔註134〕《荀子》·〈彊國〉，全上，頁235，「節」從政治上的地位職責之限定擴及人倫道德。如尚書，泰誓之「乃告司馬、司空、司徒諸節」，見孫星衍，《尚書今古文注疏》，頁196。

> 從道不從君，從義不從父，人之大行也。〔註135〕

君臣與父子是家國兩種人倫關係，習慣上總是在上者尊長者這一節會要求另一節服從，故從臣與子立言以示兩節之間不能無條件的要求與順從，而必須依於一個超乎兩者之上的客觀標準，那就是道和義，就文中顯示，「道義」的原理是包含「可爲與不可爲」「可從與不可從」，這仍然是抽象的，爲何呢？

因爲道與義只是一種公理，如不苟篇所謂的「公義勝私欲」，其例子是：

> 君子貧窮而志廣——隆仁也；富貴而體恭——殺勢也；安燕而血
> 氣不惰——柬理也；勞倦而容貌不枯——好文也，怒不過奪，喜
> 不過予，是法勝私也。〔註136〕

若與子道之文對比，可見公道公義是要人不論在任何情況下，都必須不極端的態度而審察義理，再作決定。〔註137〕當然其中之隆仁、殺勢、柬理、好文、勝私，以及子道之愼行恭敬、忠信、端愨等都是公義的內容，也就是脩什麼道，就要有什麼義作爲正權。

事實上，這些不過是部份例子，若以義之爲人之行路及人路是出里之門而言，就表示，義要與外物相接，所謂待人接物也，待人接物必須視其所接立對象角色及當時狀態而定，自己與對象構成兩節而脩出最合適的通路，故說：

> 遇君則修臣下之義，遇卿則修長幼之義；遇長則修子弟之義，遇友
> 則修禮節辭讓之義；遇賤而少者，則修告導寬容之義。〔註138〕

與人交接固然有外接之義理可循，可是尚必須自己內部這一節以爲變應防守，故稱內節於人外節於物，吾人以爲義行若與仁守並看，則義行者必先有仁爲守，才能立於不敗之地，因爲，仁是把自己視爲人類一般去保護之，這是道德義務，不可放棄的生之權利；故守仁行義可已！

更大規模的如〈王霸篇〉說：

> 湯武者，修其道，行其義，興天下同利，除天下同害，天下歸之⋯⋯
> 所以接天下之人百姓。〔註139〕

修這種興大利與人民接的義不可謂不大，如同：修國家的道法以作國家，〔註140〕

〔註135〕《荀子》,〈子道〉,全上,頁391。
〔註136〕《荀子》·〈不苟〉,全上,頁20～21。
〔註137〕《荀子》·〈子道〉,全上,頁398。
〔註138〕《荀子》·〈非十二子〉,全上,頁63。
〔註139〕《荀子》·〈王霸〉,全上,頁157。
〔註140〕《荀子》·〈致士〉,全上,頁189。

修存國的君道，﹝註141﹞不但接遇各種人而且及於處理政事制度，這是較困難的。然而在「修道行義」的觀念來說，由於政制是累積的，所以，可以有近代制度參考。以故，大自聖人、大人、至人之與道及天地交接；中至臨事接民；﹝註142﹞小至於為人父兄子弟夫婦；﹝註143﹞更小至於內修自己固有的人性兩情，﹝註144﹞莫不需要秉持公道通義的原理來找尋最適宜的「修行交際」的規則。所以，公道通義是一抽象的道德原理，它的落實就是「禮」，也就是客觀化、法制化。

那麼，公道通義的志義何在？曰兼衡及兼利。即均徧不偏，理明而治，產生最大之美利。簡而言之，公而弭私，通而開塞，﹝註145﹞至於其較次級的原則為何？彊國篇說：「禮義、辭讓、忠信」，﹝註146﹞其它如不苟篇之「公生明，偏生闇；端愨生通，詐僞生塞，誠信生神，夸誕生惑」；﹝註147﹞或者克服富國篇之「行私、縱欲」，﹝註148﹞換句話說，其志義之實踐就在於「公」與「通」。

凡屬於公而通能使人不自私、不偏傷、不詐僞、不夸誕，而明理、通達、開塞、生神、解惑者皆是，可見道與義是同類的貴名有固定的志義在，當然，與私利絕不同類但是兩有而不可廢原則是「義先利」可稱為「勝利原理」。﹝註149﹞這樣的公道通義在《論語》前引之〈里仁篇〉就可見其適用範圍大至於君子之於天下也（無適也，無莫也，義之與比也），小至於〈述而篇〉之「聞義不能徒」，積極的說這原理是要人做到〈為政篇〉所言的「見義不為無勇也」﹝註150﹞的地步。

到了孟子要人之氣配義與道而行，以養浩然之氣，﹝註151﹞能充塞天地豈

﹝註141﹞《荀子》·〈君道〉，仝上，頁 168。

﹝註142﹞《荀子》·〈致士〉，仝上，頁 190。

﹝註143﹞《荀子》·〈君道〉，仝上，頁 163～164。

﹝註144﹞《荀子》·〈禮論〉，仝上，頁 270。

﹝註145﹞《荀子》·〈君道〉，仝上，頁 170 說「公道達而私門塞」。

﹝註146﹞《荀子》·〈彊國〉，仝上，頁 219。

﹝註147﹞《荀子》·〈不苟〉，仝上，頁 30。稱為「六生」。

﹝註148﹞《荀子》·〈富國〉，仝上，頁 118。此為禍亂根源，克服之道在分工合作，造成兼利的社會。

﹝註149﹞《荀子》·〈大略〉，仝上，頁 376 說「義與利者，人之所兩者也。雖堯舜不能去民之欲利……故義勝利者為治世。」此與〈王制篇〉之「分何以能行？曰義。故義以分則和，和則一，一則彊，彊則勝利……兼利天下……。」（頁108）合觀而制定為儒家的「勝利原理」，乃其人生行事最高準則。實則是正視並運用人之利害情欲，兩不偏廢，故利兼兩端，乃能成大。

﹝註150﹞《論語》·〈為政篇〉，仝上，頁 68。

﹝註151﹞《孟子》·〈公孫丑上〉，仝上，頁 286。

不大公而通達乎？所以，公道通義超過了人之個體生命，在「勝利原理」下，人要能「舍生而取義」〔註152〕才是正確的，這與仁之愛自己及於人類正是內外呼應。

荀子以爲道義太可貴，人之大患多在偏私與蔽塞，因此，人不能在亂世中，於言行上亂逞狗彘、賈盜、小人之勇，而要守仁行義，生命若不存，如何行呢？因此，在強烈的道德責任感之下，不得不說：

義之所在，「不傾於權，不顧其利，舉國而與之不爲改視，重死持義而不撓，是士君子之勇也」。〔註153〕

2. 義與理

《荀子》於〈大略篇〉說：

義，理也，故行。

又說：

推恩而不理，不成仁。〔註154〕

故知，理有名詞與動詞兩義，理在名詞而言與義相配，故知其爲同類貴名，凡貴名要白，故於此論之。按之，凡物皆有可知之理，物的範圍又包含一切爲大共名，〔註155〕則理就無所不在了。就荀子而言，以層次說，理有個別之物理，此當爲現象之理；有精於物之物物之理；此可以相通之本質的理；有兼物物之理，那就是道之理。觀乎荀子於解蔽篇的立意，他要的不是一般物理，甚至不是物物之理，而是兼物物之道理，〔註156〕這是具有價值意味了，因爲道是善不善的公正權衡，也是治之經理，吾人前述公道通義已及此義；〔註157〕所以，荀子的與義相配的理也是價值的理、倫理的理。就此言之，這樣的道理最大而明者爲天人之分之道理，天人之分即道自身之理的實現；其次有天行之常道及大道之理；〔註158〕也有人道之理。要之，人有知

〔註152〕《孟子》·〈告子上〉，仝上，頁450。此如同今日美國之獨立宣言，把自由放在生存之上；那是不可讓渡的道義。

〔註153〕《荀子》·〈不苟〉，仝上，頁35。

〔註154〕《荀子》·〈大略〉，仝上，頁368。

〔註155〕《荀子》·〈正名〉，仝上，頁316。

〔註156〕《荀子》·〈解蔽〉，仝上，頁300；頁301～303。

〔註157〕就「治之經理」言，道是行政的；就「正權中衡言」是司法的；就「公道通義」言，是立法的，道集此三權於一身，然而三者合一並不分。

〔註158〕此大道爲天地變化之道，見《荀子》，哀公，仝上，頁408說「大道者，所以變化遂成萬物也」。

義爲天下最貴，「萬物無宜而有用爲人，數也」，〔註159〕數是義理之下流，故萬物因爲人去理它們才顯其所藏之義理，人中君子要負起理天地之責任萬物乃能因人而貴，因爲人以知義去制割其藏於數中之理也；反過來說，人應該也可以由萬物身上去「集義」，因爲萬物生而有數，數雖爲義理之末流，多少仍有分殊的義理存在其身上，只不過就數而言，守數因循難以知義，如守法之官吏，世代相傳，其法數仍在，可是不知其義，〔註160〕要知其數之義必須師法，而人中君子之說即是。

再說，理在此處爲道理，萬物皆有，唯人有義可以出之。按說文：「理，治玉也」乃是分解之意，若以易經之說卦傳曰「和順於道德而理於義」，〔註161〕要獲得理，或治理都必須以義行之，不苟篇說：

誠心行義則理，理則明，明則能變矣！〔註162〕

行義是要人以其知義來進行分而和一的工作，用以勝物兼利，也就是深入物之現象及倫類之理而分解出其數所含之「義」，而重新給予調治一番，如「安燕而血氣不惰，柬理也」，如對玉之行義而分解出其仁、知、義、行、勇、情、辭等等美德，〔註163〕這是玉之爲玉的義理，人因此而集合其義理；對水亦然，整個〈賦篇〉亦皆是，這樣的治理是以行義而完成的，其目的除了可以治理物本身，集出其義理外；同時，因爲義之公與通之本質，故行義之後乃以使物與物不相爲蔽，而進行理與理的湊合，此即文理，也就是人類對萬物及自己本身所創作的新生命，新秩序；理與理的接合能生明，明則能變，變者化而裁之也，已經含有人文價值在內，自然秩序乃溶入了道德價值，並因爲大小美惡之物皆在文理湊合下發揮最適當之功用而造就出大美大利來。

所以，荀子重視理，「凡事行，有益於理者，立之；……凡知說，有益於理者，爲之；」，這種理是能夠「譎德而定次，量能而授官，使賢不肖皆得其位，能不能皆得其官，萬物皆得其宜，事變皆得其應」〔註164〕的「盡變」以配天的資本。人心所可若中理何惟情欲多寡，以其結果不傷於治，不會犯分亂理，而且能助天化成也。

〔註159〕《荀子》·〈富國〉，仝上，頁118。
〔註160〕《荀子》·〈榮辱〉，仝上，頁36。
〔註161〕《周易王韓注》，說卦傳，仝上，頁56。
〔註162〕《荀子》·〈不苟〉，仝上，頁27。
〔註163〕《荀子》·〈法行〉，仝上，頁403。
〔註164〕《荀子》·〈儒效〉，仝上，頁80。

　　由上分析可知，人行義理物使不亂，亦於實踐中收集物數中所涵的理，同時也把已有之義理湊合於其中，此爲集義，如此，則善善相因，不斷美利宇中萬物，此爲「義」之盡變本務，不可放棄懈怠；雖權勢、貧窮亦不得動搖之。故前引〈議兵篇〉說：

　　　　義者，循理，故惡人之亂也。

而與仁之「惡人之害」相配對。它必要有玉之「堅剛而不屈」的氣魄，能這樣以「行道理者」才眞是勇敢的人，〔註165〕荀子特別在〈性惡篇〉發揮此義說：

　　　　先王有道，敢行其意，上不循於亂世之君，下不俗於亂世之民，仁
　　　　之所在無貧窮，仁之所亡無富貴，天下知之，則欲與天下共樂之。
　　　　天下不知之則傀然獨立天地之間而不畏，是上勇也。〔註166〕

3. 義與法

　　荀子之法有法義與法數兩名詞，〔註167〕若比之於學義與學數，則難明法與義之關係，若以前引〈修身篇〉之「法勝私」來看則法有公的意思。因此，吾人以爲法之與義相關之一理由是因爲法有「公」義，如〈王霸篇〉說：

　　　　之所以爲布陳於國家刑法者，則舉義法也。〔註168〕

又〈榮辱篇〉又說：

　　　　人之生固小人，無師無法，則唯利之見耳。〔註169〕

由於法與義相關，又法之原義爲刑罰或模型，所以含有公平審理及規範而治理不亂之意。因此，〈君道篇〉又說：

　　　　法者，治之端也，君子者，法之原也。〔註170〕

治法生於治人，治人爲君子。因此，就公佈之法條言，法一方面就有了比義理低一級的含義，它變成了與義對舉的「數」，即「守法之吏，誦數之儒」的數。由於是數可以一條一條指陳誦讀而有了固定性。亦即其爲法令條文及文字數量皆有限定。然而，人事變遷快速時，死守法數就無法變應屈伸，知當曲直。所以，荀子才說：有法者以法行，無法者以類舉。

　　　　以本知其末，以其左知其右，凡百事異理而相守。〔註171〕

〔註165〕《荀子》·〈法行〉，仝上，頁403及不苟，仝上，頁20。
〔註166〕《荀子》·〈性惡〉，仝上，頁340。
〔註167〕《荀子》·〈君道〉，仝上，頁161說「不知法之義而正法之數」。
〔註168〕《荀子》·〈王霸〉，仝上，頁139，法因公佈而公開宣明。
〔註169〕《荀子》·〈榮辱〉，仝上，頁40，無法則唯利，故法似公義。
〔註170〕《荀子》·〈君道〉，仝上，頁161。

故法而不議，則法之所不至者必廢。〔註172〕

類舉和議就如同上段所言之「集義」，以法爲數也，只有集義通理才能變應
屈伸，因爲義是居中公平且中和，所得之義如同事物本質的公理；再者，法
令等等，既爲規範條文則必以名形之，而名辭中原有制法之君子所加入的志
義，這些爲公道的法令之志義，包含有普遍義及時代特殊義，必須以「仁心
說，以學心聽，以公心辨。不動乎眾人之非譽，不治觀者之耳目，不賂貴者
之權勢，不利傳辟者之辭，故能處道而不貳，詘而不奪，利而不流，貴公正
而賤鄙爭」的態度去辨說，然後才能「涉然而精，俛然而類，差差然而齊」，
〔註173〕此通其志義而不拘於法令之名辭也。

更有聖人之辨說，其辨說屬於王者大事，於此可略。要之，人必須有法，
而且要依法才能深造其志義以及其類。〔註174〕如此，於執行政事時，不至於
造成富國篇所謂：

誅賞而不類，則下疑，俗險而百姓不一。〔註175〕

由此可知，法除了其公道公平反私反利之義與義相通外，一般皆指具體的法
令規章以及朝廷禮儀，倫理規範。

所以，若法爲上述之意義，那麼，作爲「治之經」的法到底指著什麼呢？
成相篇說是「禮與刑」，〔註176〕吾人以爲這僅指刑賞獎懲而已，就層次及範圍

〔註171〕《荀子》·〈大略〉，仝上，頁374。
〔註172〕《荀子》·〈王制〉，仝上，頁99。按，《史記》田敬仲完世家，宣王「復脩列
第大夫，不治而議論」，不治者不行政，議論如今日之立法、監察機關職權，
觀《王制》該段所記，乃以「謀」與「百事」爲其職責，而講求「公平、中
和」原則故其爲爾後議會之形態，殆無疑問。議會之不行政如今日之立法院
有牽制行政權之性質，荀子既主張如此，可見不是一般所謂的「君主專制」，
不過後來王權杢制過知識份子罷了。吾人特論此以爲荀子辯解。故類舉仍必
須如集義般地廣陳，廣集意見，才能「公平中和」，然則，那種「不治而議」
的形式可謂是「道」的體現，實在值得吾人注意。
〔註173〕《荀子》·〈正名〉，仝上，「名辭者，志義之使也」，名辭期累實而不說，如同
禮樂之「法而不說」，故名辭亦如同型範，稱爲型名，其中有普遍義及要達成
的目標之特殊義，必須君子之辨說才能出故。
〔註174〕《荀子》·〈修身〉，仝上，「人無法則倀倀然，有法而無其志義則渠渠然。」
渠渠者，無守之貌也，頁19。
〔註175〕《荀子》·〈富國〉，仝上，「故不教而誅，則刑繁而邪不勝；教而不誅則姦民
不懲，誅而不賞則勤勵之民不勸，誅賞而不類則下疑俗險而百姓不一。」頁
130～131。又類字，俞曰「例」（頁6），即法文之外的判例。
〔註176〕《荀子》·〈成相〉，仝上，按「禮與刑」對舉下句「明德慎罰」，可見此禮爲
論德考績的法，不是禮的全部，頁35。

而言，最大的法是「禮」，〈勸學篇〉說：

　　禮者，法之大分，類之綱紀也。〔註177〕

大分者常體也，是法例之統領，法類推衍的依據，這樣的禮有時代表法而爲禮法，以其包含之廣，故說「非禮，是無法也」，〔註178〕又說「禮義生而制法度」，〔註179〕在貴賤排位上總是高於一般的法，如〈君道篇〉：

　　隆禮至法則國有常（因爲禮爲法之大分故常）。〔註180〕

又在彊國篇及〈天論篇〉說：

　　隆禮尊賢而王，重法愛民而霸。〔註181〕

由於荀子的禮可以無所不含，故與法對舉時，比較上，應該從「法而不說」〔註182〕的角度去看禮。如此，單獨舉禮就是法，此時若與法對舉，那麼，禮就是傾向於德的義法，法傾向於刑的利害之法，這就是治之經的禮與刑之意義，是君子篇的「刑罰不怒罪，爵賞不踰德」〔註183〕的論人選拔人才和考核懲罰的制度，荀子的禮之中有大部份是屬於這種意義，那是指以義理爲原則制訂的道德準則之法。

　　總之，包含禮與刑在內的法，應該是法數，是法而不說的制度、法令、規範、生活須知。因此，隆禮而法不能稱明而只爲法士，〔註184〕因爲明者能

〔註177〕《荀子》·〈勸學〉，仝上，頁6。
〔註178〕《荀子》·〈修身〉，仝上，頁19。
〔註179〕《荀子》·〈性惡〉，仝上，本篇「禮義」一詞甚多，是指聖人所「生」者是聖人積思慮、習僞故而深造出來的義理原則。
〔註180〕《荀子》·〈君道〉，仝上，頁170，其常乃指義理原則。
〔註181〕《荀子》·〈天論〉，「禮義不加於國家則功名不白，故……國之命在禮，君人者」頁233；此中之禮顯然是以禮義制成，即其中有「義」之原理原則在，是理則故常在，所以就是「君子道其常」的常，是君子所導、所行的，與小人之「計功」相反，君子以義爲常；小人以功利爲原理原則。此中可見君子創造義理人命之志趣。
〔註182〕《荀子》·〈勸學〉，仝上，頁7說「禮樂者法而不說」。
〔註183〕《荀子》·〈君子〉，仝上，頁343。
〔註184〕《荀子》·〈勸學〉，仝上，頁9。這種能誦讀禮法的法士可視爲具備有公務員任用資格，之所以要「讀禮」不但是爲了訓練自己，同時可能有考試、口試教材的意思。所以，仕必學，學不必仕。把道德（或公務員操守須知）作爲任官的必要條件實在與民主理念之把「自由、平等」等價值觀念置於「生存、幸福」之前同義，蓋理念爲公，生存幸福爲私，但不可偏廢，即「義利兩有」（頁376）如同「心僞與情性」或「兩情」之不可偏廢，不過以義和心僞先之，而以「利爲其（唱）和」（周易、乾卦、文言，仝上，頁3）同理。爲何要稱禮法，即因爲禮以物爲用，是把利帶入義法中的名稱。故建國用義法道法稱爲起義，初不

通類也，禮必與義並稱時，其地位才會超出法類的範圍之外，在人則由法士而可以成爲君子，以其能通禮法之志義也，所謂「法而志義也」。

4. 義與數

義與數在荀子思想中有相關性，前已略言之。吾人再看「數」的意義，說文：「數，計也」，段注曰：今人謂在物者去聲，在人者上聲，〔註185〕「計，會也，籌也」，〔註186〕會是會合即「集」也，籌是計算之器，算又有選、擇、具之義，〔註187〕則合分是數的字義，義與數之關係在此，數在物爲理之可數、可會集者；在人爲會集數理。

數作動詞乃是人的動作行爲，如《荀子》·〈非相篇〉之「欲觀千歲，則數今日」，〔註188〕此乃指類不悖，雖久同理，任何時候的同類個體總有其相同的理。所以，貫穿所有同類者就可以稽考其實，故數一二是爲了會合同類的個體，因而考定其本質義理，就王道而言，乃是會合於周道，周道已衰，聖王已沒，王道乃集於聖人及其所貴君子，而邁向未來。

從數一二以稽求實情通理說，數是歸納方法；但是，一般皆知人不可能經驗所有同類個體，此爲全稱命題無經驗意含之意，但是不表示其無價值。相反的，吾人通常要演繹與歸納並用，演繹以散數爲實驗和原則，是生活不可或缺者，甚至有理想在內而期實現於將來。作爲演繹出數具的原理實情就是「義」，是原理原則，是開始也是結束。義與數之初別在此，吾人以此考察《荀子》書中用法。

荀子的道義理論實際經由考稽堯舜禹湯文武周公孔子等人而確立，在實踐中演繹與歸納並用才能進化不已。因此，一方面由仁義禮而要把法納入，使其增加新因素；一方面由禮而演爲法數，並指向未來。法數涵蓋國家、人事和生命本身。義可說是本原，數是末流。故稱法義與法數有分，從法之數義看，義

必然成功，純出於道義以興同利除同害，此爲用義志、義士、義法、義立而王，湯武革命是也；若國已立，則必須「上下相信」（契約、盟約、約法皆是）此時要用「刑賞」以建立上下之「信」；末世之國則「刑賞」之約已不立，上下皆「呼功利」者。（〈王霸〉，全上，頁 138～141）可見義爲絕對超乎自身利害之上，乃人間最高尚的「勝利原則」。故禮則義利並容；利則重私背公矣。

〔註185〕段玉裁，《説文解字注》，頁 124。
〔註186〕全 185，頁 94。
〔註187〕全 185，頁 200。
〔註188〕《荀子》·〈非相〉，全上，頁 50～51。此亦指千歲之進化皆集於今日，亦只有自今日可數出千歲之進化，然後加上自己的見解又可數向明日。

就是具體械數的原理原則，即「公平信情」也；能使用這些法數者爲官人百吏，〔註189〕爲「守法數的有司」，他們使用法數爲的是「制眾庶百姓」，用以制之的械數統稱爲「法則度量」。〔註190〕由於這些守數的百吏官人之職務是父子相傳，他們不是制訂者，多半是「循法則度量，刑辟圖籍，而不知其義，謹守其數，愼不敢損益……是故三代雖亡，治法猶存」。〔註191〕但是治法雖存，若主觀上百吏官人因著在上者好權謀、曲私、傾覆、貪利，則會造成政治腐敗；〔註192〕或者，客觀上因著「聖王沒、名守慢，奇辭起，名實亂，是非之形不明，則守法之吏，誦數之儒，亦皆亂也」。〔註193〕所以，荀子相當重視人治，原因在君子能知法數之本義，既知其義則能變應屈伸，而重新制訂法數。

因此，若只是拘守於數而不知合數而稽其實，推通義理，則雖能有些近利，終必失也；如秦之四世有勝是數也，以其無能貫通王道之理也，故是末世之兵，〔註194〕其敗亦可前定，苟能由四世之勝而深其志意，聽從君子之言以「脩百王之法」則可以「應當時之變，若數一二」，〔註195〕故由散數歸納而上脩可以深通義理；反而下行可以應變若數一二之容易而當。

故學數就是由學義而定的學習之法則度量，僅止於誦讀而不明學問之根本道理，其根本道理是立志實踐，以成士爲底線，而止於聖人再由〈儒效篇〉之「君子言有壇宇，行有防表，道有一隆，言道德之求不下於安存，言志意之求不下於士……」〔註196〕相印證，則「義」乃「數」要會集指示並達成的價值和道德之動機及目標，人以此義之理來制事、制利；〔註197〕而「數」就是爲達成義之道理或原理的能見能聞之特別制定的工具。〔註198〕

三、義、分與禮義分之

陳大齊先生在其「荀子所說的義」一文中，把分、節、中列爲義的作用，

〔註189〕《荀子》·〈君道〉，仝上，頁163。
〔註190〕以上並見《荀子》，〈非相〉，仝上，頁50；富國，頁121；〈儒效〉，頁78。
〔註191〕《荀子》·〈榮辱〉，仝上，頁36～37。
〔註192〕仝189。
〔註193〕《荀子》·〈正名〉，仝上，頁316。
〔註194〕《荀子》·〈議兵〉，仝上，頁199；頁206。
〔註195〕《荀子》·〈儒效〉，仝上，頁84。
〔註196〕《荀子》·〈儒效〉，仝上，頁95。
〔註197〕《荀子》·〈君子〉，仝上，頁344；頁203。
〔註198〕陳大齊，荀子所說的義，華仲麐等著：《儒家思想研究論集》（二），頁323。

並特別強調：「三者之中，依理推之，分是主幹，節與中爲其兩枝。」〔註 199〕
吾人於此且稍及義與分之關係。按說文：「分，別也，从八刀，刀以分別物也。」
〔註200〕又「公，平分也。」〔註201〕義以不從兩端居中懸衡而似道性，從儀刑度
人及適宜言都有公義；所以，也就有平分的意思。而義與分的差別就在「平」
之有無，分可視爲第一級的下級的別，即別同異而不必及於上級的明貴賤，〔註
202〕別同異乃人人具有的能力，至於明貴賤或平分則不必然人人能。

　　吾人先看平字，說文「平，語平舒也」段注：「分之而勻當則平舒矣。」
〔註203〕好似分了之後大家心服口服，舒了一口氣。〔註204〕這充分顯示「義」
之平分有解決問題，各得其所的意思。吾人再從另一角度來看這個「平」的
效果何來。左昭廿年傳記晏子解釋「和」爲「如羹焉，水火醯醢鹽梅以烹魚
肉，燀之以薪，宰夫和之，齊之以味，濟其不及，以洩其過，君子食之以平
其心，君臣亦然。君所謂可而有否焉，臣獻其否以成其可，君所謂否而有可
焉，臣獻其可以去其否，是以政平而不干，民無爭心。」〔註205〕所謂平心是
因爲物物相濟以和而來的效果，是荀子「從不從」的意思，以義來分就有這
種效果，人之對天亦然，可見荀子之義分涵蓋之範圍之大，其意義無非是《國
語》，鄭語所謂的：

　　　　夫，和以生物，同則不繼，以他平他謂之和，故能豐長而物生之，

　　　　若以同禪同，盡乃棄矣！〔註206〕

人對天之應和是爲了成就更大事業，〔註207〕人若尚同於天如同水救水，火救

〔註199〕陳大齊，荀子所說的義，全上，頁 332。

〔註200〕全 185，頁 49。

〔註201〕全 185，頁 50。

〔註202〕《荀子》·〈正名〉，全上，頁 314。胡適先生在其《中國古代哲學史》中特別
　　　　指出「墨家論『名』只有別同異一種用處。儒家却於『別同異』之外添出『明
　　　　貴賤』一種用處。『明貴賤』即是『寓褒貶別善惡』之意……依然把『明貴賤』
　　　　看得比『別同異』更爲重要。所以說『上』以明貴賤，『下』以別同異。」（第
　　　　十篇，頁 50）確實值得重視。

〔註203〕全 185，頁 207。

〔註204〕董仲舒在其《春秋繁露》「仁義法」中說「故其心舒，其志平，其氣和，其欲
　　　　節，其事易，其行道，故能平易和理而無爭也，如此者謂之仁」，頁 11。可
　　　　見荀子「誠心守仁與行義」的相關性及效果。

〔註205〕《春秋經傳集解》，卷二十四，頁 342。

〔註206〕《國語》·〈鄭語〉，頁 515。

〔註207〕《莊子集釋》·〈天地篇〉，「不同同之之謂大」注曰：「萬物萬形，各止其分，
　　　　不引彼以同我，乃成大耳。」，頁 406；頁 48。

火，〔註208〕則不繼不善。〔註209〕所以，義分是像分出可以相濟相助的五味一般，可以調和而各盡其功用故皆大歡喜。但是，吾人特別注意的是，這樣的「義」分，顯然是以成就共同的事爲考慮，參與者也以各盡其所能爲滿足，初不必及於私人報酬，此爲義之可貴處，亦難能也。然而它所成就的利益是共利、兼利，此即「明分」的效果，亦是「仁人」的功業；〔註210〕因此，義分也可視爲明分之本原。因爲行義則理而明，所以，義分與明分相通，差別在於明乃是義的結果。所以，由別同異到明貴賤是義分的完整過程，義分是屬於第二級的、上級的分，分與義都有實際行動的意義（因爲分从刀），是實際的「裁斷」，〔註211〕而不只是認知上的明白、辨別而已；再者，義之情就是節，內節外節，實際的節制，由於義有儀刑、適宜的道德意思。〔註212〕所以，其分別裁斷都有美善利益存在，也同時有要求被裁斷者要順從和合的意義，而順從義分（比中而行）也就成了被分者的道德義務，不可推卸，〔註213〕人之明天人之分亦因此而要求自己恪盡人的義務以應和天，如此才能平，才能體現道之無偏無陂，這就是聖人成之的意思。唯其如此方能勝物多力而兼利，

〔註208〕《莊子集釋》，人間世，〈仲尼〉答顏回問出仕曰「王公大人必將乘人而鬥其捷……是以水救水，以火救火，名之曰益多。」頁 136。注曰：適不能救，乃更足以成彼之威。（頁 138），可反映當時都在找尋「救」的方法，即「語治」也。

〔註209〕借用周〈易繫辭上〉「一陰一陽之謂道，繼之者善也，成之者性也」（見《周易王韓注》，頁 47）吾人以爲，陰陽正是相和相濟，所以，接著就講盛德大業。那麼，荀子之「義分以和一」就可說是由陰陽、日月相和相代的自然律比德而來的，再擴大到明天人之分，以人應天的想法，若以人同天則無生生日新可言，故〈大略篇〉講「天地生之，聖人成之」（《柬釋》，頁 372），聖人成之的方法就是「義分」。

〔註210〕《荀子》·〈富國篇〉，全上，「明分」見頁 125，又「故無分者，天下之大害也；有分者，天下之本利也，而人君者所以管分之樞要也。」。又「治萬變，材萬物，養萬民，兼利天下者，爲若若仁人之善也」，故「義分」正所以「明仁之文，通仁之順也」（頁 122～123），可見仁義關係。

〔註211〕「裁斷」見《王制》，全上，頁 108 楊注。裁斷不必只指消極的禁限，尚有積極化裁和合之義，也是文理之過程。

〔註212〕馮二難，中國思想群論，「凡有道德價值底行爲，都是義底行爲；凡有道德價值底行爲，都涵蘊義。因爲，凡有道德價值底行爲，都必以無條件底利他爲目的。」頁 15～16。此說可作參考。不過荀子的「義分」是爲了兼利殆無疑問，因此才擺在「利」之先，利指個人私利。

〔註213〕仁重愛情，義重理法，此亦孟荀之別。情在性、理法在心智，故孟荀之別實以立論點之差耳。參閱，陳大齊「〈孟荀二子所見人的特長與其中心主張〉」及「孟荀學說所以異趣的臆測」，收在「《儒家思想研究論集》（二）」，頁 384；頁 431-）。

所以，義利是人之兩有者，但是不可偏廢利，不過要以義先利，比照此原理；所以才說：「以義制利，以偽飾性」。〔註214〕

利是一種個體情欲，性也是以情為質，以欲為應，皆生而有之，因此，兩者相類似，既是情欲就有「兩」，即好惡、喜怒、哀樂、利害等，情欲本身與外物是相互牽引的，假如在物欲感應中沒有裁斷力來切開其刺激反應鍊的話，牽引就因循下去，所以才要以義先利以裁斷之；而心之偽也是在情然後為之擇，這裁斷與擇就是延遲反應，以便重新整合延遲中，可自經驗反省中選取「適宜」的反應回給刺激，這時已是心與義在作主，利與性之情欲依舊在，但是已在駕馭中，經不斷地內積思慮、外習偽故以調治情欲，使其皆在「義」的看管下行動，則情欲不怕太多。然而，情欲總有其本性，亦即接物、嗜物性；所以，單是「義以分之」而和一多力勝物兼利，而無物以回報，是難以滿足其需求的。因此，禮以財物為用的觀念加入了義，而成了禮義之分，義分與禮義之分乃有其區別。

前面提及人人皆有分別的能力，但是非人人能義分，能義分者如富國篇的「知者為之分」，此當為「智者」；〔註215〕如〈禮論篇〉的「宇中萬物，待聖人然後分也。」〔註216〕的「明知之聖人」；〔註217〕同篇的「君子既得其養，又好其別。曷謂別？曰貴賤有等，長幼有差，貧富輕重皆有稱也」之「君子」。〔註218〕此處，吾人必須注意者為：義分與禮義之分必有差異在，就上引〈禮論〉之文而言，君子既得其養，又好其別，此處之「別」乃是指「貴賤、長幼、貧富輕重」有了「義分」之外，再加上有「稱」，以「別」之，稱是指「對稱」，主要以財物對稱其人之地位角色，如此，才構成為「禮」。〔註219〕那麼，

〔註214〕《荀子》·〈正論〉，仝上，頁254，另一義是指行禮儀者與佐食者不同人，先行儀再由利佐食，和侑一樣，此亦先義後利也，見高明，《大戴記今註今譯》，〈禮論〉，頁27。

〔註215〕《荀子》·〈富國〉，仝上，頁221。

〔註216〕《荀子》·〈禮論〉，仝上，頁271。聖人分之是為了合，故「察乎人之性偽之分」（〈性惡〉，頁330）是為了「性偽合」（頁270），同理，明天人之分，應和之而一也就是「合一」。故荀子主張「天人合一」為其終極目標殆無疑問。故荀子之天人合一，性偽合一，利義合一，天地合一，人與萬物合一，其義分及明分皆是為了合成一體，在墨子為「兼」。

〔註217〕聖人為宇中萬物分，以其「明知之」（〈禮論〉，仝上，頁279），則更證明〈天論〉之「唯聖人為不求知天」是天人之分不操在人手中，唯明之耳。

〔註218〕《荀子》·〈禮論〉，仝上，頁258。

〔註219〕劉子靜在其「荀子哲學綱要」論荀子之禮時也說「上文最關緊要的是『分』

荀子所謂的「義分」與「禮義以分之」的差異就在於：

　　1. 義分是單純的以「分人制事得利」為主。

　　2. 禮義以分之是加上了禮的特色，即「以財物為用，以貴賤為文，以多少為異，以隆殺為要。」〔註220〕

　　吾人尚可舉兩例來證明，其一為君子篇，原文說：

　　　　故尚賢使能，等貴賤、分親疏、序長幼，此先王之道也。……義者，

　　　　分此者也。〔註221〕

此文告訴我們，兩件事，第一：能「分」此者——亦即能分「賢能、貴賤、親疏、長幼」之人倫，而且能「尚使、等、分、序」之者，就是「義者」，可見不是人人能分此。第二：所分者為上述兩項內容。何以言之，單是分賢能、貴賤、親疏、長幼，這是「正義」，亦即以「義」來正與不正之；正義而為才是「行」，故能分辨此賢彼能，此貴彼賤，尚必須去實踐之，才是「行」，所以前引〈王制〉才說「分何以能行，曰：義」。但是，若經特別指明是「君子」「聖人」「先王」「義者」以「分之」的話，就必然包含了「正義而為」在內，否則不必然皆能分而行之。由此證明，凡「義分」必須有能義分者，非人人能；而且「義分」重在「行動」「運作」「實現」上，少提及「稱」字。

　　至於「禮義以分之」呢？〈榮辱篇〉說：

　　　　夫貴為天子，富有天下，是人情之所同欲也；然則從人之欲，則勢

　　　　不能容，物不能贍也

　　　　故先王案為之制禮義以分之，使有貴賤之等，長幼之差，知愚能不

　　　　能之分，皆使人載其事而各得其宜（按陳大齊先生只引至此，否則

　　　　當亦能見兩種分之差異），然後使穀祿多少厚薄之稱，是夫群居和一

　　　　之道也。〔註222〕

此文顯然多了「物」和「祿稱」，祿當然必以財物為之，就以富國篇之文來說：

　　　　與『養』，分，便是按著人們在社會的關係與地位，分成貧、富、貴、賤、尊、卑……若干階段……可是這種劃分，不僅是儀文禮節形式之不同，實則包含物質與經濟的享受在裏面。」頁50。

〔註220〕《荀子》‧〈禮論〉，全上，頁264。禮有文飾之義，故義以為質，質文相對，孔子以為最美，故稱「文質彬彬然後君子」，荀子亦曰：「敬人有道……是仁人之質也……禮義以為文」（〈臣道〉全上，頁185～186）

〔註221〕《荀子》‧〈君子〉，全上，頁345。

〔註222〕《荀子》‧〈榮辱〉，全上，頁43。

> 禮者，貴賤有等，長幼有差，貧富輕重皆有「稱」者也。……謂之
> 稱數，故自天子通於庶人，事無小大，由是推之。〔註223〕

稱乃是一連串的關係，稱後接著「德必稱位，位必稱祿，祿必稱用。」最後止於「用」，用即「財物爲用」也。

但是，吾人或有疑問：難道「義分」不必「稱」嗎？義分也要「稱」，不過其「稱」是以「德必稱位」，亦即重於其人之德爲主以分出差異而授予最適當的職位，就是富國篇的「明分使群，以德爲政」——知者爲之分。〔註224〕若加上祿用以「稱」就是禮義之分了。

吾人於此可結論說：義分在順序上皆先於禮義分，原因是「義以制事」；而「正利而爲謂之事」，〔註225〕故義分之本質是以「德能」來分人倫，這是儒家的「調一天下」，爲「人師」，兼「治三官」〔註226〕的「職志」，其本身亦以「德」爲質，若必以財物爲稱，大儒不爲也。因此，義亦先而重於禮。義分由於理論上能適得其人，所以必能多力勝物而獲得大利，既有利則可以反而以財物來藩飾人。因此，吾人可再舉例如深其間區別。

第一例在〈榮辱篇〉：

> 義分——故仁人在上（此亦知仁人能義分，故先王之道，仁之隆也，
> 仁統義），則農以力盡田，賈以察盡財，百工以巧盡械器，士大夫以
> 上至公侯莫不以仁厚知能盡官職，夫是之謂至平。（則義分至平）

> 禮義分——故或「祿」天下而不自以爲「多」，或監門御旅，抱關
> 擊柝而不自以爲「寡」，故曰「斬而齊，枉而順，不同而一。」夫是
> 之謂人倫。〔註227〕

顯然先「義分至平」，然後才「祿多寡」；又第二例在〈君道篇〉，原文較長，茲簡引以示之，君道是能群之道，列有四端，皆在治人，亦見禮義分之對人。凡群居和一都是禮義分之，故君道四端可分爲：

〔註223〕《荀子》·〈富國〉，全上，頁120～121，稱數指財物，故禮物亦謂禮數。
〔註224〕仝223，頁119。高思謙先生在其「中外倫理哲學比較研究」說「對於社會組織，義或正義之德有雙重的意義，即一方面使人生需要的物質的東西有平均的分配；另一方面，將人人在社會上應盡的人倫的任務規定清楚。」（頁58）吾人以爲其誤解亦在沒有分別義與分和義與禮義的差異，由《論語》中之義即可知一斑。
〔註225〕《荀子》·〈正名〉，全上，頁312。
〔註226〕具見·《荀子》·〈儒效〉，全上，頁78；頁88；解蔽，全上，頁300。
〔註227〕《荀子》·〈榮辱〉，全上，頁43～44。

「義分」前三即：

生養人——省工賈，眾農夫，禁盜賊，除姦邪；

班治人——天子三公，諸侯一相……法度而公；

顯設人——論德定次，量能授官，使皆各載其事而各得其宜，上賢「使」
　　　　　之為三公……

「禮義分」就加上「藩飾人」，乃是指「修冠弁衣裳黼黻文章，琱琢刻鏤皆有
等差。」〔註228〕顯然以財物為「稱」，而這必須在「義以制事」有了財利才可
能達成的分配和文飾的目的。

　　因此，從道統來說仁人能義分且及於禮，可知仁為道統之首且可總賅下
流。就禮而言，乃是匯集了仁義的效果並且加隆之加好之，〔註229〕故樂論說
禮樂正其盛者也。學者以為禮義合言並非來自《論語》衛靈公的「義以為質，
禮以行之」，吾人以為不然。〔註230〕因此，禮義對舉，質以稱義則禮正文也，
亦即以禮來文飾之；不過，儒講安貧樂道，所以，此地之禮以行之，不必指
財物而應指言行之文雅，此不可不辨也，荀子承孔子而來，其君子之禮義精
神也不重在物質，〔註231〕故君子不為貧窮而怠乎道，「可以有埶辱而不可以有
義辱，……義榮埶榮，唯君子然後兼而有之。」〔註232〕

〔註228〕《荀子》·〈君道〉，仝上，頁 168～169。
〔註229〕參考《荀子》·〈禮論〉，仝上，說及喪期等衰之處，頁 276。
〔註230〕《論語》·〈衛靈公〉，仝上，頁 200。韋政通先生在其「荀子與古代哲學」
　　　　說「有人說『禮依義而成，故荀子乃說禮義之統。』……這是把義說成禮
　　　　的依據……我認為，荀子禮義連稱，是欲以義來規定禮，限定禮的。」（頁
　　　　6）。實則不注意荀子之「人有義」及「知者為之分」的義分基本上乃人之
　　　　心知能力，心以知道而行義，義本是人所自有的理知加上道德的能力，因
　　　　此引起多少人之誤解。如勞思光先生在其《中國哲學史》既說「依價值
　　　　哲學之設準觀之，價值根源之歸宿不外以下數種。第一：歸於「心」——
　　　　即歸於主體性。」而卻謂「今荀子所論之價值根源，既不歸於心」（頁 264），
　　　　實在值得商榷。
〔註231〕《荀子》·〈大略〉，仝上，「聘禮志曰：『幣厚則傷德，財侈則殄禮』，禮云禮
　　　　云，玉帛云乎哉？詩曰：物其指矣，唯其偕矣。不敬文，不驩欣，雖指非禮
　　　　也。」頁 266。由此亦見荀子之所取於孔子者。
〔註232〕《荀子》·〈正論〉，仝上，「志意脩，德行厚，知慮明，是榮之由中出者也，
　　　　夫是之謂義榮，爵列尊，貢祿厚，形勢勝，上為天子諸侯，下為卿相士大夫，
　　　　是榮之從外至者也，夫是之謂埶榮……」頁 254。由此見「義內埶外」，然則，
　　　　謂荀子「所謂價值只成為一種功用」「至此已背儒至近墨」「既不能見大本之
　　　　義，亦遂無以自拔。」（勞思光，仝上，頁 266～267）可乎！又謂「荀子不
　　　　入主流，不為正統」（韋政通，仝上，頁 44）亦值得商榷，蓋由中出者即祭

四、義的典型──舜（正德、利用、厚生）

荀子對義的了解，至少與舜的事蹟有關係。因此，吾人亦可以通過舜來幫助對荀子的義之了解，當然這是理論之支持重點，可是並非全部，因為還有孔子及潮流事實的影響因素是不可忽略的。

解蔽篇在論及人之擇壹而專精時，舉了許多大發明家，他們並非該項目的唯一喜好者，但是獨有精到處，乃以其專技流傳千古。其中說：

> 好義者眾矣，而舜獨傳者壹也。〔註233〕

而在這段之前也提到：

> 有人也，不能此三技而可使治三官：曰：精於道者也……故君子壹
> 於道而以贊稽物。壹於道則正，以贊稽物則察；以正志行察論，則
> 萬物官矣！昔者，舜之治天下也，不以事詔而萬物成。〔註234〕

舜好義其為義人有儀型，本身為道之大體，為公義正權，故可以正義於人，除了能分人倫五品使契敷教外，大能分賢能人才而任用，又在契先已命稷播時百穀以生養人，而先教再命皋陶作刑，可謂仁人，故能好仁能利仁，自己為義人再選取義人以制事求利於民，以便於理民性，可謂論知所貴，利知所出，能養人能動人，其利大矣！

吾人且以尚書堯典與《荀子》書來看義的典型及其效果，必有助於了解荀子的「義」。

1、義者有義型以為法〔註235〕──舜先以大孝聞名，此為其內在德行之外揚，遇時而用，是義之效果，但是義者不必皆用。〔註236〕其本身之儀型及好義而發揮於分人倫，製五典以正人；並且分人之賢能以取之備用，以便利事而為民謀利，用以理民性，故這儀型就表示其人好義而有「儀」，即義之原義。乃指善在自己身上，按董仲舒「仁義法」之說，就是能正自己的人，自己有善及威儀，才去正人，是屬於「正義而為」的人，這與「正利而為」不同，乃先義後利而勝利者。因此，人人能有認知以及分別異同的感官能力，可是要具有理知和道德認知者亦即是有「君子之知」者，加上本身有善，才

之由中出生於心之意，可知荀子的人類道德乃出於人心。

〔註233〕《荀子》・〈解蔽〉，仝上，頁302。

〔註234〕仝233，頁300～301。

〔註235〕《尚書》・〈堯典〉，參閱，屈萬里，《尚書釋義》，頁29。

〔註236〕《荀子》・〈成相〉，仝上，頁388。墨經說上曰「義：志以天下為芬，而能能
利之，不必用。」（見李漁叔，墨辯新注，頁53）

能以身作則，擔任義分的工作，才能使人心服而推展順利。〔註237〕

　　2、知人善任及效果——在荀子稱知人善任爲「尚賢使能」，當然，由於有儀型在身，因此，能夠論知所貴，而有取人之道，〔註238〕成相篇說：「舜南面立而萬物備。」又說：「舉舜畎畝，任之天下，身休息。得后稷，五穀殖，夔爲樂正鳥獸服，契爲司徒，民知孝弟，尊有德。」，〔註239〕雖然加上禹只舉了九位，但是堯典說有廿二位，〔註240〕果眞如此，其朝廷規模亦不小，從此，爲政治立下基礎，亦即知人善任，分層負責，所以成相又說禹「得鋤、皋陶、橫華，直成爲輔」，〔註241〕而尚書皋陶謨除本人外也有「夔曰」，又知舜立下的制度就不斷流傳下來，而形成一種「主道知人，臣道知事」〔註242〕的政治傳統，也可以說就是後來的「天子」典型，荀子在〈王霸篇〉說：

　　　　聰明君子者，善服人者也。人服而勢從之，人不服而勢去之，故王
　　　　者已於服人矣。……其用知甚簡，其爲事不勞而功名致大，甚易處
　　　　而綦可樂也。故明君以爲寶而愚者以爲難。夫貴爲天子，富有天下，
　　　　名爲聖王，兼利人，人莫得而制也。〔註243〕

　　3、以義制事，則知所利矣——堯典文中可見「帝曰」某某人，然後說某某事，然後任命之。亦即先論選人才，然後因著事的需要而派選適用者，故義分是先論人之道德與才能，先爲儲備，而不必先設定事務，而取人是以道德爲先決條件，因爲賢關係品性善良與否，賢可以能，而能若不賢其害愈大。因此，荀子到處講賢，如前引君子篇說：「國至於亡，信道失賢也。」，成相

〔註237〕《荀子》·〈賦篇〉，仝上，「君子以脩，跖以穿室，大參乎天，精微而無形，行義以正，事業以成，可以禁暴足窮，百姓待之而後寧泰……法禹舜而能弇迹者邪……夫是之謂君子之知」，頁358。

〔註238〕《荀子·君子》，仝上，頁344～345。

〔註239〕《荀子》，成相，仝上，頁351。

〔註240〕尚書，堯典，見屈萬里，《尚書釋義》，頁40；而《論語》，泰伯第八，仝上，「舜有臣五人，而天下治。」孔安國曰：「禹、稷、契、皋陶、伯益。」（頁126～127）。此五人分別擔任：平水土、殖穀、敷五教、典刑及典三禮，不及於典樂的夔，也許孔子先較不諳樂，故說「至齊聞韶，才知樂之美善」；荀子於解蔽中提了夔傳樂，其行文及成相篇和〈賦篇〉皆可見得熟諳樂律。賦事是大工（大巫）的專長，或由此推知荀子之熟悉通神人之事的禮樂。

〔註241〕《荀子》·〈成相〉，仝上，頁352。

〔註242〕《荀子》·〈大略〉，仝上，頁378。

〔註243〕《荀子》·〈王霸〉，仝上，頁150。

篇開宗就說「墮賢良，人主無賢，如瞽無相，何倀倀」。〔註244〕因爲，賢人有「儀」，故「尊主安國尙賢義」，而哀公問取人，孔子說「士不信愨而有多知能，譬之其豺狼也，不可以身邇也。」〔註245〕也就是爲政以有道德儀型者爲優身取用，如此才會公而忘私，先義後利，故說：「舜巧於使民」。〔註246〕

那麼，吾人亦了解了「義立」而王的意思了，即政治人物以道德修養爲必要條件，除爲民楷模外，尙能公而忘私，善盡義務，不但對人對物皆因著義在身而有節制。這樣的人才平常就要儲備，以便隨時可用，故，舜有廿二人，尙書特記下七人而已，最能看出「義分」乃是先取人才，分辨人才，然後再以之制事，義人選義人，則儀型自然下流，此可爲天下大利了。

> 所以，堯問於舜曰：我欲致天下，爲之奈何？對曰：執一無失，行微無怠，忠信無倦，而天下自來。執一如天地，行微如日月，忠誠盛於內貴於外，形於四海，天下其在一隅邪？夫有何足致也！
> 〔註247〕

由於統治者及政府人員之儀型在身故靜而可以端拱以致天下，動而可以因爲脩其（王）道，行其義，以興天下同利，除天下同害，其利何其大哉！〔註248〕

4、愛爲原則，好生惡殺 —— 愛是仁的表現，能好能惡，所好者爲「生生之德」，故舜先命棄播時百穀以解決民飢，禹之平水土亦然。〔註249〕因此，所好者與所惡者正相反，前引〈議兵篇〉說：仁者愛人，愛人故惡人之害之也；義者循理，循理故惡人之亂之也。但是，仁愛的好生之德有強烈的親比願力，因此，雖惡之而儘量避免殺害生命。所以，孔子答魯哀公問舜冠，孔子對曰：

> 古之王者有務而拘領者矣！其政好生而惡殺焉。〔註250〕

既惡殺所以除流宥爲大刑外，先要契以寬柔敬敷五教，五教爲五品（父母兄

〔註244〕《荀子》‧〈成相〉，仝上，頁347。

〔註245〕《荀子》‧〈哀公〉，仝上，頁411。

〔註246〕仝245，然而，以義制事也有循公道公開方式以謀事論事，以別輕重緩急和廣集意見，共推人才之意。

〔註247〕《荀子》‧〈堯問〉，仝上，頁413。

〔註248〕歷史上君王多，功迹不等，原因是「所任異也」，見高明，《大戴記今註今譯》，保傅，頁129。

〔註249〕平水土之平亦有調和相濟之義，故禹貢分各地水土差異，貢賦亦不等，以平均各地物產使趨於一致，以示公平。參考宮崎市定「中國古代賦稅利度論」收於杜正勝編，《中國上古史論文選集》下，頁755～760。

〔註250〕《荀子》，哀公，仝上，頁409。

弟子）之常教曰：「父義、母慈、兄友、弟恭、子孝。」〔註251〕由此，吾人亦知，在義分下，道德與民生，實在是並重而居首，之所以能夠如此，乃是因為有政治威儀的人同時也是注重人倫而有道德威儀的人，若按舜來說，其兩種儀型是並存，但是却先以孝順聞名。〔註252〕因此，是最標準的義人典型，義榮勢榮兼有之，其內外在效果是連貫的。

　　5、義以先利，不廢人欲 —— 義人之典型在內在上是修養自己以具備人倫之常，而義有外行實踐以利人的儀刑傾向，也就是在愛人的原則下必須先保民養民如赤子般，既「利之愛之」以後，並不「利用之」而是要教之，故荀子說「利而不利，愛而不用也者，取天下者也」，〔註253〕舜之好生惡殺為愛人，至於其義就表現在對「仁」有利上。那是因為以政事利於人民，人民故能受教，〈大略篇〉說：

　　　　不富無以養民情，不教無以理民性。〔註254〕

故理民性要教，教要先富之，此為儒家通則。又說：

　　　　義利，人之兩有也。雖堯舜不能去民之欲利，然而能使其欲利不克

　　　　其好義也。〔註255〕

這是實在的觀點。然而，孔子說「君子喻於義，小人喻於利」；〔註256〕所以，小人要以利導入義，若上重利則與民爭利，故孟子說：「王何必曰利，亦有仁義而已矣。」〔註257〕〈大略篇〉也說：

　　　　孟子三見宣王不言事。……曰：我先攻其邪心。〔註258〕

邪著不正也，義為公正的道理，是行為意志的正權，因此以義正其邪心，然則此即。荀子之「以義制事，則知所利矣！」，這句話有兩重意義。其一是對治人者說的，除了害怕上下交爭利之外，就舜而言，乃是先選義人然後行事以謀事，這是治道，能使政治清明而不亂，又能成事，終究可以因利民而富以教之，否則先亂矣！此為大利所在；其二為，只有君子才喻於義，君子難能可貴不會太多。所以，儒家以此可以傲視王公，亦以此為其道統而不傾於

〔註251〕見屈萬里，《尚書釋義》，堯典，頁37。
〔註252〕仝251，頁28。
〔註253〕《荀子》·〈富國〉，仝上，頁131。
〔註254〕《荀子》·〈大略〉，仝上，頁373。
〔註255〕《荀子》·〈大略〉，仝上，頁376。
〔註256〕《論語》·〈里仁〉，仝上，頁83。
〔註257〕《孟子》·〈梁惠王上〉，仝上，頁245。
〔註258〕《荀子》·〈大略〉，仝上，頁375。

權勢，此為儒家之傳家之寶，故不能只視為「政治手段」。

當然，為了謀求能夠「理民性」的大利，大儒義人是必須「以義變應屈伸」的，此可稱為正義權變，目的就在「脩道行義」，這比強硬的「禁限人」更為長顧慮後；所以，舜曰：「維予從欲而治」。〔註259〕蓋利者為人民所欲者，不得已耳，唯治人者不可與民相爭，然後富而教之可也。

吾人以為由舜的義人典型來看，化桐時也就是《春秋》·〈文公八年傳〉，晉卻缺對趙宣子所引夏書說的：

> 正德、利用、厚生，謂之三事，義而行之，謂之德禮。〔註260〕

的典型，荀子所見之義蓋淵源久矣！

第四節　禮

一、禮的源起及意義

許慎說文曰：

> 禮，履也，所以事神致福也，从示豐。〔註261〕

事神以求福，再以福致神，其間的交通乃以禮物行之。《荀子》·〈禮論〉說「禮以財物為用」即此也。學者多引王國維先生之說，以豐字像二玉在器之形，〔註262〕此亦以禮為祭祀禮神。若以「養色，性也」來說，原初的禮或者是以「經濟生產和生育」為其主要目的。〔註263〕吾人看堯典之「肆類于上帝，禋于六宗，望于山川，徧于群神……修五禮……岱禮……西禮」，〔註264〕可說都是禮，乃屬於祈福於天地山川鬼神者。另有「克明俊德，以親九族；九族既睦，平章百姓。」，再者令羲和以「敬授人時」「以閏月定四時成歲，允釐百工，庶積咸熙。」。〔註265〕由上述，吾人可見其中分屬於兩種不同的作為，一為事神祈福，走徧山川，可能就是在「履」神迹以求福；一為組織人群以及奉四時

〔註259〕全 258，頁 366。

〔註260〕《左傳》，卷八，文公八年傳，見杜預注，《春秋經傳集解》，頁 135。

〔註261〕見段玉裁，《說文解字注》，頁 2。

〔註262〕參閱周林根，中國古代禮教史，頁 8。

〔註263〕周策縱，古巫醫與「六詩」考，頁 2。又周氏研究「履」之儀式與婚姻、生育有關係，見同書，頁 27～31。

〔註264〕全 251，頁 30～31。

〔註265〕全 251，頁 23～24。

及取地材以爲利用。因此，吾人不能單純地說後代的禮只起源於祭祀。固然，
禮有五經，祭祀爲大，可是祭祀在行爲上是通天地，實際上仍是以人之作爲
爲主，也就是人爲了要求繁衍生命和生養生命，自有其內在驅力去攝取自然
資源，不過民智未開而事神祈禱以期收穫豐富；另一方面也以人事去應天神，
兩者乃爲禮的起源。實際上，宗教人物之通神靈者，本身已累積了世代經驗，
故一方面是宗教人物，一方面也是科學人物，這種人應該是荀子所謂的知者，
他們爲解決生養問題，除履山川神迹以求神力相助以克服自然之天外，同時
也進行義分的工作以配合之，荀子的天人關係亦可說建基於此。到舜時，已
見「分工」愈細；所以，以後被納入禮教中的五教；與教並行的刑，此兩者
構成了荀子的治之經「禮與刑」。而另有伯夷典三禮（天神、地祇、人鬼），
此純粹是典禮者；又有夔之典樂能使「神人以和」，〔註266〕這兩者合爲禮樂是
以宗教的儀式爲主題。然而，棄的播時百穀和禹之平水土仍以生養之職務居
首，無論實際如何，若以「國之命在禮」；〔註267〕隆禮致法可以得「至道大刑」
〔註268〕來說，整個朝廷實際就是以道通義的體現。因此，說「國無禮不正」，
〔註269〕「古者先王審理以方皇周浹於天下，動無不當也。」，〔註270〕其中就
以人倫關係爲禮之構成因素，那是在組織人群了。又說「禮者，人主之所以
爲群臣寸尺尋丈檢式也。」，〔註271〕演變到荀子時，禮已盡括一切人生活動，
吾人以爲那就是爲了急於恢復人間秩序而把義理和法之客觀化與禮之生養合
而爲一，舉凡人世間事無不可以禮義來對治，而禮義因此可比明於日月、水
火、珠玉。禮加上義理而客觀化乃成了人世間之大法，其爲法有「數」與「義」
兩部份，吾人將特於隨後而論述禮法之大義，和禮憲法數兩個小題，荀子以
仁義禮合爲道而體現於禮義之文典，禮義之文典即禮法也，故禮法中有大義，
又另有法數以爲進德修業的基本進階，此兩者爲荀子所重視的思想。

　　至此，吾人可以稍述荀子之禮的起源。〈禮論篇〉：

　　禮起於何也？曰：人生而有欲，欲而不得，則不能無求，求而無度
　　量分界，則不能不爭。爭則亂，亂則窮。先王惡其亂也，故制禮義

〔註266〕全251，頁39。
〔註267〕《荀子》·〈彊國〉，仝上，頁213。
〔註268〕《荀子》·〈君道〉，仝上，頁170。
〔註269〕《荀子》·〈王霸〉，仝上，頁145。
〔註270〕仝268，頁164。
〔註271〕《荀子》·〈儒效〉，仝上，頁94。

之分之⋯⋯

吾人前已述及「禮義分」必及於物，故制禮義以分之是因爲禮不廢人之情欲；而義原以導利、先利的；因此，義加入禮法中，就把義的「節制」、「中衡」、「對當」、「理亂」、「平均」、「公道」，特別是「義以先利」「義以制利」「義以制事」等觀念帶入禮中。因此，才能達成

> 使欲必不窮乎物，物必不屈於欲，兩者相持而長，是禮之所起也。
> 故禮者，養也。〔註272〕

之目的，亦即以義之情，內節於人之欲，外節於物之多寡。因此，禮本以事神祈福以求生育和養育，但是生養屬生理之情欲，容易流涵；所以，禮總有極端發展之傾向，墨子之非儒家之重繁縟之禮，實有以也，必義節制公道之精神加入，才使禮之精神面貌一新。這一新的禮義思想非但用來解決禮的流弊，而且使儒家思想一直有很強烈的信心去順人欲且統理引領人欲，這樣的思想開啓了以義理導人欲去開創天地萬物，利人也可以感恩及回應的心情再度「通神人」，而拾回那受到挑戰的神人關係。更甚者，由於對禮之物質性之反省，然後想到：難道沒有「禮物」就無「禮」可行了嗎？難道無「禮物」就無法「祭」天地了嗎？

吾人先看《論語》，〈里仁篇〉說：

> 放於利而行，多怨。〔註273〕

禮是因人之情欲與外物之關係而起，是因於利而制的，故放於利太過則因爲繁縟、示範、誘惑等，會造成大害。孔子乃以「義」節之。齊一變至於從俗，〔註274〕那是爲了「使民方便」故曲禮說「禮從宜，使從俗。」〔註275〕至於魯又一變而至於道，〔註276〕亦即從宜之謂。「宜」即義之原文，義者先禮而生也，道者公平中正，適度爲節也。《禮記》說：

> 男女有別，然後父子親，父子親然後義生，義生然後禮作，禮作然
> 後萬物安。〔註277〕

〔註272〕《荀子》·〈禮論〉，全上，頁257。
〔註273〕《論語》·〈里仁〉，全上，頁82。
〔註274〕《史記》，卷三二，全上，齊太公世家說「太公至國修政，因其俗，簡其禮。」，頁584。
〔註275〕《禮記鄭注》·〈曲禮上〉，頁3。
〔註276〕《論語》·〈雍也〉，全上，頁105。
〔註277〕《禮記鄭注》，卷八，郊特牲，頁92。

這文中顯然列出仁（親比、仁（理恩），最後禮才作。此與前引〈大略〉之「仁義禮，合於道」及「仁心設焉，知其役也而禮盡」〔註278〕相同。禮義是仁之所親比的「中」，從順序言，義先禮後，可說是以財物加上義分，所謂加好之，致隆焉故若單是禮而言，要人以財物辨別身分與人交際實在有失義的公道通義之精神，因為很多人戾無法以財物行禮的。〔註279〕因此，在《禮記》‧〈檀弓〉下，孔子回答子路之「傷貧」說：

> 稱其財，斯之謂禮。〔註280〕

在〈子罕篇〉孔子就提出了一變至於「道」的權衡意義：

> 子曰：麻冕，禮也，今也純，儉，吾從眾。拜下，禮也，今拜乎上，
> 泰也，雖違眾吾從下。〔註281〕

荀子之「從道不從君」豈非這段話之變通。再者，衛靈公篇之「君子，義以為質，禮以行之」，〔註282〕禮文以勝質，勝者「勝仁」也，荀子之誠心行義而理而明而變矣，亦此之翻版。按之禮為祭祀天地鬼神，其原始之行為要講求恭敬才是，即不敢褻瀆神明。〈為政篇〉答子游問孝：

> 子曰：今之孝者是謂能養，至於犬馬，皆能有養，不敬何別乎？〔註283〕

有子曰：「恭近於禮，遠恥辱也。」，〔註284〕荀子也說：「恭敬，禮也。」，〔註285〕禮若以事鬼神而必須虔誠恭敬，則此為其行為本質。因此，義之為禮變之主要因素，就是凡禮之從不從依於「道」，那就是對「道義」之原理之「恭敬」精神之表現了。《荀子》，彊國篇說：

〔註278〕《荀子》‧〈大略〉，仝上，頁365。
〔註279〕《孟子》‧〈滕文公〉，仝上。孟子答周霄問「三月無君則弔，不以急乎？」曰：「士之失位也，猶諸侯之失國家也……惟士無田，則亦不祭。」「出疆必載質，何也？」曰：「士之仕也，猶農夫之耕也，農夫豈為出疆，舍其未耜哉？」（頁343）。大概無財物者多，故連禮也不明白了，因此，就以義為質，以義為路吧！
〔註280〕《禮記鄭注》‧〈檀弓下〉，頁34。
〔註281〕《論語》‧〈子罕〉，仝上，頁128。
〔註282〕士君子若為貴族最低級，免不了要禮物來行士禮，其物質來源約有二，其一為祿位，如《禮記》，禮運篇之「仕於公曰臣，仕於家曰僕」（仝上，頁79）；其二為《禮記》‧〈王制篇〉之「圭田無征」的「祿外之田」（仝上，頁45，鄭注）但是世變或人多可能連田也沒了，才有新禮思想出現，而以義為質。
〔註283〕《論語》‧〈為政〉，仝上，頁61。
〔註284〕《論語》‧〈學而〉，仝上，頁58。
〔註285〕《荀子》‧〈臣道〉，仝上，頁186。恭敬就是交際的「義」（頁183），孟子亦回答萬章問「敢問交際，何心也？」曰「恭也」（孟子萬章下，仝上，頁430）。

> 凡姦人之所以起者，以上之不貴義不敬義也。夫義者所以禁限人之
> 爲惡與姦者也。今上之不貴義不敬義。如是則下之人百姓皆有棄義
> 之志，而有趨姦之心矣。〔註286〕

貴義敬義就是尊敬義之公道正義以止偏走私，蓋惡與姦多起於偏私。故《禮記》才說：

> 禮之所尊，尊其義也。失其義，陳其數，祝史之事也。故其數可陳
> 也，其義難知也。知其義而敬守之，天子之所以治天下也。〔註287〕

因此，禮義與禮數就如法義與法數一樣相關，若以前引之「稱數」言，那就是指「衣食百用」而言。吾人將在後面再論及禮義精神，並把禮義看成禮法之大義加以發揮。徐復觀先生以爲這樣的禮大流行於春秋時代，不過，徐先生以爲「所以敬與禮的關係，至春秋時代而始明顯地說了出來。」。〔註288〕但是光是「敬」不足以說明禮的新精神，而必須指出：禮之敬是要「敬義貴義」，義是公道，是公理。前引《左傳‧文公七年》說：「義而行之（指正德、利用、厚生三事），謂之德禮。」足見德不德禮要看是不是「以義制事而出利」，這先後順序正確才是「德禮」。

吾人以爲，若說「眞正的法治，只有在禮的政治、社會的精神紐帶中，才可運行而不匱」；〔註289〕那麼，也可說「禮只有在義的指導下才有新的精神。」實際上，這是來自於周公之制周禮。《左傳》，文公十八年說：

> 先君周公制周禮曰：則以觀德，德以處事，事以度功，功以食民……
>
> 〔註290〕

杜注「合法則爲吉德」「處猶制也」，則周禮是以「則」爲先導，以法則言之其爲中正公義殆無疑問。〔註291〕至此，荀子之禮之新義有了明確的根源，即周公孔子也。

這樣的把禮拉到敬義貴義上，有何影響呢？

1、在人性上，人性之質是情，欲是情之應，情欲皆以禮義先之，甚至要

〔註286〕《荀子》‧〈彊國〉，仝上，頁224。
〔註287〕仝277。
〔註288〕徐復觀，《中國人性論史》，〈先秦篇〉，頁47～48。
〔註289〕徐復觀，《兩漢思想史》，卷二，頁140。
〔註290〕《春秋經傳集解》，卷九，文公下第九，頁148。
〔註291〕唐蘭以爲「則」乃周初新添的名詞，指普遍的法則，見「老子時代新考」，收在《古史辨》第六冊，頁613。

進到義以爲質的地步，才能不爲貧窮怠乎道，蓋不必物亦可行道也。且性爲天下之材，文理情用之即可報天，此以僞性統天並且順承天也。又何必財物乎？

2、士君子志於道義之推行，故在政治上要走向禮賢下士，多求賢能以法而議，類而舉，愈多愈好，此周公對伯禽之傳所說：

> 吾僅得三士焉，以正吾身，以定天下。吾所得三士者……乃在百人
> 與千人之中。……士至而後見物，見物然後知是非之所在。戒之哉。
> 〔註292〕

蓋「多士」有兼陳之義，可以越多越觀盡而思考判斷才越可能合公義之客觀性，因敬義而禮賢下士才能來得「是非」。這是以身體現「道優於勢」及「志道」之精神。因此，本身以義行禮，並且能不驕正身之士，這是使「道義」不息的原因，以後爲儒家之自我及責任意識之來源。

3、經由義之制事及先利，乃使仁義禮之道統完成。一般以爲荀子之道在人道，其實更明確說就是仁義合起來而構成的道之統類。其中，禮之制度爲道之落實於人間者，其以祭之通天人爲大，目的也在以人體現公道通義，故以文理情用帶動天人之互動使天一起迴向道。

二、禮本及禮義精神

〈禮論篇〉說：

> 禮有三本：天地者，生之本也；先祖者，類之本也；君師者，治之
> 本也。〔註293〕

由本可看出禮的項目：第一指天地萬物之生禮；第二爲人類之倫禮；第三爲治國家社會的治禮。此亦即〈修身篇〉所謂之「故人無禮不生，事無禮不成，國家無禮不寧」，乃是指禮所涵蓋的範圍及其功用。在〈王制篇〉說：

> 天地者，生之始也；禮義者，治之始也；君子者，禮義之始也……
> 故天地生君子，君子理天地。〔註294〕

君子是生禮義者，亦即把內在的道義潛能實現，並且加以宣揚作則者。爲何稱作「理」天地呢？

因爲，禮是「反本成末」亦即「禮」居中策應。居於什麼之中呢？居於

〔註292〕《荀子》·〈堯問〉，仝上，頁415～416。
〔註293〕《荀子》·〈禮論〉，仝上，頁259。
〔註294〕《荀子》·〈王制〉，仝上，頁107。

兩節之中而以「和」之。《論語》之有若曰:「禮之用,和爲貴」〔註295〕義以分出人倫後,禮審節而和之,故稱「行義以禮」,〔註296〕義是公道通理分人使定位不亂,故禮義合言才不至於亂,又禮之居中稍別於義之中衡,因爲禮要以財物爲用。因此,禮之「理」必較偏重於「改造」原本的物性,小至自人之性,大至天地,其「改造」一方面是在利用天生的材質,一方面其利用因爲美化了故以之回報天地、先祖和君師。故《禮記》‧〈表記卅二〉說:

> 仁者,天下之表也;義者,天下之制也;報者,天下之利也。〔註297〕

所以,禮之於仁義是報之也,又往前推進,所謂報本成末是也。所以,本末相順,終始相應;〔註298〕因此,有報天之郊祭,有報生之昏祭,天生人成正所以終始循環可與天地同理,萬世同久,此爲上下相和之「天數」。

因此,禮特別以改造、進化、文明來回報歷史,此與仁義稍別而實相通。由於必須以本生爲材料,因此,對於本生就有了雙重關係,一爲就禮之生,必須感恩於本生者,否則禮無法產生發展;另方面,禮之以財物爲用,乃在本生之命數外,延長其人文生命,而在義之平分下,不因此長而抑彼短,各有所能皆以盡之,此示人文之公平又以對應本生之自然公平。

由〈禮論〉觀之,報本成末有兩個作法,一爲貴本謂之文,一爲親用謂之理,〔註299〕前者是把原本的陳列出來,表示禮非這些本來的材質實無以加工,故大饗尚玄尊(水);俎生魚,先黍稷;這樣的行爲表現出尊重、感謝、恭敬「質」,不因爲質樸而厭之,因爲無質朴則禮不生也,此文勝質的行爲,以示對「生命」之歷史之不敢或忘,是「史」的精神,〔註300〕然後,用酒醴,飯稻粱,表示加工以「合乎實用」,〔註301〕即前引表禮以利報仁義,前引《荀子》‧〈大略〉也記說:

> 舜曰:維序從欲而治,故禮之生,爲賢人以下至庶民也,非爲成聖
> 也。

因此,出利以爲民用原是禮的源起之一,而利用就是「理」,就是「理」天地

〔註295〕《論語》‧〈述而〉,全上,頁57。
〔註296〕《荀子》‧〈大略〉,全上,頁368。
〔註297〕《禮記》,卷十七,〈表記第三十二〉,全上,頁191。
〔註298〕全296,頁372。
〔註299〕全293,頁261。「兩者合而爲文以歸太一」。
〔註300〕《論語》‧〈雍也〉之十六,子曰:「質勝文則野,文勝質則史」,全上,頁103。
〔註301〕見高明,《大戴記今註今譯》,〈禮三本〉,頁45。

萬物以回報生之始者，同樣亦以德行和文明成就回報祖先和君師，這樣的敬文和理物合起來就是「禮文」，可見眞正的禮的精神是不會走向極端的，絕對不是只重繁文縟節而不重質，孔子爲禮立一「文質彬彬」，及「禮云禮云，玉帛云乎哉！」的新精神，禮乃成了「中流」，所謂：

> 凡禮，始乎悅，成乎文，終乎悅校。故至備，情文俱盡；其次，情文代勝，其下復情以歸大一也。〔註302〕

故居中而本末終始皆應，歷史與未來並重。所以，立體地說，禮可以與天地合德，如同天之日月，地之水火，物之珠玉一樣的光明四射，但是却必須要有「義」配合，因爲禮因於利有流爲繁縟之可能；所以，荀子才說：

> 禮者，以財物爲用，以貴賤爲文，以多少爲異，以隆殺爲要，文理繁、情用省，是禮之隆也；文理省、情用繁，是禮之殺也。文理情用相爲內外表裏，竝行而雜，是禮之中流也。故君子上致其隆，下盡其殺，而中處其中……是君子之道，禮義之文也。〔註303〕

又說：

> 當是時也，其義止，誰得行之！其義行，誰得止之！〔註304〕

可見，禮的內涵因爲「義」之加入而變得生動活潑，行止皆當而通暢無礙。

徐復觀先生說：

> 周初的所謂彝，完全係「人文」的觀念，與祭祀毫無關係。周初由敬而來的合理地人文規範與制度，皆包括於「彝」的觀念之中，其分量遠比周初的禮的觀念爲重要。這是遠承洪範的「彝倫」觀念而來的……

其實兩者之分在堯典中即可見一斑。先生又說：

> 到了《詩經》末期之所謂禮，乃是原始的「禮」再加上了抽象的「彝」的觀念的總和，而成爲人文精神最顯著的徵表。這便成爲新觀念的禮。〔註305〕

誠哉斯言，吾人以爲這即是人對天態度之調整，由於道義主持使天人「和衷共濟」，且先王之道由仁居守，以義爲道之特使出而節制流湎的禮，改變其

〔註302〕全293，頁263。
〔註303〕全293，頁264～265。
〔註304〕全293，頁267。
〔註305〕徐復觀，《中國人性論史》·〈先秦篇〉，頁44～45。

體質，同時就是在挽救禮之餘並重新建立起動搖的人天和諧的關係，其態度就是壹於道而以人脩道行義來使天人之分能交流運轉，並且在平等基礎上互為節制權衡，形成一動態而均衡的，人以職責為權限的人天大體系。因此，禮終於擺脫了政治的陰影，而還其通天人的原來面目，但是此時必須以義出禮才行。《左傳》，桓公二年，晉師服說「夫名以制義，義以出禮」；〔註306〕又昭公二十五年，魯國叔孫昭子說「君子貴其身，而後能及人，是以有禮。」〔註307〕前者為荀子故國，後者為其依止所在，所見略同。荀子乃說：

> 禮者，斷長續短，損有餘，益不足，達愛敬之文，而滋成行義之美
> 者也。〔註308〕

這樣新穎的禮義精神要如何推動才能夠再度恢復人們對政治反省兼而對應的禮喪失的信心呢？

　　荀子以為，要使禮義的新精神發揮作用，必須恢復政治秩序，故君子必須在無勢無刑禁之下，為民辨說，〔註309〕君子之道，禮義之文，其道在禮義而民人百姓之主要痛苦來自於政治，因此，他說：

> 在人者莫明於禮義。故日月不高則光暉不赫；水火不積則暉潤不博；
> 珠玉不睹乎外，則王公不以為寶，禮義不加於國家，則功名不白……
> 君人者隆禮尊賢而王。〔註310〕

這是「外王」路線，即以「行義」來修復君臣父子夫婦……各種正道，使其偏離之道能「復經」，〔註311〕所謂「權者反於經，然後有善者也」，〔註312〕此為「正義」精神；在「內聖」方面呢？由最小的自己個人下手，也就是以道義來助禮，調節人之「兩情者，人生固有端焉」，使兩情不會因為崇禮而繁縟；或非禮而野瘠。因此，提出《中庸》之道來理人性，故說：

> 性者，本始材朴也；偽者，文理隆盛也。無性則偽無所加；無偽則
> 性不能自美，性偽合然後成聖人之名，一天下之功於是就也。〔註313〕

〔註306〕《春秋經傳集解》，卷二，〈桓公二年傳〉，頁56。
〔註307〕《春秋經傳集解》，卷二十五，〈昭公二十五年傳〉，頁353。
〔註308〕《荀子》·〈禮論〉，仝上，頁268。
〔註309〕《荀子》·〈正名〉，仝上，頁318。
〔註310〕《荀子》·〈天論〉，仝上，頁233。
〔註311〕《荀子》·〈解蔽〉，仝上，頁290。
〔註312〕《公羊傳》，卷五，〈桓公十一年〉，見《春秋公羊傳》，何休解詁，頁31。道
　　　　為古今正權，故修道行義可以反經。
〔註313〕仝293，頁270。

性僞之合如天地合與陰陽接能產生出變化，即神明之降出也，故結果而由人形與人性逐漸向神性發展，因為，禮義以與性合實在是把性中之「神明」實現出來，可以說神明是變化的原因和結果，由〈禮論〉之

　　　　故葬埋，敬藏其形也；祭祀，敬事其神也。〔註314〕

神是可以長存的，故作為向善的原因和結果的神明也就可以不斷地在宇宙中層層進化以至於完成神性。

　　　就舊禮而言，禮義就是反本成末的發展關鍵，可惜，漢後黃老及陰陽五行說之流行而使荀子之道義精神終於汩沒。

三、禮與法

1. 禮義與法制

　　　梁任公說「故荀子所謂禮，與當時法家所謂法者，其性質實極相逼近。」〔註315〕荀子亦說：

　　　　禮者，法之大分，類之綱紀也。故學至乎禮而止矣，夫是道德之極。

　　　　禮之敬文也……〔註316〕

禮原本起於祇神求福，亦以恭敬肅穆之心情行之，然而照荀子說法，禮生於給人欲求，偏重財物生養，難免發生爭亂，故一新其義，注入孔子之重生德與所生之人類，壓低食色之慾情；注入義之節制內外欲物的公道文理精神，轉而成功以人之道德為主要欲求之善物，故保留創生生養環境的神並感謝之；其次感謝祖先及父母和治理並創發人世道德的君子；最後，並不廢棄人之基本欲望和對萬物的開發。

　　　簡言之，禮由事神祇福變成實踐、擴大人文道德；由「敬神」為主，變成「敬文」為主，用以回報天地而圓成道實也，故稱敬文。

　　　又禮原就重於實踐，如前引說文之履，段注曰「足踐之通稱」，又「履，禮也。禮可履行」〔註317〕又《禮記》，祭義「禮也者，動於外者也。……禮者，履此者也」〔註318〕由此訓釋，吾人約得幾義，一其一為所履者，按履從尸，若為佐禮的神尸，則有法則天地所行或祖先德行、志意的意思；其二履行時

〔註314〕全293，頁274。
〔註315〕梁啓超，《先秦政治思想史》，頁96。
〔註316〕《荀子》·〈勸學〉，全上，頁6～7。
〔註317〕《爾雅郭注》，卷二，〈釋言〉，頁16。
〔註318〕《禮記鄭注》，卷十四，祭義第二十四，頁164～165。

為了尊敬而必須恭敬、謹慎、端誠、忠信、謙虛，甚至戒懼、怵惕。其實從敬之从攴有鞭扑，及苟之有佝僂義即可知一斑，不過，禮神變為禮文時，人為道德主體則不必太過於卑賤，才有大人與天地合德的氣象出現。其三是履行才能有德，故稱「履者，德之基也」〔註319〕易經可謂把成德的原則與精神講得相當豐富。有德於身而發為言行都可以稱為「文」。

在《荀子》‧〈大略〉亦說「禮者，人之所履也」，〔註320〕這個履就是人之所以道的禮法，那麼，其所遵守的道就是君子所道者，亦即前引〈禮論〉之「禮義之文也」；〈王制篇〉說「君子者，禮義之始也」；〈君道篇〉說「君子者，法之原也」；致士篇說「君子者，道法之總要也」〔註321〕合而觀之，君子之道法，禮義和禮義之文，以及〈性惡篇〉之禮義法正皆為「治」的文法，其間只有法義與法數之分別耳。

要之，若以禮之為理來說，〔註322〕禮仍必須如繩墨規矩般製為械具才能發揮較大的效果。因此，禮就其法義言乃是指禮義，即聖人君子所起偽而生者，就法數言，就是〈勸學篇〉的禮憲及讀禮的禮；那是由「文名」構成的〈禮書〉，而與刑爵名構成的賞罰書，共成國家之道法。

所以，禮義是始原，禮法是末流；禮義生才起法度；行義以禮，然後義也；之後才「制禮反本成末」。顯然，制禮的禮是末，是〈修身篇〉學的「禮法」，而行義以禮的禮是指其恭敬精神。荀子把禮義和其制度化、法律化分得很清楚，除上引之外，前引〈儒效篇〉說：

> 先王之道，仁之隆也，比中而行之。曷謂中？禮義是也。……君子
> 之所道也。其順序是先王之道──仁，比禮義而行，下及君子所道
> 引出而為人所以履行的法則度量。所以俗儒、雅儒、大儒之別在於
> 能否上法先王，統禮義，一制度。略法先王（仁）而不知法先王，
> 隆禮義就如墨子；法後王、隆禮義表示言行已有大法。〔註323〕

由此可知（1）禮義觀念後起，而稱為文，或禮義之文理；墨子反禮，隆詩書，雖也講仁義，但是屬於神道；（2）所稱之制度乃指以義起的新禮制，

〔註319〕《周易王韓注》，〈繫辭下〉，頁 54。
〔註320〕《荀子》‧〈大略〉，全上，頁
〔註321〕《荀子》‧〈王制〉，全上，頁 107；〈君道〉，頁 161；致士，頁 189。
〔註322〕禮之為理，見《荀子》‧〈禮論〉，全上，「禮之理誠深矣」，頁 263；〈樂論〉，
　　　　「禮也者，理之不可易者也」，頁 286。
〔註323〕見《荀子》‧〈儒效〉，全上，頁 90～91。

此為先王所未有者，〔註324〕在荀子稱為「制禮義以分之」或「生禮義而起法度」〔註325〕之法度，〈易繫辭上〉曰「制而用之，謂之法」。〔註326〕禮義制成之法最大的器用是國家權柄，此二者與墨之大別也。（3）其實，隆禮至法與尚賢使能和呼禮義以一制度，也是與法家大別所在。此乃後起君子之說，以仁為首之仁義禮的道統思想，缺一不足以稱為大儒，而荀子之禮法、法治、道法皆指此種思想，就禮義為治之始而言，其法制化包含禮與刑，稱為治之經，禮為其大分常體，一新法之觀念，吾人可按荀子稱為「文治」，而不稱禮制以免混淆或忽略其統於仁義也。如此，則儒為文（明、理之）治；墨為神（鬼之）治；法為君主專制之治，而老莊為自然素朴之治。其中老莊在理論上最與大儒思想澈底反對而不相上下；在文明進化上，大儒思想包涵了墨而引入義法；並且循孔子之一變至於道而兼齊法制思想，故能成為中國思想主流。

總之，禮為仁義之實現，亦為道統之總匯，它是仁義之「經緯蹊徑」；它「滋成行義之美」；而且「成乎文，終乎悅校」；〔註327〕人而「審之禮」必能至於「窮則必有名，達則必有功，仁厚兼覆天下而不閔，明達用天地理萬變而不疑，血氣和平，志意廣大，行義塞於天地之間，仁知之極也」，其為聖人乎，以其審禮而兼能兼治人道之故也！〔註328〕

如此，則仁為諸德之源，而禮為諸德之果，〔註329〕果之為德又足以生生更多之果，悠游於禮之文藝以榮耀道，豈非人間之至樂！

2. 禮與禮憲

禮義之落實成禮法，但是就法家言，自以為較進步而可以包涵禮，此指法制而言，荀子以禮為法之大分，而與刑並為治之經，可見從不同角度說，禮法屬於法類之一而為大體，此可以「禮憲」稱之，由於君子為法源，禮義生於君子，故「禮憲」為人為法之最大宗，如今日之「憲法」，具有現實性、固定性、變遷慢，乃為國內最高位階之公法，吾人可視禮憲為禮義之最顯著之法制化者。

〔註324〕《禮記鄭注》·〈禮運第九〉，仝上，頁81。
〔註325〕具見《荀子》·〈王制〉，仝上，頁100；〈性惡〉，頁332～333。
〔註326〕仝319，〈繫辭上〉，頁50。
〔註327〕具見《荀子》·〈勸學〉，仝上，頁8；〈禮論〉，頁268；262。
〔註328〕《荀子》·〈君道〉，仝上，頁163～165。
〔註329〕周紹賢，《荀子要義》，頁66。

　　就禮之爲仁義總匯及淵源、考稽於百王政道而言，禮憲實在可以稱爲最早的憲法觀念，由於禮是法的常體故可以下流而盡變，案今日憲法觀念來說，荀子的禮憲可大分爲（1）仁義道統爲前言（2）國家理論爲總綱（3）君臣之道爲中央制度（4）文學、禮儀、禮樂爲考試和教育制度（5）士君子組成法而議、謀而事、兼而聽的立法、司法和監察制度（6）五禮爲社會經濟制度。當然，這樣的觀點尙有待深入研究，以其禮法包含之廣深及其禮義之理之來自考稽百王政道，實在値得注意。

　　憲者，照文字上解釋，「宀」表示官府；「丰」爲雕刻，與刀韌，契約有關；「心與目」表示公布，顯著人人可見而思想記憶之，憲法兩字據說最早見於《淮南子》，脩務訓之「烈藏廟堂，著於憲法」。〔註330〕

　　又《國語》，楚語下說「龜足以憲臧否則寶之」韋注「憲，法也，取善惡之法」，這與《爾雅》釋憲爲法；及《詩經》，假樂之「顯顯令德」而《中庸》作「憲憲令德」〔註331〕並觀，則有顯現彰明可見及美善之義，就韋注言之，憲法在此就是以德升黜之法，德者升也，〔註332〕乃以德爲導之禮法，而與刑政對舉，這刑德對舉的用法較舊，亦即政治規模尙不夠大的時代，荀子的禮憲及禮法時代已見政治擴大，法已經法家發展到整個國家、政治社會制度的階段，故刑德被保留下來，主要是用爲取人使人之術，而在儒家特重其意義和精神，吾人於下段論之。

　　要之，憲與法相關，又有契約、公開之意，而公布法一般以爲先出現於子產鑄刑書，後又有范宣子鑄刑鼎，〔註333〕這可能與三晉封地和商人有關，故憲有此二意而成爲較進步的法律觀念。〔註334〕就荀子言，其禮憲觀念大有發展爲國內最高公法的可能，以其爲法之常體大分且含有百王政道原理之故也。

3. 刑法與反省

　　前述刑德爲較固定而舊時代政治中的取人、用人法，但是到了荀子已然

〔註330〕以上解說請參閱衛聚賢，咬文嚼字，頁24～28。

〔註331〕具見《國語》，楚語下，頁581～582；朱注，《詩經集傳》，生民之什，「假樂君子，顯顯令德，宜民宜人，受祿於天」，頁133；《爾雅郭注》，〈釋詁第一〉，頁4；《中庸》，十七章，見《新譯四書讀本》，頁29。

〔註332〕段玉裁，《說文解字注》，頁76。

〔註333〕《春秋經傳集解》，卷廿一，〈昭公六年傳〉，頁303；又卷廿六，〈昭公二十二年傳〉，頁367。

〔註334〕參考沈剛伯，〈從古代禮、刑的運用探討法家的來歷〉，收在杜正勝，《中國上古史論文選集》下，頁1236。

成爲國內法之一種而已，不過刑德之辯有關法觀念之擴大而不限於刑，但是刑仍需要而擴大的法之內容就被荀子的「禮」包含，成爲「治」天下的大體，故於此論之。

首先，法的意義。說文曰「刑」，其从「水和廌」代表審判、懲罰之與神道有關，並顯示其公開、公平、公正。故法可視爲判案的、判斷是非的標準。〔註335〕又「刑」是罰罪，〔註336〕合言之，也就是《易經》·〈蒙卦〉「利用刑人以正法」，〔註337〕所以，學者說「法都帶有罪罰之義，法就被視爲刑法」。〔註338〕

在此，吾人必須稍爲分辨法的意義。它包含於《管子》·〈心術篇〉的「殺戮禁誅，謂之法」和《鹽鐵論》·〈詔聖章〉的「法，刑罰也，所以禁強暴也。」〔註339〕兩句話中，亦即方法和目的也。

就法之爲刑，其方式就是反面的制裁原理和力量之使用，亦即以施加於肉體使產生痛苦爲主，它可以包括《荀子》·〈正論〉的「肉刑」──黥、劓、荆、宮、殺五種，〔註340〕以及魯語，臧文仲說的「大刑用甲兵、其次用斧鉞、中刑用刀鋸、其次用鑽笮、薄刑用鞭扑。」，〔註341〕亦即從懲罰性或道義性的戰爭到個別的刑罰，荀子所謂「征暴誅悍」之死與刑，最重者厥爲斷其首，縣之赤施也。〔註342〕而執行場所自原野到後市；其負責人應該就是舜典的士師（皋陶典刑）與士，這也使吾人想到士典刑，刑具就是武器，那麼，師又是眾，師出以律，才能容民畜眾而成王，失律凶也；〔註343〕則士師，士與刑，及容民畜眾以至於動眾都與軍武相關，若說法的起源與戎祀同源，雖不中亦不遠矣！

其次，刑之目的若就前述乃在「正法」，吾人以爲即荀子所謂「禁令」，〔註344〕內容可能是戎祀或經濟掠奪及打獵或如盤庚遷民的口令，誓辭，以

〔註335〕參考羅光，《中西法律哲學之比較研究》。頁1。

〔註336〕仝332，頁474。

〔註337〕《周易王韓注》，〈蒙卦〉，頁7。

〔註338〕仝335，頁2。

〔註339〕《管子》（二），〈心術上〉，第廿六，頁1；桓寬，《鹽鐵論》，頁104。

〔註340〕《荀子》·〈正論〉，仝上，頁242。又見屈萬里，《尚書釋義》，〈呂刑〉，有「五虐之刑曰法」，頁191。

〔註341〕《國語》·〈魯語上〉，頁162。

〔註342〕仝340，頁243。

〔註343〕仝337，〈師卦〉，頁9。

〔註344〕仝340。

後把自然團體的習俗規範亦納入而包含了禁暴惡惡及流宥等等。就最大目的言，承上面之容民動眾以爲成王之條件看，就是爲了建立統治權，故君字從口，亦即領導人口出成法令而君權確立，君權即整合群眾之權力，能及此而爭戰才有建國之可能，則「法」爲國家「制度」之先決條件，此爲荀子引進法的重要，以其有助於建立合於禮義精神的道德體制而大規模開發人類德性故也。

檢討和改進。對於刑法之反省主要可能來自於力戰力術之普遍，墨子提出兼愛非攻；老子說兵是「不祥之器」，「師之所到，荊棘生焉，大軍之後，必有凶年」；物欲和殺伐並生，故反對使「心發狂」的畋獵和訓練，反對「法令滋彰」，反對「勇敢」，太多的反省使他澈底反對進化，而提出「慈、儉、不敢爲天下先」之法寶。由於士主刑兵，故贊揚古代武士監察的能力，希望能改變性格爲「善爲士者不武，善戰者不怒」，因爲「柔弱勝剛強」且是「生之徒」，然後以水至柔爲「上善」，希望回到小國寡民的狀態。〔註345〕

老子的每句話都是深刻的反省，都有歷史經驗和事實依據，所以，他的思想在某種觀點下與儒家不相上下。更甚者，其柔道和好生觀念，顯然被孔子吸收起來。吾人可以分三點略述之：

第一、說文訓「儒者，柔也」，〔註346〕這柔字，吾人以爲最好的注釋是《中庸》的「寬柔以教，不報無道，……君子居之」，〔註347〕亦即「義刑義殺」的「先教」思想。〔註348〕從舜典之把「敬敷五教」之教倫常被排在皋陶之前，以及周禮，卷十，司徒教官之職說：

> 凡萬民之不服教……其附于刑者，歸于士。〔註349〕

來看，儒家特重教育，當然，刑法的方法、條件和目的都隨之改變，簡言之，德教重於刑罰。

第二、上述觀念應該是源於尚書的大禹謨之「刑期無刑……好生之德，洽於民心」，結果，好生而先教之外即使判罪量刑亦要以「罪疑惟輕，功疑惟

〔註345〕以上「」具見余培林編譯，老子讀本，第三十一章，頁60；第三十章，頁59；第十二章，頁33；第五十七章，頁93；第七十三章，頁110；第六十七章，頁104；第六十八章，頁105；第三十六章，頁67；第七十六章，頁113；第八章，頁28。
〔註346〕仝332，頁370。
〔註347〕《中庸》，第十章，仝上，頁23。
〔註348〕《荀子》·〈大略〉，仝上，頁391。
〔註349〕《周禮鄭注》，頁60。

重，與其殺不辜，寧失不經」，〔註350〕〈呂刑篇〉就提出了：

何擇非人！何敬非刑！何度非及！〔註351〕

三大人道精神的刑法宣言。其實就是仁之愛人及生生；義之公平中正和禮之順人心、重欲物的綜合表現。

這兩項反省——即重德教和好生人的思想，使法的觀念脫出刑罰，而及於教育、模範，並且加入了仁禮的愛情和禮義的公道，若以禮爲仁義之總匯來說，禮者文名所在，而文者合「情用文理」歸於一；乃「情文俱盡」也。〔註352〕則荀子之禮作爲法之大分來說，乃是把法的內涵奠基於人文道德和情感欲用以及公道通義之上。

第三、當然，刑法的大公無私觀念經先期法家的實驗和發展亦大有可觀，簡而言之，就是管子所謂：

法天合德，象法無親，參於日月，佐於四時。〔註353〕

的天道無親之觀念及：

尺寸也、繩墨也、規矩也、衡石也、斗斛也、角量也，謂之法。

〔註354〕

之客觀化，果然有管、商等成績，但是前述管子被譏爲「力功不力義，力知不力仁」的野人，他和桓公的霸業是「詐心以勝矣，彼以讓飾爭，依乎仁而蹈利者」，那是「數也」；〔註355〕這與批評秦之「四世有勝，兵強海內，威行諸侯，非以仁義爲之也，以便從事而已」，故亦「數也」一樣。〔註356〕

這「數」就是「數具」，故要預測其敗而稱「力術（將）止，義術（必）行」。〔註357〕吾人以爲，管、商思想得力於天道無親之理，只見天之不爲人，故人法之而亦只見法數不見人，雖有其功，但是藐視人之道德主體性之價值，故道德成爲君道所出用以牢籠馴服人的工具。

固然，禮之人文情理與法家之天道之理，「都植基在『理』，都是在『理』

〔註350〕見屈萬里，《尚書釋義》，頁231；又《荀子》，哀公，仝上，有「好生惡殺」，頁409。
〔註351〕仝350，〈呂刑〉，頁196。
〔註352〕《荀子》·〈禮論〉，仝上，頁261；263。
〔註353〕《管子》（一），卷二，〈版法第七〉，頁6。
〔註354〕仝353，〈七法第六〉，頁1～2。
〔註355〕《荀子》·〈仲尼〉，仝上，頁69。
〔註356〕《荀子》·〈議兵〉，仝上，205；199。
〔註357〕《荀子》·〈彊國〉，仝上，220。

的把握」，〔註358〕但是，禮爲法之大分而稱禮法，已然把人文情理注入無親的天道之理中。如此，荀子的法就合併了人情、道德良知和天理，〔註359〕既以禮爲主，表示他的法是以仁義禮「百王之道」爲主體，而不是以君主所出之國法爲主，此不可不辯也。

道德雖是主觀之事，但仁之著眼在全人類，人同此心此理，不能說不可作爲客觀事業，特於此而見孔、孟、荀之偉大也。總之，由上所述，荀子之禮法思想實不必來自法家，因爲儒道亦比德於天而自覺的創作，屬人對道之責任，但是，先期法家之實驗和事功，使他在反省檢討之餘，把客觀化和法制化思想引入，用以實現仁義禮道統之宏業，這是進步之處，也是最引人嫌疑者，故反覆論之，不厭其煩也。

四、小 結

最後，再談談荀子因法而被誤解者，然後，於下章以道德進階和性、心問題作爲總結。

這裏的問題是法律與道德的關係。原先是刑法與道德變成了法之爲刑的兩面義，國家依道法而制，政治人物當然亦必須有道德條件，人民亦必須不違道德，以此制事得利乃爲孔、孟、荀一貫思想。荀子說：

> 凡爵列官職，賞慶刑罰皆報也，以類相從者也，一物失稱，亂之端也。夫德不稱位，能不稱官，賞不當功，罰不當罪，不祥莫大焉。

〔註360〕

這是把法從刑法擴大到德，而及於治國，使法的意義寬大了。〔註361〕由於刑爵賞罰之名殷周即備，禮名後出而包含之，且爲法之大分；因此，在國作於道法下，以上述爲主的「國家的法律，都被假定是合於倫理的」，〔註362〕問題是，儒家的道法以百王之道和仁義禮爲依據，而法家是以道德出於君主或力量，目的用來「導制其臣……故人主自用其刑德，則群民畏其威而歸其利矣！」〔註363〕

〔註358〕鄔昆如，《三民主義哲學》，頁187。
〔註359〕鄔昆如先生說「荀子的法是『禮』和『理』的濃縮，也就是天理和良知的表現，是『情』和『理』的合併」，中西政治哲學之比較研究（下），頁27，可爲參考，故錄之。
〔註360〕仝342。
〔註361〕羅光，仝335，頁4。
〔註362〕羅光，仝335，頁22。
〔註363〕見梁啓雄，《韓子淺解》·〈二柄篇〉，頁42。

　　其間差別是自後期法家起，道德用以爲人主私利私權服，而以法家之無親的法爲工具，一爲內容一爲工具，「法律乃倫理之女僕」，〔註364〕實則天道之公是虛，而德行充其實，共爲權力、私利服務，此非孔、孟、荀之罪也。因爲，在大儒而言，是要以建立、醒悟人之對天的自主權利而致命於道，此爲人之義務，故其中以道爲中衡調節「權利和義務」，而不是一昧以「服從」天或人爲主，然而，「古中國法律制度之顯著特性在其爲一義務而非一權利制度」，〔註365〕這思想不能說來自韓非一人，故以韓非而罪荀子，實不當也，要之，乃來自如章首引述商君一流之道德出於君主威力之思想。故學者客觀地說，那是後期法家因用術而學道家之故，即荀子亦反對術而講「主道……利宜不利周」，簡言之，「與道家結合，法家就變壞了。」〔註366〕吾人以爲主要是與「人法地、天、道、自然」之單向服從有關，單是性不美之說及「審從不從之義」來看，絕不能歸罪荀子，大概是惡居下流之私心作祟，加上單向服從思想的結合才使荀子含冤莫白。

　　爲了推展儒業，大起聖人之僞以對越於天；雖然，有時法律與道德「不能混爲一談的，可是法律也不得與道德分離」，〔註367〕同樣對道之義務與人對天之自主權利亦不能混爲一談，但也不可分離，若「像我國古代的法學家商鞅及韓非之徒，皆認爲國家權力爲法律的獨一無二的淵源」，〔註368〕而不見得有天道、人道和天人之上的道，則荀子實不與也！

〔註364〕吳經熊，〈古中國與現代中國政治法律傳統中個人之地位〉，收在梅貽寶等著，《中國人的心靈》，頁332。

〔註365〕吳經熊，中國法律與政治哲學，收在《中國人的心靈》，頁195。

〔註366〕參閱牟宗三，〈法家之興起及其事業〉，收在《中國哲學之簡述與其所涵蘊的問題》，第八講，頁170、173。

〔註367〕吳經熊，〈正義的探討〉，收在氏著，《哲學與文化》，頁102～103。

〔註368〕仝367，頁103；又參閱先生著《中西文化比較研究》，頁82～83。

第六章 結論——僞性到養心

第一節 概 說

上來由道到天人關係以至於人道的三大觀念仁義禮的討論,由仁義禮爲主幹的道德系統理論看,三者在內涵上互爲補足,仁義比較屬於高級的原理,配合了禮的生養和法制觀念後,生養的主題不侷限於「養生」而及於「養心」;〔註1〕假如把生與心合一就成了「性」,性字自生字孳乳而來,因此具有生母所遺傳的意義,然而加入了心字後成一獨立字,自有其獨特意義,故徐復觀先生說:「性字之含義,若與生字無密切之關連,則性字不會以生字爲字母。但性字之含義,若與生字之本義沒有區別,則生字亦不會孳乳出性字。」〔註2〕此爲允論。

若按荀子所謂的「名辭者,志義之使也」來說,後出綜合心與生的性字之提出,自然有其提出者之志意在。牟宗三先生以爲孟子和告子的生與性之辯,乃是先秦兩大諍辯之一,〔註3〕不論孟子或告子、荀子的「性」定義爲何,吾人以爲都來自於孔子的「人之生也直」〔註4〕而「直」若理解爲價值、正直

〔註1〕 《荀子》·〈修身〉,《柬釋》,頁13說「治氣養生」,偏重物質性,如《呂氏春秋》,〈孟春紀之二〉曰「物也者,所以養性也」,即以人之形體生養生主;頁14說「治氣養心」,偏重於精神性,以人之心神知慮志意爲主。

〔註2〕 徐復觀,《中國人性論史》·〈先秦篇〉,頁5。

〔註3〕 見中國時報,76年5月15日,第八版,〈中國文化發展中的十大義理諍辯〉。

〔註4〕 《論語》·〈雍也〉,見《新譯四書讀本》,頁103。

等善義，則與其「性相近」的思想配合看，正表示出凡是天地之中所生的每個有血有肉的人〔註5〕都是有價值的，雖有地位能力的差異，但是在被生上皆是平等，顯然這是在道德體驗和對血緣政治的反省所得。另一個反省的淵源是來自於禮壞，因為禮之事神祇福，實際上是來自於對生命之重視，但是在政治社會發展中，人的價值却因階級而有貴賤。所以，總的說，對人生命的檢討可視為時代的潮流，唯孔子確立了「人生也直」的立場，凡人生所具有的血肉形神皆近似而等值，以其皆可變遷故也。此處的「人」，吾人以為當視為天生烝民之「民」，乃是眾辭，不過說「民受天地之中以生」〔註6〕是以政治地位發言，把最低層階級的人提出來，特與天地之生並列，更顯出其強調人生之平等耳。〔註7〕

　　《孟子》·〈離婁下〉說「天下之言性也，則故而已矣。故者，以利為本」〔註8〕朱注「利猶順也，語其自然之勢也。」〔註9〕則此「利」猶荀子的「順是」，同時也指與義、智不同性質的東西，但是却與義、智同在人生命中，所以，孟子才又說「所惡於智者，為其鑿也。如智者若禹之行水也，則無惡於智也。」好像在駁斥老莊一流的思想。吾人以為，儒家由孔子首倡對天生的生命整體的重視，生命整體可以「義利」概括之。孔子說「君子喻於義，小人喻於利」，〔註10〕君子與小人具是人，由於道德成就差異，所以，曉明之道也不同，〔註11〕但是人生性相近，可知義利是人共有者。〔註12〕照孟子的說法爭論就在兩者的本末順位，不在於鑿不鑿，所以，孟子講先立其大體，如荀子之大分、常體，大體既立，小者出入可也。所以，孟子雖然強調「亦有義而已」，但是在提攜人類全體之發展上，他仍要順著孔子的「庶、富、教」原則而提出「恒產、恒心」的理論。〔註13〕這表示道德修養可以

〔註5〕　徐復觀先生說「天命是有血有肉的存在，實際是性的有血有肉的存在」，仝2，頁89。

〔註6〕　《春秋經傳集解》，卷十三，〈成公十三年傳〉，劉康公語，頁189。

〔註7〕　當然，政治人物對民的重視多數是因為「力量」的因素，這是政治變遷中的切身體驗，雖非道德觀點，但有助於支持道德理論的發展。國人及農民地位之提昇可參考張蔭麟，《中國上古史綱》，頁56。

〔註8〕　《孟子》·〈離婁下〉，見《新譯四書讀本》，頁396。

〔註9〕　仝8，頁397。

〔註10〕　《論語》·〈里仁〉，仝上，頁83。

〔註11〕　喻者曉也：曉者明也。見王先謙，《荀子集解》，〈正名〉，頁278；282。

〔註12〕　《荀子》·〈大略〉，《柬釋》，頁376。

〔註13〕　具見《論語》·〈子路〉，仝上，頁171；《孟子》，〈梁惠王上〉，仝上，頁256。

因人而循不同方式下手，若就天生性近而把後天條件造成士、君子之差異性去掉，則孟子亦必須承認由欲望下手才是最普遍圓滿的方法，吾人連想到荀子的「道」之特性及實踐，必須先立大體，在此地就是「義」；但是要無漏而莫不然，就必須藉「利」來圓成，由此可見孔孟荀人性理論在原理上是一貫的。

由此，吾人再回到前述的仁義禮之人道系統理論，荀子提到的禮之「物欲相持而長」可說是總結孔孟的普遍原則，物欲都在仁義觀念注入後不再只限定於物質意義，因此，就禮的生養觀點看，「養」的物與要滿足的欲，即能養與所養就涵蓋了血氣和生心。由孔子的「至於犬馬，皆能有養。不敬，何以別乎？」〔註14〕就透露了禮之生養意義的擴大和提升，基於人生命皆有價值及同體的仁愛起見，儒家不能只重視已經有德者，其精神一方面表現在志道行道的高貴意識上；另一方面也表現在對人類全體的道德主體性之開發提携上，如此，才能把人由附屬、依賴於天轉成自主而對越於天；並且在天之體常外，以人之盡心盡性之後天盡變上，加入天行規律的自然變化中，共同圓成道義，故說「荀子更注重道兼賅萬物之義」〔註15〕實則淵源自孔孟也。

再說，孔子的分別「養」的物質與精神性，新活了淹淹一息的禮義。孟子也注意及此。其養也有「養父母」之物性生養；也有「養吾浩然之氣」的善氣之養；大體上仍兩分爲「養口體、養志」二類。〔註16〕然而，口體之養會因爲地位不同而有物質條件之差異，造成的形體效果也有物性的差異，孟子特論之說「居移氣，養移體，大哉居乎！……其居使之然也。」〔註17〕這樣的感嘆使他更重視以不虞匱乏的精神物來居養人，故說「居仁由義」；「以善養人」；〔註18〕更重要的是人性既善則善之來不受外在人物限制，可以取之不盡用之不竭，而其所居處爲何？必也「心」乎！因爲心無形故無物性之差別，以此說人，人盡信之矣！

吾人以爲孟子的上述理論承孔子而來，加上自己的經驗反省而大加發

〔註14〕《論語》‧〈爲政〉，全上，頁62。
〔註15〕余雄，中國哲學概論，頁571。
〔註16〕具見《孟子》‧〈梁惠王上〉，全上，頁251；公孫丑上，頁286；〈離婁上〉，頁377。
〔註17〕《孟子》‧〈盡心上〉，全上，頁494。
〔註18〕具見《孟子》‧〈離婁上〉，全上，頁371；〈離婁下〉，頁389。

揮，至於荀子的養也別爲血氣與生心，並在誠心守仁行義；義先利後；關心人類全體等等，皆循孔孟主流發展而更加細膩。所以，孟荀的人性論實在只有定義或個性之差別，而且這差別實在只有更完滿孔子所立之規模，故可以總結地說：「儒家體系之基礎乃在於道德領域，亦即在於人生經驗本身」，〔註19〕此即孔子之「未能事人，焉能事鬼……未知生，焉知死」〔註20〕的言行壇宇，荀子也說：

> 禮者，謹於治生死者也。

> 生，人之始也；死，人之終也；終始俱善，人道畢矣！〔註21〕

假如人道由禮總括，則禮是從正視人生，不偏廢義利，而由調理最根本的情欲開始的，荀子說：

> 兩情者，人生固有端焉，若夫斷之繼之，博之淺之，益之損之，類之盡之，盛之美之，使本末終始莫不順比純備，足以爲萬世則，則是禮也。〔註22〕

情欲不美如同民人之原是賤的，豈能不重視呢？荀子甚至由對人之惡之關心及於對宇中無義、無知之萬物，其推恩行義可謂大矣！

　　仁義流行總匯於禮，故改變禮的體質而兼顧及養生與養心兩部份，可簡稱爲「性術」與「心術」，前者乃由性、情、欲下手；後者自形神之天君——心及志意下手。〈樂論〉說：

> 人之道，聲音動靜，性術之變盡是矣！〔註23〕

樂是人情之所必不免也。又非相說：

> 故相形不如論心；論心不如擇術，形不勝心；心不勝術。術正而心順之，則形相雖惡而心術善，無害爲君子。〔註24〕

心性就在仁義德行和禮樂之統下結合爲一，實際上由性之情欲通過求得心理可及於心；而心之知慮及主宰性亦可及於性，就生而言，心性原就是體同，不過是巧爲分別以仁義禮樂來使心性一體盡變而合於道罷了。所以，討論上，仍順著孔子的「人生」與「性近」開始。

〔註19〕陳榮捷，〈中國哲學史話〉，收在梅貽寶等著，《中國人的心靈》，頁26。
〔註20〕《論語》·〈先進〉，仝上，頁149。
〔註21〕《荀子》·〈禮論〉，仝上，頁265，頁266。
〔註22〕仝21，頁270。
〔註23〕《荀子》·〈樂論〉，仝上，頁281。
〔註24〕《荀子》·〈非相〉，仝上，頁45。

第二節　人生與人性

一、引　言

　　首先引〈儒效篇〉一段文字作爲討論張本：

　　　　涂之人——百姓，積善而全盡謂之聖人。……彼求之要後得，爲之而

　　　　後成，積之而後高，盡之而後聖。故聖人也者，人之所積也。〔註25〕

此中說明人人皆能成聖，表示人初生和成聖二處平等，故平等是天生是開始，以至於人成是結果。其中關鍵在於「彼求之而後得」，欲求必須有知能爲之擇，必須知正求以可之才能達成目標。〈性惡篇〉說：

　　　　凡禹之所以爲禹者，以其爲仁義法正也。

　　　　涂之人也，皆有可以知仁義法正之質，皆有可以能仁義法正之具，

　　　　然則其可以爲禹明矣。〔註26〕

仁義法正出於聖人之僞，非故生於人之性也，〔註27〕按「故」指利指順自然，則僞指心知部份，亦是天生的知能，由於都是天生的，只有在各自的作用功能上有差別，但是俱在人身故相通。情欲的特性是自然感動，知能的作用是爲它選擇對象及方法以達成求得目標，禮義法正是長久以來聖人經驗反省所建立的求得常理常道，孟子之「惻隱之心」亦是內心對感情經驗的反省，故說孔子的倫理之「心理基礎乃由孟子、荀子所提供」，此爲「儒家之一大進展」〔註28〕實際上就是指價值感的起點來自欲求，荀子說「苟無之中者，必求於外」〔註29〕欲求與性情之能感受互爲因果，但是其層次可以由低級到高級，雖然同時具在，但是因不足的知覺內容及強度而有輕重緩急之分，就荀子言，性情無知故偏於低級物，由此言性惡，孟子以性情之有同類愛情可以經提醒、推廣而言性善。然而，荀子亦說：

　　　　凡生乎天地之間者，有血氣之屬必有知，有知之屬，莫不愛其類。

　　　　　〔註30〕

可知，仁愛之自然天生爲孟荀所同見，荀子非不見此端，以其感而自然尚要

〔註25〕《荀子》・〈儒教〉，仝上，頁93。

〔註26〕《荀子》・〈性惡〉，仝上，頁337。

〔註27〕仝26，頁332。

〔註28〕仝19，頁27；頁28。

〔註29〕仝26，頁333。

〔註30〕仝21，頁275。

心知為之思慮選擇才能在行為上細緻分化而皆能變應曲當，就此愛情不能知慮言性不美。所以，兩人之認知相同，但是孟子重在所知之自然天生為美，亦知孟子對天態度較保守，荀子因為分辨天人之義；及天之主體性和其所生的自然現象；並且找到了天道人道上的道為基礎，要強烈地表達了人要求完成其道德主體性以平等地對應天，故在心及知道體道為道之工宰上說自然之不夠完美，以此觀之，荀子除為孔子的倫理思想找到心理基礎外，更找到了形上基礎。

天地一體已充分合作把它們的主體性發揮無遺，而人類却只有少數道德覺醒者，而且天生小人源源而來，作為宇中最貴的主角，何時才能完成人類形成一個道德整體的目標呢？此為荀子最大的志業所在，只有人類全體性變成功，才能算是道的圓滿顯現。人類道德主體性的落實才是真平等的基礎，以此基礎而自由地發揮理天地萬物的能力，才能開創一個道德民主與科學民主兼顧的世界。然而作為「人師」〔註31〕以兼物物，調一天下〔註32〕的大儒來說，首要工作是調理宇中最貴的人性。

二、生性相近

荀子從人之初生及成長後之變遷建立其化性的基本理論，在初生時人人皆具有性情欲和心知能力，此為成聖的平等條件。且舉例觀之：

1. 〈勸學篇〉說：「干越夷貉之子，生而同聲，長而異俗，教使之然也。」又說：「君子生非異也，善假於物也。」〔註33〕

2. 〈修身篇〉說：「彼人之才性之相懸也，豈若跛鼈之與六驥足哉！」〔註34〕

3. 〈榮辱篇〉說：「材性知能，君子小人一也；好榮惡辱，好利惡害，是君子小人之所同也；若其所以求之之道則異矣！」〔註35〕

4. 〈性惡篇〉說：「凡人之性者，堯舜之與桀跖，其性一也；君子之與小人，其性一也。」又說：「天非私曾騫孝己而外眾人也」又說：「凡性者，天之就也者，不可學，不可事。禮義者，聖人之所生也，人之所學而能，所事

〔註31〕《荀子》·〈王制〉，全上，頁106。人師可出王者之法，故高於王。
〔註32〕全25，頁88。
〔註33〕《荀子》·〈勸學〉，全上，頁2。
〔註34〕全1，頁18。
〔註35〕《荀子》·〈榮辱〉，全上，頁37。

而成者也。不可學、不可事而在人者，謂之性；可學而能、可事而成之在人者，謂之偽；是性偽之分也。」〔註36〕

　　吾人先略歸納並補充之：

　　第一、就天生而言，初生無君子小人，堯舜桀紂之分別，因爲天大公無私，這部份之在人者有「材性與知能」兩項，或性偽兩項。

　　第二、材性指形體五官之性情欲，〈正名篇〉說：「性者，天之就也；情者，性之質也；欲者，情之應也。」之「天官、天情」。〔註37〕然而，形具神生，神是可變化的原因，故性可化，可化是指不順性情之天生兩端的好惡利害自然感應。由於形有神的變化因素在，而且五官形體有「辨異」能力，〔註38〕此人人皆同，但是從〈正名篇〉說心能辨別喜怒等情來看，心是居於五官形體之知能和性情欲之後或上的，這是偽可起的主要原因。

　　第三，心居主位可以辨情欲之自然感應，並爲之選擇；以及心能知道，能出令及無所受令，自禁自使而言，〔註39〕道出了「能偽」的主角，那麼，材性形體都是「所偽」的對象。

　　第四、人人皆有心性，所以人人皆可能成聖，關鍵在於心的「志藏」爲何，這會影響心爲情欲選擇什麼欲求的目標，這是順是之外的另一個造成後天差異的原因。若就心的認知活動和對象都屬內在來看，順官能情欲的結果，心所獲得的資料亦多屬情欲性質，則外物牽引官能，情欲牽引心神，如此亦能變遷。所以說，人生善少與惡少相近，但是加好學遜敏可爲君子；加悍而不順可陷刑戮。〔註40〕

　　第五、因此人之偽性合可以成君子與小人；堯舜與桀跖，所以才特別講禮義是「生」於聖人之偽，聖人異而過眾就在其「偽」的不同，聖人是以禮義來偽。在排列上說，性相近而可化，偽在心而可能，皆人生本具有者，但是兩者關係是「化性而起偽」，〔註41〕語型猶如「體常而盡變」，本是一體之兩面，但是只有起偽才能使化性完成，化性是常，表示人之性情常在兩情變化中，實際上也可說不變，唯所起之偽不同而造成性情之效果差別耳。故性

〔註36〕全26，頁336；頁330。
〔註37〕具見〈正名〉，仝上，頁324；〈天論〉，頁228。
〔註38〕見35，頁37；〈正名〉，仝上，頁314。
〔註39〕具見〈正名〉，仝上，頁311；解蔽，頁296；299。
〔註40〕全1，頁19～20。
〔註41〕全26，頁333。

情可稱共性，個體性起於各人之僞。

第六、就聖人之僞所生爲禮義言，乃中心所生非外來者，但是由聖人、君子之難能可貴看似乎生或成禮義很難。是又不然，因爲學不學爲不爲還是在一「求」之間而已，不過這個禮義之求要由「彊學思慮」而來，只要由知道一念轉而行道，就可以超凡入聖了。

因此，學習教化主要基礎在於性相惡而可化；情雖然而可擇；欲雖不可去，求可節也。〔註42〕可不可以及求什麼的確立，一般而言在制度和方法上都分成主被動，當然與環境條件亦有關係，吾人用荀子的話說就是「注錯習俗」。由於人生而小人必須受教化學習才能轉而自動自發，所以，就先談教習意義，再談道德進階，最後論心術，心既養成，道德主體性就能體現，如此，才能主動積極爲道服務，作爲結束，正與荀子之自我及責任意識首尾呼應。

三、孟荀異同

在尚未談及教習意義和道德進階之前，吾人再順著前述儒家人性觀啓自孔子，正視人命以及人之可變遷和分別養生、養心，以至於有知之屬莫不愛其類，了解孔孟荀在仁的根源上體認相同，但是荀在孟後倡性惡說並非孟子性善說，其差異如何？進步或退步？在此，且以三位學者之觀點略加敘述。

其一是陳大齊先生以爲，孟荀對天和性的看法不同，所以，一偏重於仁，一偏重於禮義。〔註43〕此就人對天的態度立論，荀孟皆知天生人的事實，亦知同類愛意可以成仁。孟子比較強調「天生德」這點，但是天生德給人有愛情本能與人自覺此本能可以成就道德仁義並推及外人，原是兩件事，即孟子亦言「知性」，故孟子的性善實包含了天生在人的可能之愛情，以及對此可能成就道德的自知自覺去說性善。荀子是就此知性善之知不在性情欲而在心，加上人有「義」在知之上來立說性惡，然而，孟子亦言「盡心知性」，就以心知善、自覺可能而言，兩人實如出一轍。因此，亦不見得孟荀因對天看法差異才導致於性觀不同。

其二是項退結先生說「說來說去，孟荀二人之間，語言上的差異可說大於實質上的。實質上，二人之間毋寧是強調程度的差異，而非基本上的歧見。」

〔註42〕《荀子》‧〈正名〉，仝上，頁 324。
〔註43〕陳大齊，孟荀學說所以異趣的臆測，收在韋仲麕等著，《儒家思想研究論集》（二），頁 435～437。

〔註44〕這是指二人對性命二字的用法來說。就《孟子・盡心下》的言論看，荀子的「性」就是孟子批評的則故，所謂的故除代表一般看法之意外，在孟子可能指順是而爲，那就是在批評楊朱一流，以至於老莊。墨經上有「霍爲姓故」，是講有無同異交得。〔註45〕說文「故，使爲之也」〔註46〕爲之而成就是故事，則故就是因循舊說故事，但是就以說出故而創新再爲就不是則故。因此姓故與霍爲對待，墨子的非命說就以勤力強爲反對一般有命說，〔註47〕命指人民生就不變用以愚民，則孟子之以性故爲命，可能與墨子有關。但是，孟子性命故意反用以出新，而墨經沿用性，且以爲故之說來改造本性。所以，荀子的用字可能受墨經影響，因此較細緻又通俗，以此分辨性爲爲之的差別，由爲之而找到使爲之的心，由人皆有心有自主性而分辨聖人與一般人之僞。性僞具是人所有，但是性自然感應，僞必須自主自覺才能起之，吾人以爲荀子思想由此而較孟子進步，且用詞通俗專精而平易近人。

　　反之，孟子因故意反用性命，所以，善到底是什麼？就惻隱之心和羞惡之心言，「惻隱與羞惡是情緒，不是理智」〔註48〕就心言是理智，則善是指何者？就荀子言，那是心辨別情感之後所志藏者，再於選擇時以之來動情欲而成慮僞習能。就感情言是天生自然，就心之選擇故意爲之言是人自爲而成者，何者善呢？要之，當然是心了！所以，吾人亦不能同意孟子所說仁義淵源於情緒。〔註49〕特別就盡心知性、養性言，其所謂善之性實在必先以「盡心、存心」爲必要條件，否則善之性就知養不成了，即此可證孟荀相同。

　　再者，由於用字故意相反，除有上述問題外，還有一個問題，就告子上說「惻隱之心，仁也」；盡心下說「仁義禮知聖人」此五種人倫及人天道德原理和聖人是性。〔註50〕則性善的意義有惻隱之心、仁之端也、〔註51〕仁也、

〔註44〕項退結，《人之哲學》，仝上，頁157。
〔註45〕孫詒讓，《墨子閒話》，卷十，經說上第四十二，頁220。
〔註46〕段玉裁，《說文解字注》，頁124。
〔註47〕仝44，卷九，非命中，頁176；非命下，頁178。又荀子〈性惡篇〉引孟子曰「人之性善，將皆失喪其性故」，仝上，頁331。一般難解之，由孟子之反天下之則故並以性爲命，以命爲性反用來看，即可解之。
〔註48〕陳大齊，〈孟荀二子所見人的特長與其中心主張〉，收在華仲麐等著一書，頁386。
〔註49〕仝47。
〔註50〕《孟子》・〈告子上〉，仝上，頁444；盡心下，頁511。又盡心下也說「堯舜，性也」，頁516。
〔註51〕《孟子》・〈公孫丑上〉，仝上，頁298。

和聖人；甚至也可能就是心，然則善的性實在出於荀子的心之積慮習能，其發動仍必須用情欲。但是，由於故意反用性命兩字，乃使他走向墨子的矯欲，〔註52〕老子的素朴，而講「養心莫善於寡欲」。〔註53〕於此太受經驗限制，與墨、老因反對「般樂飲酒，驅馳田獵」〔註54〕而講寡欲一樣，不過他的寡欲可能是對君主發言的，因為他講獨樂樂不如眾樂樂，就表示希望君主推恩分享給所有人，此稍別於墨、老。〔註55〕而不若荀子之超出經驗，認清人的事實，反對那「語治待去欲、待寡欲」「困於有欲、多欲」的思想，直接由心之自主和自恣之處下手，建立求得常道的積極思想之可貴。〔註56〕

其實，孟子之故意反用己見於以水流下來講性善，蓋上下原是通俗表示貴賤用法，如今人之講水往下流，人往上爬，下流被視為惡稱，古今一也，難怪荀子批評他，案往舊造說，幽隱僻違而無類了。

其三是唐君毅先生以為從荀子對性的說明，實在是「因未涵性之必惡之義也」「是見由天所就之性之初無惡之義，如耳聰目明之自身，即不可說為惡者」，所以提出「順此則違彼，順彼則違此」的「性偽所結成之對較反照關係」，以及與「禮義文理之理想與此理想所欲轉化之現實間之一對較反照關係」中，才說性惡，所以，「今若只視荀子為自客觀經驗中見種種人性惡之事實，乃歸納出此性惡之結論，或先有見於天性之惡，然後提倡人偽以化性，皆一間未達之言，而尚未深契於荀子言性惡之旨者也。」〔註57〕

這段話是對荀子性惡論比較中肯之陳述。同時，唐先生也回答人之難荀子的既可為聖，何必性惡，而說「不得因其可能被轉化而可為善，即不謂其性惡矣。」，〔註58〕因為現實上天生小人尚無此善，或者更肯定地說，性根本就無自己改善加工之可能，只能被加工而善，即此不美矣！

再者，性不自能而惡，則能轉而美利資質本朴者就善嗎？前已言之，人人有偽的知能，但是善出於聖人之偽，是已經實現者，即義在身且以之為儀

〔註52〕全46，〈非命下〉，語曰「不而矯其耳目之欲，而從其心意之辟，外之歐騁田獵……」，頁178。
〔註53〕老子素朴與寡欲一起，如十九章「見素抱樸，少私寡欲」，見新譯老子讀本，頁44。《孟子》‧〈盡心下〉，頁517。
〔註54〕全52。
〔註55〕參考熊十力，明心篇，頁66。
〔註56〕具見《荀子》‧〈正名篇〉，全上，頁322～324。
〔註57〕唐君毅，《中國哲學原論》，〈原性篇〉，頁48～49。
〔註58〕全56，頁52～53。

型者，故善是道理與落實並俱才稱善、而合於道，可見道之知行合一義。因此，心雖然能加工，能出善（聖人君子皆人也），甚至能欲善，但是在尚未實踐守仁心義而產生形神變化時，皆不可言善，因爲「此心之不必然能得其所向，而不言其性善」；特別是心在「現實上，實可有不善而未善」也〔註59〕更明確地說除了解「能不能之與可不可，其不同遠矣！」之外，尚要澈底到「使夫資朴之於美，心意之於善，若夫可以見之明不離目，可以聽之聰不離耳」才稱性善。〔註60〕由心向善固執，再到美利情性，心性俱美善稱作全盡才是善，才是神固之也。

最後，吾人以爲由上述討論可解除一些對荀子性說的誤解，第一、荀子的君子、小人天生一樣，以及仁義禮出於聖人之僞，可回答劉子政以來「則人之爲善安從生」〔註61〕的問難，善仍根源於人心，不過荀子要心性俱善才稱善。此尊循孔子「君子無德不言」，有言必有德能行之正名原，善豈可隨意言之。

第二、孟子用性知其如水流下之自然義，而用此自然之性說善，除表示其政治向，以提昇民的地位外，還有排斥「僞」的用意。墨子非命之僞民之僞與老子之大僞所指用意不同，不爲攻擊王公大人之愚民自樂，一爲攻擊仁慈智慧，實則皆指「僞」以達到自私的目的，故孟子說堯舜，性也，恐怕堯舜背上造作愚民的惡名。如蘇子瞻即以「堯舜僞」批評《荀子》，〔註62〕這是荀子用僞字的不良後果，因爲「僞」有惡義。不過，亦可見後人之因辭害義，不善讀荀子所使然。

第三、孟子以自然義之性說善，在他本身是表示道德之心自然天生，欲之則自然可行，其實性自然善惡說都可能變成政治的工具。性若天生善而有禮義法度，則天子最善，先生者亦必善於後生而可以絕對統領之，乃成絕對服從的工具；而從管理觀點看，荀子的性情不美亦會變成絕對管理的工具。但是在只見天不見天人之上有道的人而言，正可以假天說性善，以人人皆有自私自利心也，少有人願意自己承認性惡。此所以「自由平等」與「自私自利」同生，而人們多數積極強調自由平等權，少積極強調要克制自私自利的原因。

〔註59〕全56，頁55；頁56。
〔註60〕全26，頁338；頁331。
〔註61〕見王充，論衡，本性篇，頁31。
〔註62〕蘇子瞻，荀卿論，收在姚鼐，古文辭類纂注，頁97～98。

第四、就發展言，顯見荀子的理論較豐富而進步嚴謹，但是在孟荀的性字皆有自然義，而自然能善與能被美利而善來看，性善惡說正好固守人性論利他並利己的全盤。〔註 63〕因此，在實踐上却又可以陰陽輔成，而性善流行表示人類仍喜歡善，不過在設張施行上却不若正視自己的不完美的自覺來得有意。承認人之不足於中，提出完美的聖人理想，實在較能兼顧科學事實、歷史進化和道德理想，特別是調和了科學與宗教衝突。所以，由天生自然見到人性的不完美，在歷史進化中見到人的道德自主性之出現，造成人之進化以至於呈人形而實現了反省而知的「有義性」，然後，因有義知義而確立天之亦有主體性，自然界不過其盡職不越分干涉人的成就，此大公及行常、生生的美德，實令人欽佩而人亦當以更文明進化來對應之，其首要工作就是造成良好人格以企同神聖。〔註 64〕

第六、故人格之完善必須不離天生資朴而不斷加工，就此，荀子實立基孔子，彌補《孟子》，顧及老子之資朴加上墨子的強力而爲，進而注意及人格之良好固然可以不斷進化自身及社會，就根本看，人類社會政治制度體系之成立，就義分和一而言，乃是人類道德仁義的體現。所以，是一道德體制，在此道德體制中，通過〈王制〉造成大小不同的次級團體，使人生即在良好的道德環境中成長，則政治社會之制度體系反而更有助於人類全體人格大規模的進化，此美政美俗，教育政制之受到荀子重視之原因，所以，他非十二子雖持之有故（事）尚不足，而必須以君子之辨說由持故而「出故」，所以，不貶湯武（孟子説堯舜性也，湯武反之）而出湯武以合流於孔孟之堯舜理想世界，若必以大同說抑低孟荀；或以尊天和天性善之屬孔孟而抑《荀子》，皆囿於成積蔽於一曲而不見孟荀在思想上實在一貫發展而合成一體，共成儒統。

總之，吾人之認識荀子實必須以仁心說，以學心聽，以公心辨，庶乎其可已！

第三節　教習與進德

人類的進化在荀子而言主要是經由教化學習開始，在本節吾人分爲教化

〔註 63〕參考項退結，荀子在《中國哲學史》中的關鍵地位（下），刊於《哲學與文化》第九卷十二期，頁 33。
〔註 64〕參考孫文，國民以人格救國，《國父全集》第二冊，頁 544。　國父之思想形態及意旨實甚類《荀子》，此亦見得荀子思想之現代價值。

學習與道德進階兩項分別敘述之。

一、教化與學習

　　這部份擬就〈勸學篇〉之「干越夷貉之子，生而同聲，長而異俗，教使之然也。」來作說明。

　　1. 教俗──此句話重點在教字，案說文曰「教，上所施，下所效也。」〔註65〕教從支，乃是「小擊」之意。〔註66〕原先或者指用鞭扑方法使人改過向善，後來演成教導、教代。荀子說「以善先人謂之教。」〔註67〕即儀刑、師法之意，所以，像「法」一般有刑人與模範的涵義，具有積極和消極兩種方法。教的效果會造成異俗，使人的差異越來越遠，就天生之人皆近似而言，教使人遠離原來的質樸，稱為遷化。在這點上最與老莊異趣，因為「學然後知不足」而後欲求愈多，層次也愈高而愈難，人生之憂慮由此而生，老子就發出相反的師教與學習觀。他反學說「絕學無憂，唯之與阿，相去幾何？善之與惡，相去若何。」〔註68〕因為「為學日益，為道日損。」〔註69〕愈學愈離道之泰樸，當然這「學」是指儒家進化人性的仁義禮樂之人為成就，生於聖人之中心者，稱為「人之道」，人之道是「損不足以奉有餘。」〔註70〕明顯的是指愚民之道，含有反政治上人為不平等的意思，人由於學而知道不足而競爭以壓迫別人，人生禍咎，榮辱於是不息；所以主張「知足、知止」。〔註71〕就此而言，其初意與儒墨皆出於對政治上人為不平等之反省，乃至於反對政治社會之擴大，所以，就很強烈地希望回到自然狀態，這與儒家之強烈要以仁義禮樂變遷人性的欲望強度一樣，內容不同，皆語治也。故反世俗之師教和變遷本始之資，乃說「故善人者，不善人之師；不善人者，善人之資。不貴其師，不愛其資，雖智大迷，是謂要妙。」〔註72〕此慮之師教就是魯儒生之「化心變慮」；〔註73〕魯之君子之「術藝」，老聃說「將能已

〔註65〕見段玉裁，《說文解字注》，頁128。
〔註66〕仝65，頁123。
〔註67〕《荀子》·〈修身〉，《柬釋》，頁14。
〔註68〕余培林編譯，新譯老子讀本，第廿章，頁45。
〔註69〕仝68，第四十八章，頁83。
〔註70〕仝68，第七十七章，頁114。
〔註71〕仝68，第第四十四；四十六章，頁79；頁81。
〔註72〕仝68，第二十七章，頁54。
〔註73〕列子，卷三，儒生治宋陽里華之病忘，疾癒而悟，迺大怒黜妻罰子，操戈逐

乎？」，這些魯之君子是「迷之郵者」，〔註74〕可知老莊列一流反儒生之立場一致，主要在「善」物之不同耳，其實皆意在遷化當時人之習性也。

再者，教而異俗之俗，說文曰「習也」〔註75〕而《大戴記》•〈保傅篇〉稱「教習然也。」〔註76〕教是上所施行者包括政令與學數兩種，徐復觀先生以為教有二重作為，一為推行政令，一為對社會指示趨向，樹立標準，〔註77〕亦即荀子所言「儒者在本朝則美政，在下位則美俗」，亦即透過政令教育等制度把善惡是非標準散佈全國而成為一致。因為各地人情世故不同而有差異的標準，會造成行為差異。《禮記》•〈曲禮上〉曰「入竟而問禁，入國而問俗，入門而問諱」，注曰「俗謂常行與所惡也。」〔註78〕明知風俗乃各地人情之表現，亦即人心志之所向，通常表現在里巷歌謠，為了整合民情使能心志所高尚者相同，就必須「移風易俗」使「民皆鄉方」〔註79〕所以周禮，夏官有合方氏「掌天下之道路……；除其怨惡，同其好善」注曰「所好所善，謂風俗所高尚」〔註80〕此所以「先王之道，禮樂正其盛者也」，以制度化之禮樂合同人情，變化人之「聲音動靜」「感動人之善心」之重要原故。〔註81〕

由此可知變化人性之主要方法就是推展禮樂之教，用之以道人之欲情使世間善惡標準一樣，減少爭端因素，故說「且樂也者，和之不可變者也；禮也者，理之不可易者也。樂合同，禮別異；禮樂之統，管乎人心矣！窮本極變，樂之情也；著成去（就）偽，禮之經也。」〔註82〕性術之變化盡在其中矣！

2. 學思 —— 禮樂教育及政令主要在經由聲音動靜之學習過程而統一善惡標準，這過程就是「化」。說文曰「化，教行也。」〔註83〕教之能行是人有變化的原因 —— 神，其目的是神而明之使行無過而神明生焉，聖心備焉，故神明是變化原因和結果。其過程按之《管子》•〈七法〉說「漸、順、靡、久、

儒生，以其復識哀樂好惡也。頁9～10。

〔註74〕 全73，頁11；借老聃語批評儒生，此處指人之迷皆惑於是非，昏於利害。則儒生之教正足以稱為以火救火之蠢人。

〔註75〕 全65，頁38。

〔註76〕 見高明注譯，《大戴記今註今譯》，保傅第四十八，頁119。

〔註77〕 徐復觀，《兩漢思想史》，卷二，頁279。

〔註78〕 《禮記鄭注》，卷一，〈曲禮上〉，頁11。

〔註79〕 《荀子》•〈樂論〉，全上，頁284，頁286。

〔註80〕 《周禮鄭注》，卷三三，〈合方氏〉，頁182。

〔註81〕 全79，頁283；281。

〔註82〕 全79，頁286。

〔註83〕 全65，頁388。

服、習、化也。」〔註84〕荀子亦有「所繫者然也……所立者然也……所漸者然也」，又「爲善不積邪！」「眞積力久則入」。〔註85〕

　　比較上，學習屬於行爲習慣的反復，〔註86〕是初級的，在《論語》亦先言「學而時習之，不亦說乎！」〔註87〕由行爲（聲音動靜）之可以聞見，效果屬外顯著，容易爲人我所知道而獲得鼓勵贊美以報酬之而增強動機，乃是化性的普遍方法。然而，只是性情之變化，尚不一定神固，因此說「學而不思則罔，思而不學則殆」。〔註88〕而荀子亦然，他說：

　　　　吾嘗終日而思矣，不如須臾之所學也！

　　　　君子曰：學不可已也！

　　　　君子博學而日參省乎吾身！〔註89〕

學而貫之，而習化之，達到第一級效果，尚必須自己日日反省到「覺悟」才是學的第二級成就，也就是到了心知之「僞」已見端倪，由「誦數到思索」〔註90〕反以心心爲主才能神固之，道德主體性才眞正顯見，由此可知透過外顯行爲之學問可以深入個人之心志，子夏說「博學而篤志，切問而近思，仁在其中矣！」〔註91〕當道德主體性經行爲養成到覺悟時，思慮和知能就能反而主持積習，故稱「慮積焉，能習焉而後成謂之僞。」，〔註92〕這是成功的僞了，聖人因之而生禮義法正，小人因遵守順服久習禮義制度，由法數而知法義，由化性起僞而道德自主外物乃無由傾移之，而情欲既統於此自主之道之心，其聲音動靜之發動皆可中節矣！

　　這樣以變化習性醒悟道德主體性的工作，乃是仁人的已欲立而立人，已欲達而達人的同體愛心的表現，人類唯有皆現道德主體性才能達成上爻之眞平等，故稱，仁者「好告示人，告之示之，靡之儇之，鈆之重之，則夫塞者俄且通也，陋者俄且僩也，愚者俄且知也。」〔註93〕在教化中，自孔子首揭

〔註84〕《管子》，卷二，〈七法第六〉，頁1。

〔註85〕《荀子》·〈勸學〉，仝上，頁3，頁6。

〔註86〕徐復觀，仝上，頁277。

〔註87〕《論語》·〈學而〉，仝上，頁53。

〔註88〕《論語》·〈爲政〉，仝上，頁65。

〔註89〕仝85，見頁2；頁1。

〔註90〕仝85，頁10。

〔註91〕《論語》·〈子張〉，仝上，頁234。

〔註92〕《荀子》·〈正名〉，仝上，頁312。

〔註93〕《荀子》·〈榮辱〉，仝上，頁41。

仁道，從此就成了儒家志業，而教學並重，仁智相長就成了儒家成聖進德之宗旨。子貢說，孔子

> 學不厭，智也；教不倦，仁也；仁且智，夫子既聖矣！〔註94〕

至荀子而引入時代新知，更注意到認知的方法和態度，以免造成蔽障，故稱爲「仁知且不蔽」，如此，才能心胸開放，兼容並蓄。

二、道德三進階

　　道德進階之內容是仁義禮樂，案教學理論及人生事實，必須由聲音動靜下手，由外而內而自覺，故在制度上有一定之階程，此吾人稱爲道德進階。方東美先生以爲荀子之人格成就全幅歷程共計四品，依次爲小人、士、君子與聖人。〔註95〕品者區別也，乃按道德成就說人的區別，實際上是三個道德進階。吳經熊先生說「很稀奇的，古今中外的聖哲，大都把精神生活的進步，權分爲三個大階段。……儒家常說『及門』、『升堂』、『入室』。孔子似乎最喜歡用三段的說法。他曾說『知之者，不如好之者，好之者，不如樂之者。』……我認爲……在孔子看來，要做一個健全的人，必須經過三大階段。」〔註96〕

　　荀子亦說：

> 不聞不若聞之，聞之不若見之，見之不若知之，知之不若行之。學
> 至於行之而止矣！行之明也，明之爲聖人。……不聞不見，雖當非
> 仁也，其道百舉而百陷也。〔註97〕

此亦分聞見，不聞見就是固陋小人，當指聞見仁言，先王之道等等，乃言行道德之壇宇；其次知行之；最後行之明之也。其中除有固定學數外，要進階尚必須師友以爲我說故，〔註98〕並且可以揚我之美，舉我之過，〔註99〕師友共處修道實是仁愛的體現。

　　荀子的道德三進階，由小人入學開始到成聖，約略言之爲：

〔註94〕《孟子》‧〈公孫丑上〉，全上，頁288。
〔註95〕方東美，中國哲學之精神及其發展，頁159。
〔註96〕吳經熊，內心悅樂之源泉，頁66～67。
〔註97〕《荀子》‧〈儒效〉，全上，頁92。
〔註98〕全85，因爲禮樂詩書春秋皆只是固定教材或法則而已，必須有人解說，故師友甚重要，頁8。
〔註99〕《荀子》‧〈不苟〉，全上，頁4。又〈修身篇〉的師友可以是非我而當亦是同理，此觀摩切磋也。頁12。

1. 以學數始至於莫徑由禮

人有知仍與牛馬同，故學問自人之有義開始，「爲之人也，舍之禽獸也。」，〔註100〕能完成學數終於讀禮，才是人義的第一級——成士，否則退化爲只有知的禽獸。能由讀禮，知禮、隆禮、道禮憲則行爲才有共同的標準法則，故稱學也者，禮法也，非禮無法，禮可說是扁善之度，可以統攝天地人間之事行。〔註101〕禮乃聖人積僞所生成，隆禮也就是隆積而不隆性，這是荀子的「注錯習俗」爲化性起僞之初步，〔註102〕否則人停於小人禽獸，一於刑罰，其中心思慮不及禮樂，亦即不爲而不能成僞，何能成人。禮是文名，爲禮才是文身，才能文質彬彬，故成士就是成爲文明人。

2. 莫徑由禮至於莫要得師

由於詩書「故而不切」、春秋「約而不速」、禮樂「法而不說」、必要「君子之說」〔註103〕以出其故事法數，而達於知仁禮義。再者有師才能經由問而得道之「方、理、致」，〔註104〕因爲人之受教性「是一個由理智與感官共同構成的特徵」，〔註105〕所以，感官習慣禮法外，尚可以由理智而思索通達其道理意義，這是起僞層次了。

「君子之說」可能是儒家發展出來的道德教學理論，故說「君子知夫不全不粹之不足以爲美，故誦數以貫之，思索以通之，爲其人以處之，除其害以持養之，使目非是無欲見也，使耳非是無欲聞也，使口非是無欲言也，使心非是無欲慮也。」〔註106〕由感官之非禮勿視、聽、言、動，至於理智之思慮之守禮義，其中有師有法，相處持養，儼然是一種教學體系。若由復禮歸仁及仁言來看，禮義師法的下一目標就是守仁行義，以心主之了。

3. 莫要得師至於莫神一好

第二階即有師法並習君子之說，亦可以說人矣！故可視爲君子階段。最

〔註100〕全85，頁6。
〔註101〕《荀子》·〈修身〉，仝上，頁19：頁13。
〔註102〕《荀子》·〈儒效〉，仝上，頁92～93。
〔註103〕一般認爲君子是完美人格之典型，由「君子惡居下流」觀之，君子是進德的指標，人義上升向善邁進的典型，也是群眾中之菁英。參考高思謙，中外倫理學比較研究，頁39～44。
〔註104〕全85，頁9。
〔註105〕趙雅博，從妖字談起——讀易札記之一，刊在中華易學，六卷二期，頁10。
〔註106〕全85，頁10～11。

後就是神固之於仁義，神者盡善挾洽；積善成德，神明聖心既備；則固執而不爲外物、權利所傾矣。〔註107〕心即已成仁心、道心、聖心則操持道德，隨心定應，出令行禁無所不中理，其行道無爲，行道無疆，不至於勉強危忍，〔註108〕一皆合於仁義禮之道而且能盡變屈伸，人道成矣！

第三階段是聖境，可見聖境主要在「心」之修養，由化性而起僞，僞起而反主五官形體，行事怕能有所凝止，然後統領認知物理的活動，才能在平等基礎上，分工合作，開物成務，共創共享文明進步的成果。否則求知行爲在沒有道德價值的主持下，只爲滿足一己窮盡物理之欲望，必然逐物而不反，道術將更加分裂，此爲儒家把道德目標看爲優先而並不廢棄物質創造的一貫思想。

總之，荀子一方面希望物欲相持而長，以「物質的發展，爲發展人性的先決條件」，〔註109〕其中道理是物質的享有和善用可舒揚精神，提升其美善的欲望層次；並且，物質之創造乃出於互助合作，是社會道德之體現；另一方面藉教育而養成道德習慣以至於對道德價值之強烈欲求，所謂學然後知不足，所知者自知心中之缺乏道德仁義，愈強烈愈有助於「起僞」，正與物質條件相配合而造成人的完美。

第四節　論心與擇術

荀子的道德思想之基礎在於「苟無之中者，必求於外」，當時道家似乎常用這種論證方法。〔註110〕此說誠然，而道家的作法正與儒家相反，前已述及之，要之，荀子除了有這種思想外，並積極地爲心找尋認知與道德的常術，其中就多少對心進行較深入的理解，此在儒家爲較進步者。

一、引　言

何謂心？說文曰「人心，土臟也，在身之中。象形，博士說以爲火臟。」〔註111〕兩種說法皆同意心是內臟，但是配五行不同，此家派之爭在孫星衍的

〔註107〕見《荀子》·〈勸學〉，全上，頁11；〈儒效〉，頁86；〈解蔽〉：頁302。

〔註108〕《荀子》·〈解蔽〉，全上，頁304。

〔註109〕羅光，〈儒家的發展哲學〉，刊《在東方雜誌》，復刊第五卷，第十二期，頁24。

〔註110〕徐復觀，《中國人性論史》，〈先秦篇〉，頁237。

〔註111〕段玉裁，全65，頁506。

《尚書今古文注疏》·洪範篇之五事的注疏中，兼羅其詳。〔註112〕試述之：

　　1. 土在五行爲中，是以居中作主爲義。居中作主大概是禮制的王者居中之義，《荀子》·〈大略〉說：

　　　　欲近四旁，莫如中央；故王者必居天下之中，禮也。〔註113〕

尚書的召誥有「土中」、「時中」，文曰：

　　　　王來紹上帝，自服於土中，旦曰：其作大邑，其自時配皇天，毖祀

　　　　于上下，其自時中乂，王厥有成命，治民今休。〔註114〕

周禮，大司徒職有「求地中」，〔註115〕乃指用土圭之法測得日月四時與地之中心點，用以建都邑。然後制爲五服祭祀享貢之禮制，以示平均之義。〔註116〕故政治上，元首居中，中就有了君主意味，而與中正、中衡連詞顯其特性。

　　此外，心居中虛，爲形神之君主，〔註117〕以統治五官，如同政治領袖。尚書的盤庚篇有「設中於心」，這中指「中正」，〔註118〕這就有了道德權衡之意，設者，《春秋繁露》曰「思曰容……容作聖，聖者設也。王者心寬大無不容則聖能施設事，各得其宜也。」〔註119〕可見心王類比，而爲道德根源。

　　《荀子》·〈大略〉說：

　　　　人主仁心設焉，知其役也，禮其盡也。故王者先仁而後禮，天施然

　　　　也。〔註120〕

仁以守心來役使知識，乃法天之生生大公平等之德性，故守仁是爲了以道德平等爲基礎，生生爲目標，然後人盡其差才不會造成人爲之不平等。

　　2. 心若以火稱之，指南方位。南方火勝代表光明，鄭注大傳云「心明曰聖」，再加上古文的「中」義而成了「兼四而明」，〔註121〕在五德是屬禮，禮正其盛也，有禮制才有王者居中，火生土兩者不離。荀子亦以人道之明爲禮義，也以之說心，「濁明外景，清明內景」，大戴記也有「水日外景，金水內

〔註112〕孫星衍，《尚書今古文注疏》，頁218。

〔註113〕《荀子》·〈大略〉，仝上，頁364。

〔註114〕仝112，頁295。

〔註115〕《周禮鄭注》，卷十，頁57。

〔註116〕參考《國語》，周語上第一，祭公謀文之語，頁4。

〔註117〕《荀子》·〈天論〉，仝上，頁228。解蔽，頁299。

〔註118〕仝112，頁174。

〔註119〕董仲舒，《春秋繁露》，卷十四，五行五事第六十四，頁3。

〔註120〕仝113，頁365。

〔註121〕仝112，頁219。

景」之說。〔註 122〕不過荀子反對五行說，故其濁明指蔽障，清明即虛壹而靜謂之大清明，或指心知禮義，道德自主，志意已內脩而明通也，這與大戴記之吐氣含氣、陽施陰化不同。

以上兩種講心的思想在荀子皆有之，可見其博學。

二、荀子的心義

荀子的心為認知和道德主體，吾人分別簡述之，首先必須提及的是《荀子》書內，很難找到純物體意義的心，〔註 123〕他「只是以自然主義之詞句描述天，他從未將心減約為物質或物量」，〔註 124〕所以，以「虛」稱其所在，這精神義是很明顯的，那麼，說他是唯物主義就錯了。

1. 治五官的君主

前述，荀子的心是形神之君主，是治五官的天君。其特徵是自由意志。故說：

> 出令而無所受令，自禁也、自使也、自奪也、自取也、自行也、自
> 止也，故口可劫而使墨云，形可劫而使詘申，心不可劫而使易意，
> 是之則受，非之則辭，故曰心容，其擇也無禁。〔註 125〕

君主是對內，對自己的五官形體而言，顯然把心與形體視為國家，故心的道德責任也因此而生焉。因為君臣一倫，君主必順與君一樣從道而不自恣、不專制、不隱密。其修養原則是隆禮至法有常；是兼聽五官形體而齊明；它必須堅守為君的行為規範，不能離道而內自擇，努力盡其為道之工宰的責任，〔註 126〕若無道為其權衡，則任意支使五官，或怠棄治五官的工作，那就有失本分了。

所以，盡責守道的心如天子共己，四肢從之，至道大形；反之，可能無師無法，心止口腹；或心如虎狼，行如禽獸。這樣天生為五官之君的心，人盡有之，但是其表現不盡相同。總之，心之道德責任乃由「君主」和道士「王宰」合併而成，前者獨立自主，後者與它個體相結合於道中，共為體現道而服務。

〔註 122〕《荀子》·〈天論〉，全上，頁 233。解蔽，頁 301～302。又大戴記，曾子天圓，
　　　　　全上，頁 208。
〔註 123〕趙雅博，《十子批判》，頁 208。
〔註 124〕陳榮捷，〈中國形上學之綜合〉，收在梅貽寶等著，《中國人的心靈》，頁 115。
〔註 125〕《荀子》·〈解蔽〉，全上，頁 299。
〔註 126〕《荀子》·〈正名〉，全上，頁 326；319。

2. 天君的特性和作用

解蔽篇說「心何以知？曰虛壹而靜」，〔註127〕這是天君的特性，亦因此而能知道，主要是因爲這些特性在作用上與道相似。試分述之：

第一、虛。心居中虛，虛而能夠志藏五官形骸的感覺資料，就志藏而言，可說心的實體就是由知識所構成的，能志藏也是其能有多樣選擇，以反制官能情欲的基本條件，否則，心就只有隨感隨應的可能，隨感隨應就會造成隨五官牽引，五官多則心就旁枝雜行，傾而不精，貳則疑惑。〔註128〕再者，虛才能兼容新舊，累積知識，與時偕行。

第二、壹。壹是指心生而有知異能力，這知異能力在五官即有，五官感知別異，同時也使感情發生喜怒哀樂，再影響官能欲求。此中可知心的知識有兩類來源，一爲物理之知，即五官別異的資料，一爲心之辨別喜怒哀樂的所得，這兩種知識荀子皆承認，但是就心與五官而言，按〈正名篇〉說法，先有天官意物別異，才有心之別情異；然後心於別情異後，亦即情然（自然，不事而然的反應）時，心再「徵知」，若按〈性惡篇〉講「善言古者必有節於今，善言天者必有徵於人」來說，〔註129〕那是指驗證了。當然也可以說，心支使不同的官能以求知而構成對外物完整而統一的知覺資料，故稱「異也者，同時而兼知之；同時而兼知之，兩也；然而有所謂一，不以夫一害此一」。

這裏就顯現了心能由徵知別同異，兼陳五官資料而深入物之共相，造出共名的能力。同時，由兼知和不以夫一相害，而知道心具有道之觀盡的能力。當然，心徵五官之知的對象可以包括自然物理，以至於先王遺言，君子之說和百家異說在內，也就是包括了別情異，精於物和精於道。由於個人官能經驗有限，所以，心要兼陳更多道理以成其大和盡，最好就是借重更多專家學者之知識，而不能只靠自己去認知，因此，官人治人就成了儒家的重要認知途徑，當然，以今天而言，不必走上政治以官人也能精於道而兼物物。就時代背景來說，爲了壹於道而兼物物，是不能不講政治的，特別是就開發萬物和道德實踐上，爲了並行而大規模起見，更不能捨政治社會制度而不顧。

第三、就虛壹之志藏、記憶和別異、徵知而言，五官形體只要不停止活動，心就不停息，不論夢、醒皆然。而有所謂靜，是以夢劇亂知來說明，夢

〔註127〕全125，頁297～298。
〔註128〕全125，頁300。
〔註129〕《荀子》·〈性惡〉，全上，頁335。

者想像，劇者囂煩，〔註130〕亦即心行雖煩亂但是仍然自主清明。

若以〈君道篇〉之君爲槃，民爲水，槃圓則水圓；或〈宥坐篇〉之宥坐之器來看，〔註131〕人心要保持槃之中正，五官感情資料如水之不斷注入，心都應能保持動態均衡，不能爲五官感情所左右，才可以「清明在上，湛濁在下」而察知道理形狀。〔註132〕亦即兼陳觀盡而不蔽於一曲，闇於大理。

故「虛壹而靜」本爲心能知的特性，好似道之體常而盡變一般，故以之作爲知道體道的規則，除能精物外，更能精道。因此，要知行道，在荀子而言實在平易近人，這也是他批評孔伋、孟子、有子的原因。

3. 知道與將聖之心

由上述，吾人可知，不論是要知人道之究竟或知形上道理，在荀子而言都必須經由對心之特性、作用和其君主地位加以了解，然後，發現心似道，有其特性，因此，能夠兼五官之知，及於兼百家、專家之知，而要兼眾人之知，必須先認識人類的本質和人類倫理，因此，人倫就成了培養道心的必備知識，而知道尚不足，必須體道。所以，道心在荀子就與積善成德的聖心相關連了。

道心、聖心都爲了推廣人道，其最大的規模就是外王，唯聖王能體現人道而兼利萬物，吾人可以說，人類的雙重任務就是一方面成就道德，一方面開物成務。在荀子思想而言，聖高於王，亦即能知行人道人倫的道德主體，必能包容精物之知，物理之知，那是「性之知」，即五官形體之物性知識，兼人則可以兼官專家之知而推至萬物之共理，故通人道就以人爲宇中最高貴來說，同時也就兼通物性及義理之知，因爲人與低級物相通而最進化之故也。

所以，人而先確立道心、聖心、仁心，轉而告示人則一來可以共體人之平等，二來可在道德平等上各盡其精物、成物之能。這樣把宇中萬物和人連成一貫，故道德心之揭發實即涵蓋了認識之心，換言之，道德之心必須通過對認識之心的理解才得以體現，反之，確立道德心非但不廢棄認識之心，且其終極目的就是在以贊稽物而官萬物、理天地，此謂大人。其「大」透露了人類各擇一而精專並相互合作，相濡相養，才能稱爲「大人」，這「大人」不能視爲某個人，而是全人類。

〔註130〕全125，頁298，楊注。
〔註131〕《荀子》·〈君道〉，全上，頁165。宥坐，頁389。
〔註132〕全125，頁301。

　　因此，說荀子「相當地顯發人類的認識之心」，〔註133〕此誠然，但此認識之心實與道德之心同一，道德之心即對人自身性情之理解和控制，故道德之心以官人；官人則間接可官人之認識成果而兼知兼利萬物。所以，荀子個人志業在宣揚此理，此理行而實現，則人人能分工合作共能理天地萬物之大人、君子，其中含有和同可觀之義在。

　　因此，荀子是以分辨認識之心和道德之心，而使儒家的志業有了更完滿的理論基礎，他亦「知認識之心，可以成就知識，而知識對行爲的道德不道德，並沒有一定的保證」。〔註134〕批評荀子的「知識和道德，兩受牽制」，〔註135〕實在是宥於成見，以爲孟子必勝於《荀子》，而忽略了理論之進步，以及不知心之先天功能首在辨性情，然後君五官。性情藏於形體之中，心管之而及於官能之徵知，即管理性情必能管五官之行爲，性情爲人之通性，五官所接因人而異，故理人性情，立人常道就能兼人之知能而理天地萬物，所以，聖心備的人就是「能把道德理想和理性知識加以實踐的人物。」〔註136〕此不可不知也。

三、心　術

　　心作爲道之工宰，故心術必合於道理，吾人於此略論之以爲結論。

1. 以道主心

　　心爲形神君主，但君臣必從道，此處之道可別爲二義，一爲道之原理，亦即兼陳、中衡、正權、唯一、體常而盡變，上述之「虛壹而靜作之則而大清明」是也，能以此理主其心而愼治之則心不惑而行不亂，作爲君主的心才能成爲明主。其二爲人倫道德之道，那就是仁義禮樂了，禮樂已制度化，乃是仁義之流行，且爲培養性情之主要道術，至若心爲君主其設張施行在內部，故以守仁行義爲誠心原則，這也就是正心之道，心志既依於仁義，則理性官能之知就能輔相此心，君臣合德，此爲各於道之心，否則道德之心與理知之心分離矣！

2. 正錯解蔽

　　以仁心爲主，目標在行仁體道，此心結於一，其欲求已定靜，故理知可以爲其使役而開物成務，滿足物欲持長的要求，而盡成於禮，不怕行爲失中。

〔註133〕徐復觀，仝110，頁259。
〔註134〕仝133，頁240。
〔註135〕仝133。
〔註136〕方東美，從比較哲學曠觀中國文化裏的人與自然，收在生生之德，頁274。

故說：

　　　聖人縱其欲，兼其情而制焉者理矣！何彊！何忍！何危！〔註137〕

　　明知欲情有主，可兼人而兼物，因為物欲牽引交接極其自然之故。然而，除了道心確立外，荀子亦提及認知蔽障，約言之有以下幾項：

　　第一、是認知上要重要輕物，擇一專精而身盡物故。

　　第二、是要避免自以為是，私其所積，倚其所私，以觀異術之病，如此才能解除欲惡、始終、遠近、博成、古今之蔽。

　　第三、是認清或避免外在蔽障，如明暗、高下等；以及官能形體先天條件之不足，如瞽、聾；或故意造成的錯亂，如厭目而視，或酒亂心神等等。

3. 治氣養心

　　當然，從孔子至於《荀子》，一貫把人視為血氣、情欲和心志的合一體，道德雖起於自覺自知的愛生命之心，可是生命仍離不開天生自然的情欲和血氣；兩者實一體難分。所以，雖然知道心志較重要，可是「人藏其心，不可測度……欲以一窮之，舍禮何哉？」〔註138〕自孔子即要克己復禮使天下歸仁，故荀子之治心雖有誠與仁義為原則，仍然要把養心合於治氣，而總統於禮。能審之禮才能達成「血氣和平，志意廣大，行義塞於天地之間，仁知之極也。」，〔註139〕意義在於，克己復禮以歸仁確立道德源頭，然後解蔽正心以求知，其知即可為仁心所役而成功「仁知且不蔽」的理想人格。

〔註137〕全125，頁304。
〔註138〕《禮記鄭注》，卷第七，〈禮運第九〉，頁80。
〔註139〕《荀子》·〈修身〉，全上，頁14～15；〈君道〉，頁165。

後 記

　　本論文至此可告一段落，因爲談到了「心術」就呼應了荀子的自我和責任意識，並及於道的思想，以至理天人和人道統論。心是道德主體所在，其虛壹而靜似道，道包天人，故似道之心可以道德理人，理知理物，兼理人物以回報天地共成天人之交融暢流，日新宇宙。

　　道心之培養可以直接點明，亦可經性術而上達之，化性可起聖人之僞而備聖心；起僞亦可化資朴自然感應之情欲，轉而順於聖人之僞。要之，仁義爲直指之方；禮樂爲下行上達之制，在規模上較可觀也較久長，在禮樂道德之政治社會中，人類可以共成道德大業。人爲最貴而有知義，人而理矣，才能談及助理萬物之進化；人而不爲之，不積之，則淪爲禽獸，天地闇暗，幾無進化於神聖之可能。

　　荀子思想絕非戡天、制天一語可畢之，其志向所在承孔孟而進化，由其思想可見儒道之仍舊貫而與時偕行的精神，簡言之，乃歷史與理想並顧而折中於當時也。吾人試圖客觀地再體認荀子思想，以期提供一愚之見，尙望前輩高明有以指教而改正疏陋之處，則衷心感激不盡矣！

本論文引用書目資料

壹、五經四書、先秦諸子部分

1. 朱熹注，《詩經集傳》，臺北，世界書局，銅版，四書五經，宋元人注，中冊。
2. 孫星衍著，《尚書今古文注疏》，臺北，商務印書館，民國 59 年。
3. 屈萬里著，《尚書釋義》，臺北，中國文化大學出版部，民國 73 年修訂版。
4. 鄭玄注，《周禮鄭注》，臺南，第一書店，民國 69 年。
5. 鄭玄注，《禮記鄭注》，臺北，新興書局，民國 61 年。
6. 高明註譯，《大戴禮記今註今譯》，臺北，商務印書館，民國 64 年。
7. 王弼、韓康伯，《周易王韓注》，臺北，新興書局，民國 61 年。
8. 杜預注，《春秋經傳集解》，臺北，新興書局，民國 61 年。
9. 何林解詁，《春秋公羊傳》，臺南，第一書店，民國 69 年。
10. 范寧集解，《春秋穀梁傳》，臺南，第一書店，民國 69 年。
11. 謝冰瑩、李鍙、劉正浩、丘燮友編譯，《新譯四書讀本》，三民書局，民國 59 年修訂四版。
12. 楊注、王先謙集解，《荀子集解》，臺北，世界書局，民國 70 年十版。
13. 梁啓雄著，《荀子柬釋》，臺北，商務印書館，民國 68 年。
14. 楊正翠等校對，《荀子新注》，臺北，里仁書局，民國 72 年。
15. 余培林編譯，《新譯老子讀本》，臺北，三民書局，民國 62 年。
16. 郭慶藩輯，《莊子集解》，臺北，國家出版社，民國 71 年。
17. 張湛注，《列子》，臺北，中華書局，民國 63 年。
18. 孫詒讓著，《墨子閒詁》，臺北，商務印書館，民國 72 年。
19. 李漁叔著，《墨辯新注》，臺北，商務印書館，民國 57 年。

20. 房玄齡注，《管子》，臺北，中華書局，民國 73 年。

21. 《商君書》，臺北，中華書局，民國 66 年。

22. 梁啓雄撰，《韓子淺解》，臺北，學生書局，民國 60 年。

23. 《尸子》，臺北，中華書局，民國 68 年。

24. 《呂氏春秋》，臺北，中華書局，民國 55 年。

貳、其它古籍及一般著作

1. 王充，《論衡》，台北，宏業書局，民國 72 年。

2. 王夢鷗，《鄒衍遺說考》，台北，商務印書館，民國 55 年 3 月。

3. 孔鮒，《孔叢子》，台北，中華書局，民國 70 年。

4. 《山海經》，傅錫壬譯，白話大字山海經，台中，泰昌書局，民國 69 年。

5. 方東美，《生生之德》，臺北，黎明文化事業公司，民國 74 年 2 月。

6. 方東美，《中國哲學之精神及其發展》，臺北，成均出版社，民國 73 年 4 月。

7. 司馬遷，《史記》，台北，廣文書局，民國 58 年 6 月。

8. 卡內提原著，《群眾與權力》，陳衛平、黃漢青譯，臺北，博學出版社，民國 71 年 9 月。

9. 布魯格編著，《項退結編譯》，《西洋哲學辭典》，臺北，先知出版社，民國 65 年 10 月。

10. 朱熹，《朱子語類》，張伯行輯訂，朱子語類輯略，臺北，商務印書館，民國 71 年。

11. 牟宗三，《名家與荀子》，台北，學生書局，民國 74 年 3 月。

12. 牟宗三，〈中國哲學之簡述及其所涵蘊的問題〉，第八講，收在《中國哲學十九講》一書，台北，學生書局，民國 72 年 10 月。

13. 李玄伯，《家邦通論》，收在 48 杜正勝編，下冊。

14. 李杜，《中西哲學思想中的天道與上帝》，臺北，聯經出版事業公司，民國 67 年。

15. 李則芬，《先秦及兩漢歷史論文集》，台北，商務印書館，民國 70 年 8 月。

16. 李震，《中外形上學比較研究》，上冊，臺北，中央文物供應社，民國 71 年 6 月。

17. 余英時，《中國知識階層史論古代篇》，臺北，聯經出版事業公司，民國 69 年 8 月。

18. 余雄，《中國哲學概論》，臺北，源成文化圖書供應社，民國 66 年 12 月。

19. 吳經熊，《中西文化之比較》，臺北，新中國出版社，民國 57 年 10 月。

20. 吳經熊，《哲學與文化》，臺北，三民書局，民國 68 年 2 月三版。

21. 吳經熊，《內心悅樂之源泉》，臺北，東大圖書公司，民國 70 年 9 月。

22. 吳經熊，《中國法律與政治哲學》，收在 100 梅貽寶等著，摩爾編一書。

23. 吳經熊，〈古中國與現代中國政治法律傳統中個人之地位〉，收在 100 梅貽寶等著，摩爾編一書。

24. 杜正勝編，《中國上古史論文選集》，上下冊，臺北，華世出版社，民國 68 年 11 月。

25. 杜正勝，〈西周封建的特質〉，收在 48 杜正勝編，下冊。

26. 杜正勝，《周代城邦》，臺北，聯經出版事業公司，民國 74 年第三次印行。

27. 杜而未，《中國古代宗教系統》，臺北，華明書局，民國 49 年 5 月。

28. 杜而未，《荀子受易經影響》，臺北，現代學人，第九期，民國 52 年 5 月。

29. 杜而未，《中國古代宗教研究》，臺北，學生書局，民國 72 年 3 月。

30. 沈剛伯，《從古代禮刑的運用探討法家的來歷》，收在 48 杜正勝編，下冊。

31. 周林根，《中國古代禮教史》，臺北，商務印書館，民國 55 年 7 月。

32. 周紹賢，《荀子要義》，臺北，中華書局，民國 66 年 3 月。

33. 周策縱，《古巫醫與「六詩」考》，臺北，聯經出版事業公司，民國 75 年。

34. 胡適，《中國古代哲學史》，臺北，商務印書館，民國 61 年 4 月臺三版。

35. 胡適，《說儒》，臺北，遠流出版公司，1986 年 7 月。

36. 胡適，《戴東原的哲學》，臺北，遠流出版公司，1986 年 7 月。

37. 胡適，《中國中古思想史長編》，臺北，遠流出版公司，1986 年 10 月。

38. 韋政通，《荀子與古代哲學》，臺北，商務印書館，民國 71 年 8 月。

39. 韋昭，《國語韋注》，臺北，河洛圖書出版社編審，上下冊，民國 69 年 8 月。

40. 段玉裁，《說文解字注》，臺北，藝文印書館，民國 59 年 6 月。

41. 姚鼐編，《古文辭類纂注》，上冊，臺北，世界書局，民國 61 年 12 月。

42. 〈柳詒徵〉，《中國文化史》，上冊，臺北，正中書局，民國 59 年 4 月。

43. 徐世大，《周易闡微》，臺中，昌文書局，民國 41 年 10 月。

44. 徐旭生，《我國古代部族三集團考》，收在 48 杜正勝編，上冊。

45. 徐復觀，《兩漢思想史》卷二，臺北，學生書局，民國 68 年 9 月。

46. 徐復觀，《中國人性論史》，〈先秦篇〉，臺北，商務印書館，民國 73 年 4 月。

47. 桓寬，《鹽鐵論》，臺北，商務印書館，民國 59 年 4 月。

48. 馬起華，《三民主義政治學》，臺北，中央文物供應社，民國 66 年 5 月。

49. 唐君毅,《中國哲學原論》,〈原性篇〉,臺北,學生書局,民國 73 年 2 月。

50. 唐蘭,《老子時代新考》,收在 144 羅根澤編,《古史辨》第六冊。

51. 高誘注,《戰國策》,臺北,商務印書館,民國 62 年 8 月。

52. 高誘注,《淮南子注釋》,臺北,華聯出版社,民國 62 年 9 月。

53. 高思謙,《中外倫理學比較研究》,臺北,中央文物供應社,民國 72 年 12 月。

54. 高懷民,《易經哲學的人類文明之道》,華岡文科學報,第十三期抽印本,民國 70 年 6 月。

55. 孫文（中山）,《國文全集（一）（二）冊》,臺北,中國國民黨中央黨史會,民國 62 年 6 月。

56. 孫作雲,《后羿傳說叢考》,收在 48 杜正勝編,上冊。

57. 孫作雲,《中國古代鳥氏諸酋長考》,收在 48 杜正勝編,上冊。

58. 宮崎市定,《中國古代賦稅制度論》,收在 48 杜正勝編,下冊。

59. 陳大齊,《荀子學說》,臺北,中央文物供應社,民國 43 年 7 月。

60. 陳大齊,《荀子所說的義》;孟荀二子所見人的特長;孟荀學說所以異趣的臆測;三文收在 109 韋仲鷹等著一書。

61. 陳炳元,《易鑰》,臺北,弘道文化事業有限公司,民國 68 年 1 月。

62. 陳榮捷,《中國哲學史話》;〈中國形上學之綜合〉等兩文,收在 100 梅貽寶等著,摩爾編一書。

63. 張光直,《中國青銅時代》,臺北,聯經出版事業公司,民國 72 年。

64. 張起鈞,《道家思想的源流》,上下,文藝復興月刊,第一五○;一五一期,臺北,中國文化大學,民國 73 年 3、4 月。

65. 張純、王曉波,《韓非思想的歷史研究》,臺北,聯經出版事業公司,民國 72 年。

66. 張蔭麟,《中國上古史綱》,臺北,里仁書局,民國 71 年 9 月。

67. 郭沫若,《中國古代社會研究》（不詳）。

68. 郭沫若,《十批判書》,群益出版社,民國 37 年 2 月。

69. 郭秋水,〈否證說與政治研究〉,《中山科學譯粹》,第一卷,第四期,高雄,中山大學中山學術研究所,民國 75 年 9 月。

70. 郭璞,《爾雅郭注》,臺南,第一書店,民國 69 年 1 月。

71. 梁啓超,《先秦政治思想史》,臺北,中華書局,民國 55 年 10 月。

72. 梁啓超,《荀卿考》,收在 144 羅根澤編,《古史辨》,第四冊。

73. 許倬雲,《求古編》,臺北,聯經出版事業公司,民國 71 年。

74. 許倬雲,《西周史》,臺北,聯經出版事業公司,民國 73 年。

75. 章學誠著,葉瑛校注,《文史通義校注》,上冊,新竹,仰哲出版社。

76. 梅貽寶等著,《摩爾編》,《中國人的心靈》,臺北,聯經出版事業公司,民國 73 年。

77. 梅貽寶,《中國哲學之社會》,倫理與精神價值基礎,收在 100 梅貽寶等著一書。

78. 畢長樸,《中國上古圖勝制度探賾》,臺北,民國 68 年 10 月。

79. 馮二難,《中國思想群論》,臺北,天華瓔璐叢判,民國 70 年 3 月。

80. 馮友蘭,《中國哲學史(附補編)》,九龍,太平洋圖書公司,1910 年 1 月再版。

81. 項退結,《人之哲學》,臺北,中央文物供應社,民國 71 年 5 月。

82. 項退結,《荀子在《中國哲學史》中的關鍵地位及其現代意義》,上、中、下三篇,《哲學與文化》月刊,第九卷十、十一、十二期,臺北,《哲學與文化》月刊社,民國 71 年 10、11、12 月。

83. 傅斯年,《夷夏東西說》,收在 48 杜正勝編,上冊。

84. 傅佩榮,《荀子天論研究》,《哲學與文化》月刊,第十二卷第三期,臺北,《哲學與文化》月刊社,民國 74 年 3 月。

85. 黃宗羲,《宋元學案》,謬天綬選註,臺北,商務印書館,民國 63 年 6 月。

86. 華仲麔等著,《儒家思想研究論集》,第二冊,臺北,黎明文化事業出版公司,民國 72 年 7 月。

87. 勞思光,《中國哲學史》,臺北,華世出版社,民國 64 年 6 月。

88. 楊樹藩,《中國文官制度史》,臺北,三民書局,民國 65 年 9 月。

89. 楊寬,《冠禮新探》,收在 48 杜正勝編,下冊。

90. 楊筠如,《荀子研究》,臺北,商務印書館,民國 59 年 9 月。

91. 董仲舒,《春秋繁露》,臺北,中華書局,民國 64 年 2 月。

92. 鄔昆如,《三民主義哲學》,臺北,中央文物供應社,民國 70 年 5 月。

93. 鄔昆如,《中外政治學之比較研究》,臺北,中央文物供應社,民國 71 年 2 月。

94. 齊思和,《中國史探研》,古代篇,臺北,弘文館,民國 74 年 9 月。

95. 趙雅博,《十子批判》,臺北,星光出版社,民國 73 年 7 月。

96. 趙雅博,《西洋哲學的發展》,臺北,商務印書館,民國 59 年 12 月三版。

97. 趙雅博,《從爻字談起 ── 讀易札記之一》,臺北,中華易學,第六卷,二期,民國 74 年 4 月。

98. 趙鐵寒,《古史考述》,臺北,正中書局,民國 67 年 10 月。

99. 熊十力,《乾坤衍》,臺北,學生書局,民國 65 年 5 月。

100. 熊十力《明心篇》，臺北，學生書局，民國 65 年 5 月。

101. 熊公哲，《荀卿學案》，臺北，商務印書館，民國 69 年 6 月。

102. 熊公哲，〈孟子仁義與荀子禮義其辨如何〉，收在 109 韋仲鷹等著一書。

103. 蒙文通，《古史甄微》，臺北，商務印書館，民國 57 年 12 月。

104. 劉子靜，《荀子哲學綱要》，臺北，商務印書館，民國 69 年 12 月。

105. 黎東方，《先秦史》，臺北，商務印書館，民國 58 年 1 月。

106. 衛聚賢，《咬文嚼字》，台北，黎明文化事業公司，民國 71 年 12 月。

107. 錢穆，《先秦諸子繫年》，台北，東大圖書公司，民國 75 年 2 月。

108. 錢穆，《從中國歷史來看中國民族性及中國文化》，台北，國防部總政戰部，民國 68 年 8 月。

109. 錢穆，〈中國文化演進之三大進程及其未來之演進〉，刊在《文藝復興月刊》，第一四三期，台北，中國文化大學，民國 72 年 6 月。

110. 戴君仁，《荀學與宋代道學之儒》，收在 109 韋仲鷹等著一書。

111. 韓愈，《原道與讀荀子兩文》，收在 65 姚鼐編，上冊。

112. 謝扶雅，《唯中論集》，台北，商務印書館，民國 58 年 11 月。

113. 瞿同祖，《中國封建社會》，台北，里仁書局，民國 73 年 6 月。

114. 魏元珪，〈從中國哲學之特質論其發展方向〉，刊在台北，輔仁大學哲研所出版《哲學論文集》九期，民國 66 年 6 月。

115. 羅光，〈儒家的發展哲學〉，《東方雜誌》（復刊）第五卷第十二期，民國 61 年 6 月。

116. 羅光，《中國哲學思想史》，第一冊，台北，先知出版社，民國 64 年 8 月。

117. 羅光，《儒家哲學的體系》，台北，學生書局，民國 72 年。

118. 羅光，《中西法律哲學之比較研究》，台北，中央文物供應社，民國 72 年 8 月。

119. 羅光，《中西宗教哲學比較研究》，台北，中央文物供應社，民國 71 年 8 月。

120. 羅根澤編，《古史辨第四、第六冊》，台北，明倫出版社，民國 59 年。

121. 羅根澤，《荀卿游歷考》，收在 144 羅根澤編，第四冊。

122. 羅根澤，《從呂氏春秋推測老子的成書年代》，收在 144 羅根澤編，第四冊。

123. 蘇子瞻，《志林「戰國任俠」》，收在 65 姚鼐編一書，上冊。

124. 顧炎武，《日知錄》，台北，明倫出版社，民國 59 年。

125. 顧頡剛編，《古史辨》第五冊下編，台北，明倫出版社，民國 59 年。